Maxime Siesse

Cet été qui viendra

À Roger,
David,
Thomas, Éric Comyn,
Philippine Le Noir de Carlan,
et ceux qui se reconnaissent.

FSC
www.fsc.org
MIXTE
Papier issu
de sources
responsables
Paper from
responsible sources
FSC® C105338

Édition : BoD · Books on Demand, 31 avenue Saint-Rémy,
57600 Forbach, bod@bod.fr
Impression : Libri Plureos GmbH, Friedensallee 273,
22763 Hamburg (Allemagne)
ISBN : 978-2-3225-5429-4
Dépôt légal : Juin 2025

La vraie intelligence ne s'exhibe pas, elle s'impose. Elle ne cherche pas à briller, mais à résoudre. Sur le moment, on la conteste ; plus tard, on admet qu'elle avait raison.

Quand les pessimistes nous répètent que c'est impossible parce que « personne ne l'a jamais fait », ils oublient que la France a toujours brillé en faisant justement ce que nul n'avait osé : proclamer les Droits de l'Homme quand le monde restait silencieux. Notre histoire n'est pas celle d'un pays qui suit, mais d'un peuple qui montre le chemin. Et quand la France retrouve sa confiance, ce ne sont pas des excuses que l'on entend à Paris, mais le pas des grands de ce monde venus saluer le génie d'une nation qui transforme l'impossible en inévitable.

Préface

Mesdames et Messieurs,

Comment vous dire ?

Vous êtes prêts à commencer la lecture d'un ouvrage dont je peux vous dire qu'il revêt un caractère paradoxal.

Pourquoi ? Eh bien ! Parce que cet ouvrage a été écrit par un honnête homme alors qu'il parle beaucoup du comportement des hommes politiques.

Est-ce un roman ? Non ! Est-ce de la fiction ? Non. Bien évidemment, l'auteur parle du passé, mais la réalité laisse la place à la fiction quand il s'agit d'imaginer l'avenir de notre pays.

Cependant, il ne saurait être question de rêver, car ce qui est supposé dans la dernière partie du livre n'est pas impossible dès l'instant où les plus hautes responsabilités seraient confiées à des personnes compétentes, honnêtes et volontaires.

C'est beaucoup demander aux futurs élus, mais l'auteur s'y prête, animé par l'espérance dont il faut faire preuve, alors que le monde est de plus en plus violent.

Il faut lire *Cet été qui viendra* pour s'en approcher et partager alors avec son auteur ce qui ne doit pas nous manquer, quelles que soient les circonstances de la vie, soit l'amitié, l'amour et la fraternité.

Pierre Douglas

Au départ, ce n'était même pas un livre.

J'écrivais simplement, posant des mots sur ce que je voyais, sur ce qui faisait écho au blocage du pays. Petit à petit, cela a pris forme, a évolué, jusqu'à devenir autre chose. Très vite, un constat s'est imposé : la France est paralysée.

Ce n'est ni une question de manque d'idées ni de volonté. Les débats sont incessants, les promesses fusent à chaque campagne, mais une réalité brutale s'impose : une fois au pouvoir, ceux qui gouvernent prétendent découvrir que rien n'est possible. L'administration tentaculaire, les institutions sclérosées, la dette abyssale, les normes étouffantes, l'État de droit sacralisé au point d'en devenir un carcan… Tout concourt à rendre l'action publique inopérante.

Les coupables : un système verrouillé et une classe politique en faillite. Par nature, aucun parti ne pourra jamais rassembler une majorité suffisante pour faire adopter les grandes réformes.

À cela s'ajoutent les agences indépendantes, censées garantir l'équilibre démocratique, mais devenues des forteresses imprenables :
– L'ARCOM qui décide ce que les Français peuvent entendre ou non et qu'aucun parti n'a supprimé lorsqu'il en avait le pouvoir, elle sert à protéger les intérêts des acteurs établis tout en limitant l'émergence de nouveaux concurrents.
– Le Conseil Constitutionnel qui annule d'un trait de plume des réformes votées par les représentants du peuple.

– Les juges administratifs qui, depuis leurs bureaux, bloquent systématiquement les projets d'envergure.

– La technostructure européenne qui impose ses directives sans jamais rendre des comptes aux citoyens.

– Les magistrats qui, par leurs décisions, dictent aux élus la ligne à suivre, créant un gouvernement des juges jamais consenti.

Mais ce n'est pas seulement une question d'institutions. C'est aussi une faillite humaine. Tous les politiques, présents et futurs candidats, mentent. Non par cynisme absolu, mais parce que la vérité est trop dérangeante : sans un grand reset, rien de nouveau ne sera possible. Ils promettent en sachant que, pris dans l'engrenage du système, ils échoueront comme les autres. Ceux qui ne sont pas habités par une pure ambition de carrière sont sincères... mais impuissants. Ce concours Lépine des idées, ce bal des postures minables et ce Goncourt des petites phrases ne sont plus à la hauteur des périls.

La solution : un grand reset pour une action réelle

Il ne s'agit donc plus d'avoir des idées. Elles existent déjà, elles sont ressassées depuis des années. Ce qui manque, c'est la possibilité de les appliquer. Tant que l'architecture du pouvoir restera la même, tant que les verrous administratifs, judiciaires et technocratiques subsisteront, gouverner sera un exercice d'impuissance.

Ce livre n'est pas un énième constat d'échec. C'est un plan de bataille, né de la conviction qu'une France audacieuse existe encore – non dans les palais de la République, mais dans l'énergie de ceux qui refusent de baisser les bras. La réinitialisation que je propose offrira enfin aux gouvernants des leviers d'action réels. Concrètement, cela signifie :

– Une réforme constitutionnelle qui redonne au politique la maîtrise du pays.

– La fin des contre-pouvoirs devenus incontrôlables.

– Un État recentré sur l'essentiel, libéré de ses carcans bureaucratiques.

– Une démocratie régénérée, où la responsabilité va de pair avec le pouvoir d'agir.

Une fois ces verrous brisés, les programmes politiques ne seront plus des promesses creuses, mais des projets applicables. Les ministres ne pourront plus invoquer l'impuissance comme excuse. Les hauts fonctionnaires ne pourront plus saborder les réformes votées. Ce sera la fin du « ce n'est pas ma faute » qui gangrène notre politique depuis des décennies.

Un appel à ceux qui refusent la résignation

Ce livre pose les bases de cette transformation nécessaire. Dans une époque où les médias traditionnels filtrent et déforment, le canal direct avec les Français est désormais le seul fiable. Il doit circuler de main en main, comme un manifeste pour un sursaut national.

Et si c'est à moi de mener cette révolution pacifique, sachez qu'au moins, vous me connaîtrez mieux que n'importe quel autre politique – avec mes condamnations, mes épreuves les plus douloureuses, mon parcours sans fard. La transparence avant tout, car cette réinitialisation ne peut naître que de la vérité.

La France peut renaître, mais elle a besoin de courage, pas de complaisance.

Prologue

2027 : La première étape avant le vrai virage de l'été 2028

Si la France a une chance de se relever, ce ne sera pas en 2027 par l'avènement d'un homme providentiel, mais par l'élection d'un Président et d'une Assemblée investis d'un seul mandat : réinitialiser la République.

Notre système est au point mort pour une raison fondamentale : le véritable pouvoir exécutif réside à Matignon, pas à l'Élysée. La France ne peut être gouvernée que si le Premier ministre dispose d'une majorité à l'Assemblée nationale. Or, avec la division actuelle en trois blocs antagonistes – que rien ne fera disparaître d'ici 2027 – aucune majorité stable ne peut émerger. Cette fragmentation rend la Ve République inopérante, qu'il s'agisse de cohabitation ou d'alignement entre Président et Premier ministre.

Face à cette impasse structurelle, 2027 marquera une rupture fondamentale. Les Français éliront un président et une assemblée investis d'une mission unique : conduire une réinitialisation complète de nos institutions en l'espace d'un an.

Mais cette fois, l'Assemblée nationale ne sera pas composée de politiciens de carrière enfermés dans des logiques partisanes. Elle sera issue du bon sens du terrain. Ceux qui auront parrainé la candidature du futur président seront les mêmes qui formeront le premier bataillon de cette assemblée refondatrice : des élus locaux –

maires, conseillers départementaux et régionaux – qui, chaque jour, font fonctionner la République en résolvant des problèmes concrets, sans idéologie, au plus proche des Français. Ces femmes et ces hommes, confrontés à la réalité, porteront la voix du pays réel et non celle des appareils politiques.

Cette assemblée transitoire, affranchie des carcans idéologiques et des luttes partisanes, aura carte blanche pour mener les réformes essentielles : simplification des normes, refonte du fonctionnement de l'État, inscription de l'équilibre budgétaire dans la Constitution. Fini les promesses financées à crédit, fini les dépenses qui repoussent les problèmes sans jamais les résoudre.

La France retrouvera sa pleine souveraineté, quitte à prendre temporairement ses distances avec certains cadres européens et traités qui entravent l'action politique. Cette démarche, loin d'être un repli, tracera une nouvelle voie qui pourrait inspirer d'autres nations et faire évoluer l'architecture communautaire pour qu'elle serve enfin les peuples, au lieu de les contraindre.

Cette réinitialisation exigera une rigueur budgétaire inédite. L'impératif d'un budget équilibré devra être gravé dans le marbre constitutionnel.

Pendant cette année charnière, les partis politiques traditionnels seront tenus à l'écart du processus décisionnel. Mais leur retour sera prévu dès le départ : en juin 2028, une nouvelle élection législative marquera la fin de cette transition. Les élus de la première Assemblée, portés par leur sens du devoir et leur engagement envers le pays, ne se représenteront pas.

Les ambitions personnelles des leaders actuels ne seront donc repoussées que d'un an, ce qui ne devrait déranger que ceux qui voulaient régner plutôt que reconstruire. Car cette fois, il faudra vraiment agir, sans échappatoire ni excuses.

Le vrai virage interviendra donc en 2028. Une fois le pays libéré de ses entraves institutionnelles, une nouvelle Assemblée sera élue selon les règles habituelles, marquant le retour des partis politiques. Ce sera le premier vrai choix démocratique depuis des décennies, car ils retrouveront un pays réformable où leurs programmes pourront enfin être appliqués. Le président élu en 2027 poursuivra son mandat, mais en retrouvant le rôle initialement prévu par la Constitution : veiller aux intérêts fondamentaux de la nation sans s'immiscer dans la gestion quotidienne confiée au gouvernement choisi par les Français.

Dans cette nouvelle configuration, la France ne sera plus condamnée à l'immobilisme. Une majorité naturelle émergera, non par rejet d'un camp ou par peur, mais par adhésion à un projet réaliste. Ce sera la fin des élections défensives et le début d'une démocratie fonctionnelle, où le vote exprime un choix positif plutôt qu'un moindre mal.

2027 ne sera donc pas l'élection qui changera la France, mais celle qui rendra ce changement possible en 2028. Ce sera la dernière étape avant la mise en mouvement d'un pays sur des bases solides, avec un cap clair et des dirigeants capables de tenir le gouvernail.

C'est pour cet été-là, *Cet été qui viendra*, en 2028, que nous devons nous préparer. *Cet été qui viendra* après des décennies d'immobilisme et qui ouvrira enfin un nouveau chapitre de notre histoire nationale.

La France face à sa dette

Quand on parle de déficit dans votre budget familial, les choses sont claires : si vous avez un déficit de 5,5 %, c'est que vous avez dépensé 5,5 % de plus que vos revenus. Simple, transparent, logique.

Mais quand l'État français annonce un déficit de 5,5 %, il joue sur les mots. Ce que vous ignorez peut-être, c'est l'ampleur du gouffre qui se cache derrière ce pourcentage.

Voici la vérité brute en chiffres pour 2023 :

• Revenus nets de l'État : 323 milliards d'euros ;

• Déficit annoncé : 5,5 % (ce qui devrait représenter 17,7 milliards d'euros) ;

• Déficit réel : 170 milliards d'euros.

La réalité ? L'État dépense 52 % de plus que ce qu'il gagne. Imaginez dépenser chaque année la moitié de votre salaire en plus de ce que vous gagnez !

Ce n'est pas un simple dérapage budgétaire. C'est un abîme financier dissimulé derrière un pourcentage trompeur.

Le déficit exprimé en pourcentage du PIB : une illusion d'optique financière

Pourquoi l'État parle-t-il d'un déficit de 5,5 % ? Parce qu'il calcule ce pourcentage par rapport au PIB total de la France (environ 3 100 milliards d'euros), le chiffre le plus colossal de notre économie. C'est comme mesurer votre découvert bancaire non pas par rapport à votre salaire, mais par rapport à la valeur de votre quartier tout entier !

Cette manipulation statistique masque une réalité brutale : une dette nationale qui atteint désormais 3 100 milliards d'euros.

Le coût invisible qui saigne chaque Français

La charge de cette dette ? 54 milliards d'euros en 2023. Soit 1 000 euros par an pour chaque Français adulte. Et ce, sans rembourser un seul centime du capital emprunté – uniquement pour payer les intérêts aux créanciers.

Pour simplement équilibrer le budget 2023, chaque Français majeur aurait dû verser 2 400 euros supplémentaires à l'État :

• 1 000 € pour payer les intérêts de la dette ;

• 1 400 € pour combler l'excès de dépenses publiques.

Même avec cet effort colossal, pas un euro de la dette principale n'aurait été remboursé.

La spirale infernale de l'endettement

En 2023, la France a emprunté plus de 300 milliards d'euros :
• 170 milliards pour financer le nouveau déficit ;
• 130 milliards pour rembourser d'anciens emprunts arrivés à échéance.

Cette pratique porte un nom : la cavalerie bancaire. Pour un particulier ou une entreprise, elle est tout simplement interdite par la loi et peut mener à des poursuites pénales. Pour l'État, c'est devenu le mode de fonctionnement normal.

C'est comme rembourser une carte de crédit avec une autre carte de crédit, tout en continuant à dépenser plus que ce que l'on gagne.

La République Française face à l'autorité : le mythe de l'État impuissant

Quand l'inaction se cache derrière les principes.

Chaque fois qu'un acte violent secoue notre pays, la même sidération nous saisit : comment l'État, avec tous ses moyens, peut-il sembler si impuissant ? Face à cette question, on nous sert invariablement le même argument : « L'État de droit nous empêche d'agir autrement. »

Ce mantra, répété à l'infini, masque une vérité fondamentale que les dirigeants omettent systématiquement de mentionner : notre droit n'est pas gravé dans le marbre. Il peut être modifié, adapté, réformé.

L'État de droit : un concept détourné

Rarement expliqué clairement aux citoyens, l'État de droit est pourtant un concept simple. Il ne s'agit pas d'une prison juridique qui paralyse l'action, mais d'un cadre que nous, Français, avons collectivement défini et que nous pouvons faire évoluer.

L'État de droit repose sur trois piliers essentiels :

1. La hiérarchie des normes : de la Constitution aux simples arrêtés, chaque règle doit respecter celles qui lui sont supérieures.

2. L'égalité devant la loi : tous les acteurs – citoyens comme institutions – sont soumis aux mêmes règles. Chacun peut contester l'application d'une norme qui violerait une norme supérieure.

3. L'indépendance de la justice : des tribunaux libres de toute pression garantissent l'application impartiale de ces règles.

Le pouvoir oublié des Français

Ce que l'on ne vous dit pas assez, c'est que ce cadre peut être transformé par la volonté populaire. Par leur vote, les Français peuvent modifier profondément le fonctionnement de l'État de droit – à condition de respecter ses principes fondamentaux pendant le processus de changement.

Quand nos dirigeants invoquent l'État de droit pour justifier leur inaction, ils oublient commodément de préciser que ce même État de droit est l'expression de notre souveraineté collective, et non une contrainte extérieure imposée contre notre volonté.

Partie I

30 mai 2024
Romainville (Seine-Saint-Denis, 93)

Ce soir, je suis seul sur le canapé. Sophie s'est isolée dans notre chambre. Elle n'est pas loin, juste derrière la porte fermée, dans la chambre de l'appartement que nous louons à Romainville.

La télévision diffuse CNews en continu depuis des heures. Ce soir, c'est un grand événement pour la rédaction de la chaîne d'infos de Vincent Bolloré. CNews propose un débat à l'occasion des élections européennes du 9 juin 2024. Une grosse audience est attendue.

Sophie savait que ce débat approchait, et elle a donc prévu de passer la soirée aussi loin que possible de la télévision. Comme beaucoup, elle ne supporte plus les politiciens ; elle ne les croit plus. Pourtant, elle continue de voter, fidèle à ses convictions malgré tout.

Comme chez nos parents, elle me délègue le suivi des débats. Parfois, elle me pose une question sur un point précis. J'ai une certaine influence sur son vote. Ou peut-être est-ce simplement ce qu'elle me laisse croire, pour éviter de s'engager dans des discussions interminables – ces débats que je peux poursuivre avec l'endurance d'un marathonien, jusqu'à l'épuisement total de mon interlocuteur.

Sur les huit candidats invités, deux ont décliné l'invitation sous prétexte que la chaîne serait d'extrême droite : Raphaël Glucksmann et Marie Toussaint. Depuis des mois, ils refusent de répondre à CNews, et ce soir, leur absence est cohérente avec leurs déclarations sur les autres médias. Ils sont, en définitive, plus cohérents lorsqu'ils se taisent.

Chacun des deux pupitres des absents, avec leur nom, est disposé à chaque extrémité d'un arc, tel un hémicycle d'assemblée ; on est tous l'extrême de quelqu'un. Regrettent-ils de devoir être devant leur télévision ? Ils le sauront à la fin du débat. En politique, on peut gagner en se taisant et être présent sans être là.

Pour information, les six débatteurs du soir sont : Manon Aubry (LFI), Jordan Bardella (RN), François-Xavier Bellamy (LR), Léon Deffontaines (PC), Valérie Hayer (Renaissance) et Marion Maréchal (Reconquête). L'émission est animée par Laurence Ferrari et Pierre de Vilno. Les débats sont difficiles à arbitrer. Je n'imagine pas un électeur changer de camp ni un abstentionniste avoir une révélation face à un tel spectacle.

Il est bientôt minuit.
Les lumières des studios de télévision s'éteignent une à une. Un débat de plus. Les politiques sourient, serrent des mains, échangent des « excellente soirée » satisfaits. Ils sont impressionnants, il faut l'admettre. Des virtuoses du verbe, des funambules de l'émotion. Conquérir le pouvoir est un art. Mais le servir ? Cela relève davantage du miracle.
Depuis des décennies, les visages changent, les promesses tournent en boucle, et l'impuissance, elle, reste. Et si le vrai problème n'était pas les hommes, mais la maladie silencieuse qui ronge l'institution tout entière ?

3 juin 2024
Paris, Hôpital Cochin

Ce lundi, je passe la journée entière au service d'endocrinologie de l'hôpital Cochin. Prises de sang, mesures de tension, électrocardiogramme… Les examens s'enchaînent. En fin de parcours, une jeune endocrinologue vient à ma rencontre. Son regard est attentif, son ton rassurant. Son nom, inscrit sur la blouse blanche de l'AP-HP, et son léger accent confirment mon intuition : elle vient sans doute d'Europe de l'Est. Ukraine ? Roumanie ? Peu importe. Ce qui compte, c'est qu'elle est là. La France ne forme plus assez de médecins. Heureusement pour nous, l'hôpital parvient encore à attirer des talents venus d'ailleurs.

En janvier, lors d'une consultation pour une douleur au coude droit diagnostiquée comme une tendinite, un généraliste d'un cabinet médical trouvé sur Doctolib a pris ma tension. Le résultat était alarmant : des chiffres record. Une batterie d'examens a suivi. IRM, prises de sang, électrocardiogramme. C'est comme ça qu'ils ont découvert un nodule de trois centimètres sur mes glandes surrénales. Bénin, pour l'instant. Mais peut-être responsable de cette hypertension qui résiste aux traitements. Aujourd'hui, à l'hôpital Cochin, j'attends des réponses définitives. Dans trois semaines, je saurai.

C'est instructif, presque vertigineux parfois, de fréquenter tour à tour les services de santé privés et publics. Je navigue entre ces deux mondes, observateur involontaire de leurs contrastes saisissants. L'hôpital public, cette institution vénérable aux couloirs interminables, est visiblement submergé. Ses dimensions, ses structures même, témoignent d'une époque révolue où la population était plus jeune, moins nombreuse, peut-être moins exigeante aussi. Les salles d'attente débordent, le personnel court, les délais s'allongent – symptômes visibles d'un organisme lui-même malade.

La médecine privée, elle, déploie une logique radicalement différente. Optimisée par des médecins devenus entrepreneurs, elle a su créer un système tourné vers l'efficacité face à une demande forte et généreusement remboursée. Les locaux sont plus neufs, les attentes plus courtes, les sourires parfois plus professionnels. L'équation économique semble fonctionner, mais à quel prix invisible ?

Dans cette valse entre public et privé, mes pensées reviennent souvent à Sophie, à ses silences inquiets quand j'évoque le mot « nodule ». Ce terme médical, si technique, si froid, qui fait pourtant battre nos cœurs plus vite. Je surprends ses regards quand elle croit que je ne la vois pas, cette façon qu'elle a de scruter mon visage à la recherche du moindre signe de faiblesse ou d'inquiétude.

Et puis, étrangement, je pense aux politiques, là-bas, dans leurs bureaux feutrés, leurs costumes bien coupés. Ces femmes et ces hommes qui promettent des miracles pour notre système de santé tout en sachant qu'ils n'auront jamais les clés pour les accomplir réellement. La même impuissance nous lie, finalement. Eux, prisonniers des normes contradictoires, des contraintes budgétaires et du regard implacable des juges de l'histoire ; moi, otage de cette petite boule de chair qui pourrait, un jour, décider de tout. De mon temps. De mes projets. De ma vie même.

Je rassure Sophie d'un sourire que j'espère convaincant. Le mot de « cancer » n'est pas encore prononcé, et peut-être ne le sera-t-il jamais. Nous vivons dans cet entre-deux du diagnostic, cette zone grise où l'imagination devient parfois notre pire ennemie. Pour l'instant, nous n'avons que des mots aseptisés : « nodule », « examen complémentaire », « surveillance ». Des mots qui cachent mal notre commune fragilité.

Je regarde les patients qui arrivent dans cette grande salle avec sa pièce vitrée au centre. Une femme, en blouse d'un blanc fatigué, y prépare les petits déjeuners proposant un choix simple, thé ou café. Il y a les personnes qui se présentent pour une consultation et celles qui viennent pour une journée. Je suis devant une table blanche, trop grande pour une seule personne au centre du service.

Je vais recevoir un petit déjeuner, je n'en prends jamais ; mes prises de sang sont terminées. Il est servi sur un plateau usé dans une vaisselle trop blanche, bruyante et empilable.

Après mon déjeuner, je suis autorisé à sortir. Je vais reprendre le RER B puis changer pour attraper la ligne 11 jusqu'à son terminus, Mairie des Lilas. Ensuite, je marcherais jusque chez moi, longeant à mi-chemin le chantier d'une future station ; le prolongement de la ligne 11 doit être mis en service ce mois-ci après des années de retard. Je résiderai alors entre deux stations à moins de 20 minutes du centre de Paris.

Le soleil de juin chauffe mon visage. Depuis des semaines, on avait oublié qu'il n'était pas réservé à la face supérieure des nuages. Je suis sorti sans avoir effectué de paiement ni pris connaissance du coût de mon hospitalisation.

Debout à bord du RER B, je commence à faire un petit bilan, repensant au personnel de l'hôpital. Il mérite sa réputation d'excellence et toutes les personnes sont agréables et prévenantes. Le sac à dos d'étudiant Eastpak bleu turquoise pendu à mon épaule est tout plat maintenant, débarrassé de la grosse bouteille qui contenait ce matin mes urines des dernières 24 heures. Nous sommes aussi serrés qu'à l'aller, pendus ou accrochés à des prises faites en tube inoxydable.

Ce matin, à 7 h, la personne compressée contre la porte du wagon et collée à mon sac n'imaginait pas aider au maintien à température de mes urines encore tièdes.

Dès les premières heures du jour, les lignes de transports en commun sont submergées de travailleurs essentiels. Ils sont compressés dans ces voitures en forme de tubes et à la lumière intermittente. Chacun transporte son petit nécessaire ; les femmes souvent un sac et les hommes de plus en plus, une sacoche disgracieuse en bandoulière. Contrairement à moi, tous sont en état de travailler. Ils attendent un salaire en fin de mois, mais combien connaissent la somme qu'ils versent à l'État et aux diverses caisses ?

Combien de personnes doivent travailler aujourd'hui pour financer, par leurs cotisations sociales, les frais liés à mon passage à l'hôpital Cochin ?

J'observe depuis des années que nos services de santé fonctionnent grâce à l'engagement des soignants, dans un environnement de plus en plus dégradé. Le système repose davantage sur les qualités morales des personnes que sur les moyens matériels et financiers disponibles. La compétence, l'exigence et l'intelligence cohabitent avec le « faire comme on peut avec les moyens du bord », sans que la qualité des soins en souffre trop visiblement. Les patients restent compréhensifs, car ils sont au fond admiratifs du personnel qui s'affaire dans les services pour le bien commun.

Dans le domaine de la santé, qui représente une part considérable des dépenses publiques françaises, je m'étonne qu'aucune solution n'ait résolu les problèmes persistants ni même enrayé la dérive du système.

Nous nous souvenons tous de la période COVID où les soignants étaient applaudis chaque soir. Mais sur le long terme, une vague croissante de patients est arrivée progressivement sans que les infrastructures et le personnel soient redimensionnés en conséquence. Les moyens sont principalement alloués aux remboursements des médicaments, des soins, des indemnités et des transports, mais pas suffisamment au calibrage du système lui-même.

Notre système ne génère ni assez de médecins, ni au bon endroit, ni assez de ressources financières. Non pas à cause du montant des cotisations individuelles, mais en raison de la base sur laquelle les prélèvements sont adossés. Nous faisons face à une équation simple, mais troublante : toujours plus d'assurés nécessitant des soins de plus en plus coûteux, mais pas plus de cotisants – voire moins.

Il y a là une équation qu'un enfant de l'école d'antan résoudrait en deux minutes, mais que collectivement nous ne parvenons pas à traiter, refusant de voir l'éléphant au milieu du couloir de l'hôpital ou de la salle d'attente, et nous empêchant d'utiliser certains mots ou d'explorer certaines idées.

Il y a là un vrai premier sujet pour *Cet été qui viendra*. Après le vote décisif.

Ce soir, sur les chaînes d'infos, le débat de la veille anime les talk-shows, tandis que les petites phrases des candidats sont reprises en boucle dans les bandeaux en bas d'écran. J'ai eu 53 ans le 26 mai, et tous les candidats sont bien plus jeunes que moi. Si tous avaient été présents sur le plateau, Raphaël Glucksmann aurait été le plus âgé avec 44 ans.

En contemplant ces visages juvéniles qui aspirent à diriger notre nation, je ne peux m'empêcher de m'interroger sur mon propre parcours. Je suis étonné de voir des gens si jeunes accéder aux plus hautes fonctions en France, comme Gabriel Attal et Emmanuel Macron. D'autres, parfois encore plus jeunes, se préparent déjà pour la présidentielle de 2027. Les journalistes et les Français semblent apprécier cela, mais pourquoi ?

Toute ma vie, j'ai suivi les débats politiques, les analyses en plateau qui les suivent, et toutes sortes d'émissions à ce sujet. Aujourd'hui, j'entends et lis que Jordan Bardella est un excellent politicien, que Manon Aubry est une très bonne politique, et que d'autres progressent ou se révèlent.

La première fois que j'ai voté, juste avant l'été 1995, les deux septennats consécutifs de François Mitterrand se terminaient. Il était physiquement marqué par la maladie, mais personne ne pouvait dire que, intellectuellement, il n'était plus au niveau. Avec le recul, je pense que l'âge, en plus d'apporter de l'expérience, peut éviter certains écueils propres à la jeunesse au pouvoir. Un président plus âgé, ayant déjà construit sa carrière et son identité, n'est pas dans la même position qu'un jeune dirigeant qui doit envisager encore plusieurs décennies de vie professionnelle après son mandat. Ces jeunes au pouvoir peuvent être tentés, consciemment ou non, d'orienter leurs décisions pour façonner leur image publique et préparer leur avenir professionnel. Il est difficile pour beaucoup de redescendre dans une vie classique, ordinaire après avoir occupé les plus hautes fonctions, cette perspective peut alors entraîner des actions calculées ou, parfois plus pernicieusement, une certaine inertie face à des décisions qui seraient bénéfiques pour le pays, mais potentiellement préjudiciables à leur future carrière. Leur gouvernance risque alors d'être influencée par la construction d'un récit personnel favorable, en fonction d'une position prestigieuse déjà envisagée pour l'après-pouvoir.

En 2022, après la réélection d'Emmanuel Macron, une question s'est discrètement installée dans le débat public : pourrait-il se représenter pour un troisième mandat en 2027 ? La Constitution interdit plus de deux mandats consécutifs entièrement accomplis, mais que se passerait-il s'il démissionnait avant la fin du second ?

L'astuce semble grossière. Pourtant, certains se sont sérieusement interrogés sur sa faisabilité. D'un point de vue juridique, la brèche existe : si un mandat n'est pas « entièrement accompli », peut-il être considéré comme tel ? Mais une telle manœuvre déclencherait un séisme politique, révélant une volonté de s'accrocher au pouvoir par des artifices juridiques. La présidence sous la Ve République est déjà taillée sur mesure pour son occupant, mais il faut croire que cela ne suffit jamais.

Si cette hypothèse a émergé, c'est bien parce que les Français, eux, pensent déjà à l'après. Pas seulement à qui succédera à Macron, mais aussi à ce que lui-même deviendra. Comme si le destin personnel du chef de l'État ne s'arrêtait pas aux portes du quinquennat, comme si son existence nous appartenait un peu. C'est une particularité française : nous ne nous contentons pas d'élire un président, nous l'habitons, nous le scrutons, nous l'aimons ou nous le haïssons, mais nous ne l'oublions jamais.

Et comment imaginer que l'intéressé ne fasse pas de même ? Que Macron, comme ses prédécesseurs, ne soit pas déjà en train de préparer son avenir, d'anticiper son rôle post-présidentiel, de placer ses pions ? Le pouvoir en France est une promesse qui ne finit jamais vraiment, une transition permanente entre l'exercice et la survie politique.

Peut-être faudrait-il exiger des candidats qu'ils définissent leur après-mandat avant même d'y entrer. Savoir où ils iront ensuite, et avec quels moyens, pour éviter qu'ils ne passent leur temps à tisser les réseaux et accumuler les ressources qui leur serviront plus tard. Exiger cette indépendance en amont, c'est libérer l'exercice du pouvoir des considérations personnelles, le purifier de ses tentations. Mais qui accepterait volontairement de renoncer à l'idée d'un lendemain, surtout lorsqu'on quitte l'Élysée encore jeune, avec toute une vie devant soi et l'habitude d'être au sommet ?

Peut-être une question pour *Cet été qui viendra* ?

C'est au début de l'année 1995, à quelques mois de l'élection présidentielle, que j'ai commencé à m'intéresser sérieusement aux programmes et aux débats politiques. J'étais persuadé que le résultat de ce scrutin serait déterminant pour les années à venir et que, malgré leurs différences, les propositions des candidats pouvaient avoir un impact concret sur la vie des Français, et sur la mienne en particulier.

À l'époque, les trois favoris, Chirac, Jospin et Balladur, avaient respectivement 62, 57 et 66 ans. L'image que je me faisais d'un dirigeant était donc celle d'un homme d'expérience, installé depuis longtemps dans la vie politique. Hier soir, en regardant le débat des candidats, j'ai été frappé par leur jeunesse. Le contraste est saisissant : non seulement ils sont bien plus jeunes que leurs prédécesseurs d'alors, mais leurs ascensions fulgurantes posent question. Que sait-on vraiment d'eux, de ce qu'ils sont au fond ? En les observant, je me retrouve dans une position singulière. Mon parcours de vie, fait d'expériences bien différentes des leurs, ne me destine certainement pas à échanger avec eux, bien que l'envie ne m'en manque pas. Nos mondes, nos références, nos vécus semblent séparés par bien plus que quelques années.

***

Ma propre histoire commence pourtant dans un cadre des plus classiques. Je viens d'une famille typique de son époque, et cela transparaît dans les albums de famille que ma mère prenait soin de composer. Les photos, jaunies par le temps, étaient développées chez un photographe puis précieusement collées dans un album relié, accompagnées de légendes manuscrites indiquant la date et le contexte. Noël, les anniversaires, la galette des rois et les vacances rythmaient les années, tout comme les premiers tours de vélo et les photos de classe en maternelle. Pas de selfies ni de clichés de plats soigneusement mis en scène : ces albums n'étaient pas des outils de communication, mais des banques de souvenirs.

Mon frère jumeau et moi portions souvent les mêmes vêtements, choisis par notre mère, qui tricotait nos pulls en y brodant l'initiale de nos prénoms pour nous différencier. Nos parents, issus d'une petite bourgeoisie cultivée, avaient chacun leur propre trajectoire. Ma mère, restée au foyer sans jamais exercer d'activité professionnelle, l'a toujours regretté. Elle occupait son temps en suivant des cours de réfection de sièges, une activité manuelle qui lui convenait bien, mais elle n'était pas très sociable.

Mon père, lui, était tout l'inverse. Ambitieux, travailleur, il a gravi les échelons des entreprises qui l'employaient, accédant à des postes de direction qu'il obtenait autant par son intelligence que par son acharnement. Il aurait pu faire fortune : plusieurs fois, on lui a proposé de s'associer à des projets qui l'auraient rendu multimillionnaire. Mais l'argent seul ne l'intéressait pas. Ce qui le motivait, c'était le défi intellectuel du métier, la taille et la complexité des structures qu'il dirigeait.

Il avait un mépris amusé pour ceux qu'il considérait comme des « riches sans talent », ceux qui prospéraient sans compétences particulières et exhibaient leur réussite. Pour lui, ces « nouveaux riches » étaient les « bling-bling » d'aujourd'hui : ceux qui s'affichaient avec des vêtements de marque, des montres de luxe et des voitures voyantes. Nous devions être à l'opposé de ça.

À la maison, tout était codifié. Il était hors de question de porter des chaussures de sport en ville : seules les chaussures en cuir étaient acceptables. Les jeans étaient bannis, remplacés par des pantalons en velours ou en toile. Jamais de marques visibles. Nos vêtements, notre maintien, tout devait refléter l'éducation catholique stricte que l'on recevait.

À l'école, ce décalage avec les autres enfants n'est pas passé inaperçu. Il m'a valu des moqueries supplémentaires, renforcées par mes lunettes aux verres plus épais que la monture, qui grossissaient affreusement mes yeux. Mais il y avait un endroit où tout cela s'effaçait, où je pouvais être un adolescent comme les autres : au large des côtes bretonnes. Tout avait commencé par un petit tour en dériveur 420, lors de vacances à Sainte-Maxime dans le Var, vers l'âge de 7 ou 8 ans, mes parents avaient accepté de m'offrir des stages de voile chez Jeunesse et Marine.

Chaque année, dès que je mettais les pieds sur un bateau, tout changeait. Une fois en mer, sans mes lunettes et guidé par la passion, je trouvais naturellement ma place à bord. Là, plus de moqueries, plus de maladresses. Mon autorité était spontanément reconnue : personne ne contestait ma position de chef d'équipage. Les relations avec mes coéquipiers et les encadrants étaient faciles, presque évidentes. Pour la première fois, j'ai senti des regards admiratifs se poser sur moi, en réalisant des manœuvres complexes ou en remportant des régates.

Sur terre, le contraste était brutal. Ma sœur aînée suivait le parcours académique brillant que l'on attendait d'elle. Mon petit frère, lui, faisait de son mieux avec le soutien inconditionnel de nos parents. Ils n'ont jamais ménagé leurs efforts pour l'aider, comme ils ont tout tenté pour compenser nos échecs, à mon frère jumeau et moi, les deux « maillons faibles » de la fratrie. Nous avons abandonné les études bien trop tôt ; moi, avant même d'obtenir le baccalauréat.

Notre histoire avait pourtant commencé sous le signe de la surprise. Le 26 mai 1971, ma mère, enceinte de sept mois et quelques jours, se rend à la maternité en pensant n'attendre qu'un enfant. Lorsque la sage-femme découvre la présence d'un deuxième bébé, elle doit rappeler le gynécologue en urgence. Nous naissons prématurés et sommes placés en couveuse dans le XVe arrondissement de Paris. Dès notre retour à la maison, une éducation expérimentale s'improvise dans l'appartement familial, qui doit s'adapter à l'arrivée inattendue de deux nourrissons au lieu d'un.

Aujourd'hui, en repensant à l'enfant que j'étais, je vois un petit garçon avide de tendresse, habité par deux passions dévorantes : le sport automobile et la voile. Mais aucune d'elles ne pouvait devenir un métier sans un minimum de soutien. À l'école, l'écrit me réussissait sans effort, mais dès qu'un travail devait être fait à la maison, je m'y refusais catégoriquement. Je me nourrissais d'apprentissage, mais à ma façon. Je lisais les documents de travail que mon père rapportait à la maison, parcourais ses journaux avec un jour de retard, Les Échos, Le Monde, Le Figaro, L'Agefi, et noircissais des carnets de notes. À côté de cela, je passais des heures à dessiner des voitures et des bateaux, et j'écoutais la radio tard dans la nuit.

Ma mère, elle, semblait toujours en décalage avec sa propre vie. Elle est morte d'un cancer du poumon à 56 ans, sans jamais avoir été véritablement heureuse ni maternelle avec ses trois premiers enfants. Avec mon petit frère, c'était différent. Elle commençait à se rattraper, à devenir plus présente. Elle rêvait déjà de s'occuper de ses petits-enfants, d'avoir enfin du temps pour elle. Mais toutes ces cigarettes ont ruiné cet espoir. Elle attendait une liberté qui ne viendrait jamais.

Mon père, lui, avait grandi sans père, élevé par une mère corse dure et obsédée par la peur de manquer. Cette éducation austère l'avait façonné, et il nous l'a transmise, presque malgré lui. Il nous a élevés dans la même ambiance, sans que ma mère ait vraiment son mot à dire. Parfois, j'ai l'impression que mon frère et moi sommes arrivés pour l'occuper, mais aussi pour alléger la fiscalité paternelle à mesure qu'il grimpait les échelons des entreprises qu'il dirigeait.

L'école, elle, n'a jamais eu de saveur particulière pour moi, de la maternelle au lycée. Je ne m'y sentais ni à ma place ni particulièrement entouré. Très jeune, j'ai commencé à bégayer, avec une tendance à bloquer sur certains mots. Ma mère essayait de me corriger, le soir, dans le petit salon. Elle me faisait réciter des poèmes, persuadée que la concentration suffirait à me guérir. Je n'ai jamais vu d'orthophoniste.

Alors, seul, allongé au milieu de mes doudous, nuit après nuit, j'ai cherché à comprendre ce qui se passait. J'ai analysé mes blocages, testé des solutions, essayé d'apprivoiser ce bégaiement qui semblait m'échapper. Peu à peu, j'ai trouvé des moyens de le contourner, d'adapter ma façon de parler. Comme si, dès l'enfance, je devais apprendre à composer avec mes propres limites.

Je repense souvent à cette phrase de François Mitterrand à propos de François Bayrou : « J'admire la façon dont il a su dominer son problème d'élocution. Ça dénote une vraie force d'être. » Bayrou avait suivi un orthophoniste pendant des années pour y parvenir. Cette remarque me réconforte encore aujourd'hui. Elle me rappelle que surmonter ses faiblesses, même si elles ne disparaissent jamais totalement, est une preuve de force.

À l'école, les autres élèves se mêlaient naturellement les uns aux autres, sans effort apparent. Pour moi, c'était tout l'inverse. Le bégaiement était un obstacle, mais au-delà de ça, je ressentais une incompatibilité sociale. Je devais observer, comprendre, m'adapter pour espérer m'intégrer temporairement à un groupe ou avoir un ami. Chaque interaction était une mise en scène où je jouais un rôle que je ne maîtrisais jamais complètement.

J'avais aussi l'angoisse permanente de devoir parler. Que ce soit avec un inconnu ou même avec quelqu'un que je connaissais, combler un silence gênant était une épreuve. Aujourd'hui encore, je redoute ces moments où l'on se retrouve seul avec une personne et où l'on doit engager une conversation sans but précis, juste pour faire vivre l'échange. Je n'ai jamais su le faire naturellement. Cela me gêne profondément, et j'ai souvent l'impression que mon malaise se lit sur mon visage. J'ai peur que l'on interprète cela comme de l'indifférence, voire de l'arrogance, alors qu'en réalité, je lutte simplement avec l'art de meubler les silences.

À l'époque, j'étais toujours pressé de rentrer chez moi. Pourtant, mes mauvais résultats scolaires et mon refus de travailler provoquaient des tensions violentes avec mon père. Mais chez moi, j'avais mon propre monde. J'avais mes occupations, mes observations, mes créations et mes rêves. Et puis, il y avait mes doudous, dont la présence silencieuse était bien plus rassurante que celle de mes camarades.

Les enseignants que j'ai croisés au fil des années étaient, pour la plupart, animés par la passion de leur métier. Certains avaient peut-être perdu cette flamme avec le temps, mais elle pouvait renaître à la moindre occasion, face à un élève curieux, par exemple. J'aurais pu être cet élève. Curieux, je l'étais. Sensible aussi. Mais différent, inadapté au rythme de l'enseignement, souvent moqué, incapable de rester en place, fasciné par le monde des adultes et rongé par l'angoisse, je n'ai jamais su entrer dans le moule.

J'ai redoublé la 5e, puis la 1re, avant de finalement abandonner l'école en avril, sans même attendre le bac. La déception de mon père a été violente. Pour y échapper, je me suis réfugié dans la course à pied. Chaque matin, je courais des heures avant de partir, puis je continuais en courant jusqu'au collège. La nuit, je m'évadais autrement. Je quittais le monde des enfants en écoutant la radio, mon unique compagnon fiable.

Aujourd'hui encore, la radio ne me quitte pas. Du coucher au lever, elle m'accompagne, uniquement des programmes sans musique : informations, témoignages, interviews, reportages, politique. Une présence continue, une veille permanente. Sophie pestait chaque nuit contre ce bruit de fond jusqu'à ce que le sommeil finisse par l'emporter. Avec les smartphones, les nuits ont changé. Je dors désormais avec le mien sous l'oreiller, le son feutré, plus grave, plus discret.

***

Les heures passent. Devant la télévision, la pièce est éclairée seulement par la lueur de l'écran. Le débat continue, mais il est tard. Les intervenants, fatigués, semblent répéter les mêmes mots, comme si leurs échanges n'allaient jamais aboutir. Les discours se superposent et les éléments de langage tournent en boucle. Les incohérences, les failles béantes dans les argumentaires sont toujours là, comme un miroir de l'impuissance du système.

Il faudra bien, un jour, rompre avec cette mécanique stérile qui nous maintient collectivement dans l'illusion du débat. Ce jeu convenu entre journalistes et politiques n'est qu'une mise en scène sans conséquence réelle, puisqu'il vise à faire élire un parti qui ne pourra pas concrétiser les promesses dont ils discutent avec tant d'assurance. Je me demande s'ils en sont conscients, ces femmes et ces hommes qui s'affrontent sous les projecteurs. J'espère qu'ils le savent, et c'est précisément ce soupçon qui me fait conclure que seule l'ambition personnelle les anime : le confort des palais, les privilèges du pouvoir, la notoriété médiatique.

Il est évident qu'il faudra qu'un candidat différent prenne la parole. Un candidat dont la méthode et le programme permettront enfin de redonner le pouvoir aux Français, à travers leurs seuls élus réellement crédibles : les maires. C'est avec eux qu'il faudra refaçonner les institutions, réinitialiser le système pour qu'il fonctionne vraiment. Puis, une fois ce travail accompli, ce sera le moment de redonner le pouvoir à un parti qui représentera véritablement la nation, avec un programme enfin applicable, qui ne soit pas une promesse vide, mais une solution tangible pour l'avenir.

Un jour, ce changement arrivera. Et ce sera avant *Cet été qui viendra*.

6 juin 2024
Cérémonie pour les 80 ans du Débarquement
en Normandie, plage d'Omaha Beach

Cet après-midi à l'appartement, je regarde à la télévision la cérémonie pour les 80 ans du Débarquement en Normandie.

Les moyens pour la réalisation sont conséquents. Ça commence, et le ciel s'éclaircit enfin pour l'événement… Le soleil lui-même semble vouloir être admiré, brillant plus que tout, plus que toutes et tous. J'ai ajouté ce « toutes » pour illustrer ce qui m'agace profondément dans cette formule « toutes et tous ». Cette tournure, répétée à l'excès, me paraît relever d'une faiblesse. Elle donne l'impression qu'on prend les femmes pour des êtres à part, presque comme si elles étaient exclues par défaut du simple usage du « tous », alors que la langue française inclut déjà cet ensemble. Pire encore, on s'en contente comme d'un artifice pour masquer un manque d'action réelle en faveur de l'égalité. C'est une facilité qui évite de s'attaquer à des réformes structurelles, à des actes concrets et nécessaires pour que l'égalité devienne une réalité, et pas seulement un effet de langage.

Les scènes sont magnifiques, l'organisation parfaite et l'émotion palpable, mes larmes déforment les images. Les vétérans américains, presque tous centenaires, sont rayonnants et ne font pas du tout leur âge. Ils partagent ce point commun avec les survivants de la Shoah qui témoignent de l'horreur des camps de concentration. Je croise souvent des personnes âgées moins belles, moins vives et s'exprimant moins facilement, et pourtant vingt ans plus jeunes. Ça m'interroge : pourquoi sont-ils à ce point rayonnants ? Le sens du devoir accompli, celui du devoir de témoigner et le courage épargnent-ils ces corps si endurants des assauts du temps ? L'histoire élit-elle de belles personnes pour nous montrer bien plus tard combien il est bénéfique de se battre à la fois pour survivre et pour les autres ?

Le tout frais roi Charles III, à peine sorti d'une première phase officielle de traitement de son cancer, offre peut-être une piste de réflexion un peu plus large. Le prince Charles et le roi Charles III n'ont pas la même prestance, la même gestuelle, un roi ne ressemble à personne d'autre. Balayées les maladresses et les agacements liés à une attente longue comme une vie, c'est un homme souverain dans ses attitudes, dont la belle voix aux accents impeccables le fait triompher contre toute attente. La fonction aide à transformer l'humain jusqu'à laisser penser qu'il est sorti d'un moule à part. La fonction tombe sur l'homme, la charge fait entrer celui qui est légitime dans l'habit ou l'écrase, démasquant l'imposteur narcissique.

Le président Emmanuel Macron vient de tutoyer et de caresser le roi du Danemark en l'accueillant comme un vieil ami, bien qu'ils ne se soient jamais rencontrés auparavant. Brigitte Macron, lors du dépôt d'une gerbe et en dépit du protocole, a tenté de prendre la main de la reine Camilla, qui a résisté avec fermeté et élégance. La retenue et la dignité de ceux destinés à des fonctions de représentation à vie contrastent fortement avec le comportement d'un couple fier de diriger temporairement un pays et aspirant à obtenir rapidement un statut de star à vie.

Les spectateurs du monde entier voient une France luxuriante et riche aux représentants dynamiques et bronzés. Les Français peuvent oublier le temps d'une journée la dette et les énormes menaces qui pèsent sur tous les événements en France et sur eux-mêmes.

42

8 juin 2024
Gare de Lyon à Paris

Après une nouvelle prise de sang à 8 heures, je patiente à la gare de Lyon, mon bagage à mes pieds. Trente-six heures à La Seyne-sur-Mer m'attendent, une parenthèse professionnelle dans le Var.

Je suis en avance, comme toujours. Une habitude qui me rassure face à l'incertitude des horaires ferroviaires. Les trains ne partent jamais en avance, mais arrivent souvent en retard. Ils n'attendent pas les voyageurs, contrairement aux tarifs qui, eux, n'attendent rien pour grimper.

En scrutant les quais, je constate encore une fois l'absence presque totale d'uniformes SNCF. Les contrôleurs ont disparu, remplacés par des employés de sous-traitants chargés de la propreté, privés des avantages statutaires, chèrement acquis par les cheminots. Notre système ferroviaire s'est scindé en deux mondes : ceux dont l'absence peut paralyser les réseaux, obtenant systématiquement satisfaction à leurs revendications, et ceux dont la présence est devenue invisible, jetables et remplaçables. Pendant ce temps, les voitures s'encrassent d'emballages et de détritus, tandis que les prix des billets continuent leur ascension imperturbable.

La réalité financière de la SNCF reste un mystère pour la plupart des Français. En 2022, elle a coûté 20 milliards d'euros aux contribuables. On se félicite parfois d'un excédent de 1 ou 2 milliards, en omettant commodément les 20 milliards de fonds publics injectés en amont. En 2023, la facture s'est alourdie à 22 milliards, soit 407 euros annuels pour chaque Français adulte, avant même qu'il ne monte dans un train. Lorsqu'un voyageur achète un billet, il paie donc deux fois : par ses impôts, puis par un tarif qui finance les conditions privilégiées des agents (temps de travail réduit, rémunérations avantageuses, retraites généreuses).

Mon voyage à La Seyne-sur-Mer n'est pas pour le plaisir, mais pour les affaires. En tant que mandataire immobilier, je dois me rendre sur place pour un client qui souhaite vendre son appartement. Le marché immobilier traverse une crise sans précédent. Les transactions sont au point mort, asphyxiées par des mesures politiques imposées contre l'avis unanime des professionnels du secteur. Entreprises, locataires, acheteurs, vendeurs, tous sont pris au piège d'un système qui bloque les initiatives et détruit emplois et projets. Le vieil adage « Quand le bâtiment va, tout va » prend aujourd'hui une tournure sinistre : quand le bâtiment s'effondre, c'est toute l'économie qui vacille.

Pourtant, les besoins en logement n'ont jamais été aussi criants. La population française continue de croître, année après année. Des logements vétustes attendent d'être rénovés ou reconstruits, tandis que des centaines de milliers de nouvelles habitations manquent à l'appel. Depuis des décennies, le rythme des constructions reste chroniquement insuffisant face à la demande. Les logements existants ont atteint des prix stratosphériques, déconnectés des réalités salariales. Quant aux constructions neuves, leurs coûts explosent sous le poids de normes toujours plus exigeantes et contraignantes.

Ces normes nous sont présentées comme une solution miracle contre le réchauffement climatique, supposées réduire drastiquement la consommation d'énergie liée au chauffage. Pourtant, une étude indépendante menée aux États-Unis met en évidence un effet rebond inattendu : dans les maisons récemment isolées selon les standards les plus stricts, les habitants ne réduisent pas leur consommation, mais adaptent simplement leur comportement. Ils conservent la même température intérieure qu'avant, mais aèrent davantage en ouvrant plus souvent les fenêtres. Résultat ? Pour ces ménages sans contrainte financière, les économies d'énergie escomptées ne se matérialisent pas vraiment, illustrant une fois de plus le paradoxe de Jevons : rendre une ressource plus efficace ne garantit pas sa moindre utilisation.

Les dizaines de milliards engloutis dans la transition énergétique et l'amélioration thermique des bâtiments méritent une évaluation rigoureuse et dépassionnée, loin des postures idéologiques. Ces normes font s'envoler les prix des logements neufs comme anciens, amputant dramatiquement le pouvoir d'achat des plus modestes. La transition écologique, telle qu'elle est menée, prélève une part démesurée du budget de l'État. Les milliards investis dans les éoliennes et les panneaux solaires s'avèrent peu judicieux selon de nombreux experts : l'électricité n'est pas produite aux moments où nous en avons besoin, et son coût dépasse largement celui de l'électricité issue du nucléaire ou de l'hydraulique.

Le train entre en gare. Je ramasse mon bagage, me dirigeant vers un wagon qui me mènera vers le sud. Vers un marché immobilier en souffrance, dans un pays qui semble avoir perdu le sens des priorités économiques et sociales.

Il faudra donc tailler dans les normes et les contraintes *Cet été qui viendra*, puis les politiques réécriront sans idéologie et conformément au bon sens des Français.

10 juin 2024
Dans le TGV inOui opéré par la SNCF,
entre Toulon et Paris

Le train est bondé. Je suis assis sur une banquette sans accoudoir, coincé entre une fenêtre sale et un jeune homme maghrébin, lui-même encadré par sa mère, une femme enrobée, entièrement dissimulée sous un tissu aux teintes tristes et délavées, qui se fondent dans l'atmosphère comme une âme suspendue, attendant le ciel. Son voile noir cache ses cheveux et ses expressions, tandis qu'elle semble être en route pour un parcours de soins médicaux.

Elle a passé les quatre heures du voyage à fixer religieusement le dossier du siège devant elle, à travers les verres épais et sales de ses lunettes à monture métallique bon marché. Elle semblait être la seule à voyager sans smartphone. Je me demande comment on peut être heureux loin de ses racines, pour des raisons dictées uniquement par des exigences sociales.

Ce matin à 10 heures, j'ai quitté le petit appartement loué sur Airbnb à côté de la Poste du centre-ville de La Seyne-sur-Mer. Je pensais y récupérer mon colis contenant les panneaux pour la publicité de l'appartement à vendre. J'ai quitté la file d'attente après avoir consulté machinalement le mail de Colissimo. Il précisait l'adresse d'une autre agence de la Poste, celle de Berthe, un quartier populaire de la ville.

Le bus de la ligne 8 m'a déposé à deux cents mètres du but. C'était jour de marché dans ce quartier, avec ses tours des années 70 et des logements sociaux plus récents construits moins en hauteur. Des hommes étaient réunis sur les trottoirs devant des cafés autour de boissons chaudes, les femmes étaient au marché ou à la terrasse de la boulangerie à côté de la Poste. En repartant avec mon colis, je suis monté par erreur dans un bus allant dans la mauvaise direction. Au niveau de la gare SNCF, j'ai attrapé le bus qui me ramenait vers le centre-ville. Il était bondé. Toutes les personnes étaient issues de l'immigration, la grande majorité des femmes étaient voilées, les plus jeunes souvent plus intégralement que les autres. À aucun moment, je ne me suis senti observé ou en insécurité, mais plutôt comme un intrus qui fera plus attention au choix du bureau de Poste à l'avenir. Une fois l'arrêt du marché passé, je suis resté quasiment le seul passager à bord en direction du port.

J'ai fixé les panneaux avant de me diriger vers la gare de Toulon. J'ai emprunté la navette maritime du réseau Mistral au port de La Seyne-sur-Mer pour rejoindre le ponton de Toulon en 15 minutes. Le bateau hybride, bleu ciel, longeait les quais de la Marine Nationale. Cette fois, l'unique porte-avions français, le Charles de Gaulle, était au port, entouré des navires de son escadrille. Il a été commandé en 1986 et mis en service en 2001 ; il sort d'une année de maintenance et sera remplacé en 2038 par un navire de 300 mètres, soit 40 mètres de plus. Le coût prévu est de 5 milliards d'euros. Tout le monde s'accorde pour considérer qu'il en faudrait au moins deux en service pour être crédible et en avoir un toujours opérationnel. En 2023, les armées du monde exploitent 26 porte-avions : 11 pour les Américains, 4 pour les Japonais, 2 chacun pour les Chinois, les Indiens, les Anglais, les Italiens, et 1 chacun pour les Russes, les Thaïlandais et les Français (International Institute for Strategic Studies, 2023).

Hier soir, les résultats des élections européennes sont tombés, conformes aux sondages. Le RN est très en tête, la liste présidentielle à la seconde place, loin derrière, juste devant celle socialiste de Glucksmann (regrette-t-il son absence au débat sur CNews ?). Dans la foulée, à 21 h 2 sur toutes les ondes, le président Macron a annoncé la dissolution de l'Assemblée nationale. Les deux tours de l'élection des nouveaux députés se tiendront bientôt.

Certains journalistes, souvent les mêmes qui assuraient qu'une dissolution n'adviendrait jamais, quels que soient les résultats, évoquent maintenant la possibilité de la démission du président en cas d'échec aux législatives à venir. Le débat sur la possibilité pour Emmanuel Macron de se représenter si son second mandat n'est pas accompli refait surface.

Les politiciens de tous bords, les journalistes et les différents intervenants semblent incapables de décrypter la véritable logique présidentielle. Emmanuel Macron n'agit pas en fonction des préoccupations profondes des Français, mais filtre celles-ci au tamis de la bien-pensance. Il privilégie systématiquement les sujets qui correspondent à sa vision élitiste du monde, ceux qui résonnent dans les cercles internationaux qu'il affectionne. Cette sélection n'est pas innocente : elle dessine méticuleusement les contours de son après-présidence. Chaque décision, chaque positionnement semble calibré pour lui garantir un avenir confortable et prestigieux sur la scène internationale, loin des conséquences concrètes de ses politiques sur le quotidien des Français. Pendant que le pays s'interroge sur cette dissolution surprise, lui joue déjà plusieurs coups d'avance sur un échiquier dont il est le seul à connaître les règles.

Les vraies questions attendent, endormies derrière le rideau du spectacle électoral. Tous les référendums sont possibles, toutes les réformes que les Français appellent de leurs vœux pourraient enfin prendre forme. Se retrancher derrière l'État de droit n'est qu'un prétexte commode pour justifier l'immobilisme des élites.

Si une élection accordait une forte majorité à un projet audacieux de refonte des institutions, rien, absolument rien ne s'opposerait à la profonde réinitialisation dont notre pays a désespérément besoin. Le bon sens des Français pourrait enfin s'incarner dans des décisions concrètes, loin des discours creux et des promesses jamais tenues.

L'année après l'élection pourrait marquer le début d'une France nouvelle, reconfigurée selon la volonté populaire et non plus selon les intérêts d'une minorité privilégiée. Une saison brûlante où les semences démocratiques, si longtemps étouffées, pourraient enfin germer dans le terreau fertile d'une conscience collective réveillée.

Les citoyens l'attendent silencieusement, ce moment où l'on ne parlera plus de mise en scène, mais de mise en œuvre. Où la politique ne sera plus un divertissement, mais un véritable outil de transformation sociale.

Ce n'est pas un rêve, c'est une possibilité tangible qui se dessine à l'horizon de *Cet été qui viendra*.

12 juin 2024
Conférence de presse du Président de la République

Lors de cette première conférence de presse depuis la dissolution de l'Assemblée nationale, Emmanuel Macron a dû faire face à une situation inattendue. En quelques heures, un bloc de gauche s'est formé, allant du PS à l'extrême gauche en incluant LFI et les écologistes. De l'autre côté, le bloc de droite a regroupé le RN, Éric Ciotti et Marion Maréchal, qui a abandonné Éric Zemmour et Reconquête. Le bloc central, centré autour de Gabriel Attal, tente de rassembler les partis du centre et les républicains qui ne suivent pas Ciotti.

Le Président a d'emblée écarté la possibilité d'une démission, soulignant que la Constitution prévoit toutes les situations. La nouvelle Assemblée ne pourra être dissoute avant un an, soit le 7 juillet 2025. En cas de blocage législatif, l'article 16 permettrait au président d'obtenir les pleins pouvoirs. Cette éventualité a-t-elle été discutée avant la dissolution ?

Sur les plateaux de télévision, les journalistes politiques sont mobilisés, bien que leurs valises pour les vacances aient déjà été prêtes. La dernière dissolution de l'Assemblée nationale en 1997, le 21 avril, avait provoqué des élections anticipées les 25 mai et 1er juin suivants, avant les vacances d'été. Cette fois, les procurations risquent d'engorger les services administratifs, et les inscriptions sur les listes électorales ne sont pas permises. Ce scrutin, le plus important depuis la naissance de la Ve République en 1958, suscite de vives réactions.

Les chaînes de télévision et les médias sont en ébullition, avec des spécialistes de la politique s'affairant autour d'experts en pronostics. Ils restent abasourdis par cette surprise de Macron, qui semble punir ceux occupant des positions enviables sans réelle contribution.

Les plateaux débordent de journalistes, éditorialistes et directeurs d'instituts de sondage, analysant minutieusement les causes et les conséquences de cette décision. Les visages des personnalités politiques affectées sont montrés et leurs destins discutés. L'avenir de la France est-il en jeu ?

Les Français s'amusent à se faire peur avec leurs votes, feignant de prendre au sérieux les conséquences des nouveaux gouvernements. Ils se considèrent comme les dépositaires d'un devoir d'exemplarité, mais ne croient plus au vrai changement sans une révolution majeure. Ils attendent les 100 jours d'été pour voir ce qui va se passer.

Les Français, scénaristes assidus de ce spectacle politique financé par leurs impôts, savent depuis 2005 et le référendum sur l'Europe que les élections n'ont de conséquences que sur la vie quotidienne des politiciens. Les acteurs politiques luttent pour être sous les projecteurs et y rester. Les tentatives de retour sont savoureuses. Les journalistes et éditorialistes orchestrent cette mise en scène.

Les Français aiment voir les acteurs politiques émerger, trahir, réussir, mentir, trébucher, tomber et ressusciter, mais toujours échouer pour éviter qu'ils ne deviennent des stars échappant à leur contrôle. L'importance des compétences et des expériences des futurs acteurs est négligée. Ainsi, un jeune homme de 28 ans, sans formation ni expérience professionnelle, pourrait devenir Premier ministre si cela fait un bon sujet pour la série télévisée. Comment arrivera-t-il à Matignon ? Qui est sa femme ? A-t-il un chien ou un chat ? Quand le ferons-nous chuter ?

Ce qui compte pour demain, c'est ce qu'on n'a pas déjà vu !

Vivement le numéro de Paris-Match qui sortira au milieu de l'été avec Jordan Bardella ou quelqu'un d'autre en couverture. Les critiques animeront les chaudes soirées entre amis et cette année déjà, la presse va connaître un bel été.

16 juin 2024
Fête des Pères
Paris

La fête des Pères est purement commerciale. Née en 1949 sous l'impulsion d'un fabricant de briquets, officialisée en 1952 au calendrier national. Son origine lointaine ? Une fête religieuse du XVe siècle célébrant Joseph, père sans être le géniteur de Jésus. Les vrais pères n'attendent rien de cette mascarade orchestrée par les calicots des vitrines des commerçants en quête désespérée de clients.

Aujourd'hui, mon père doit scruter son smartphone en pensant à ses quatre enfants. Il ne recevra, cette fois encore, aucun message de moi. Depuis des années, le silence est ma seule communication avec ma famille. Au fond, je ressens une troublante satisfaction à l'idée qu'il puisse encore attendre. J'ai tant espéré des signes d'affection, multiplié les efforts pour apercevoir l'ombre d'une fierté dans son regard. En vain. Tout se retournait contre moi, je n'empruntais jamais le bon chemin. Sa colère était mon seul héritage. Il se soulageait. Il ne s'est jamais vraiment soucié de moi.

Depuis le 13 juin, la ligne 11 du métro s'étend enfin jusqu'à Rosny-Bois-Perrier, ajoutant six nouvelles stations à son parcours. Avec Sophie, nous empruntons aujourd'hui cette ligne à la station Serge Gainsbourg pour rejoindre l'Hôtel de Ville en moins de 15 minutes. Les finitions extérieures manquent encore ; les travaux accusent un retard dont personne ne mesure plus l'ampleur, deux ans, trois ans peut-être.

La station présente quatre entrées au pied d'une cité grise. À ses pieds, un centre commercial vétuste abrite quelques commerces de proximité : un supermarché carbonisé lors des émeutes de juin dernier, une boulangerie aux néons blafards et une boucherie halal à l'atmosphère sombre. Dès midi, les jeunes dealers prennent position à l'extérieur, leurs silhouettes familières intégrées au paysage urbain. L'intérieur de cette station neuve surprend par ses dimensions pharaoniques, on pourrait y loger plusieurs terrains de basket. Derrière les nombreuses portes immaculées qui ponctuent les murs au carrelage blanc classique du métro parisien se cachent probablement des bureaux techniques, peut-être un nouveau centre de régulation. Trois niveaux plus bas se trouvent les quais, étonnamment modestes.

Un panneau digital annonce 4 minutes d'attente. Pour la première fois depuis l'inauguration, je vais voir arriver une rame déjà occupée. Sur le quai, notre présence se limite à Sophie, moi-même, et une famille accompagnée de trois adolescents. Contrairement aux TGV, les métros fonctionnent sans contrôleurs. Les risques de grève reposent uniquement sur les épaules du conducteur. Je m'interroge : pourquoi avoir rénové entièrement cette ligne sans l'automatiser, comme les lignes 1, 4 et 14, les seules à circuler pendant les grèves qui paralysent régulièrement la capitale ? Une victoire des syndicats pour des grèves évitées ?

La rame surgit du tunnel immaculé avec une ponctualité inhabituelle. L'intérieur est entièrement traversant ; les voitures s'articulent comme les bus modernes, reliées par des plateformes ouvertes qu'entourent des soufflets en caoutchouc ondulé. Presque toutes les places assises sont occupées. Ce prolongement de ligne fait probablement voyager vers Paris des personnes qui, jusqu'alors, limitaient leurs déplacements. La population de ces villes nouvellement connectées est majoritairement modeste, largement issue de l'immigration des cinq dernières décennies. Dans la rame, la plupart des femmes portent le voile.

Cette ligne agit comme un désenclaveur social. Les travailleurs et ceux en recherche d'emploi bénéficient désormais de conditions de transport radicalement améliorées, ouvrant un champ de possibilités nouvelles. Le centre de Paris va rencontrer la banlieue, si différente, et réciproquement. Cette proximité forcée pourrait déconstruire de nombreux préjugés. Les transports efficaces attirent d'abord les jeunes, puis progressivement toute la population. Les entre-soi communautaires, si prégnants en banlieue, comme je l'ai observé récemment à La Seyne-sur-Mer, engendrent des replis craintifs qui creusent des fossés toujours plus profonds entre des Français de moins en moins curieux les uns des autres.

Mon smartphone vibre. Une notification m'informe que la série télévisée politique nationale s'enrichit d'un nouvel épisode : François Hollande se présente aux législatives en Corrèze, à Tulle, investi par le Nouveau Front Populaire. Le voilà faisant front commun avec ses ennemis d'hier. Rêve-t-il de Matignon dès le mois prochain ? Plus probablement de l'Élysée en 2027.

Quelques minutes plus tard, nous passons devant Notre-Dame puis flânons à Saint-Germain-des-Prés. Je suis incapable de reconnaître les visages croisés dans la rue, même ceux de mes proches. Je me souviens encore de cette scène surréaliste : tenant le bistrot à vin « Du Bruit à la Cave » à Saint-Maur-des-Fossés, j'ai pris la commande d'une table de cinq personnes sans réaliser qu'il s'agissait de ma sœur, son mari et leurs trois enfants !

Nos week-ends à Saint-Germain-des-Prés sont rituels. Sophie y repère toujours des visages connus : artistes, politiques, journalistes de télévision. Elle travaille à Pantin et, comme moi, fait quotidiennement ses trajets et courses à pied aux Lilas, à Pantin ou à Romainville. Jamais nous n'y croisons ceux qui, dans les médias, dissertent sur les banlieues, pas même les députés des circonscriptions concernées.

Après une pause sur une terrasse parisienne non chauffée, conséquence du petit théâtre écologique municipal, nous déambulons vers la place des Fêtes où nous reprenons, vers 19 h, la ligne 11. La rame est bondée, nous sommes debout entre les portes opposées. Une femme enceinte s'excuse auprès de Sophie de devoir s'appuyer contre elle à chaque freinage brutal du métro, dont l'absence d'automatisation rend les à-coups plus fréquents, plus humains dans leur imperfection.

Cette femme, début de trentaine, au visage harmonieux malgré la fatigue, habite près du terminus à Rosny-sous-Bois. Dans ses mots transparaît le soulagement d'une vie qui s'améliore enfin, même si les promesses de modernité arrivent des années après la date annoncée. Son visage se crispe lorsqu'un homme aux cheveux et à la barbe gris, vêtu d'un ensemble jeans défraîchi, s'approche pour mendier. Sa réponse fuse, sans même un regard pour lui, comme si elle parlait au nom de tous :

« On est tous dans la merde, » lance-t-elle, la voix teintée d'une lassitude qui résonne dans la rame entière.

Elle nous confie alors que tout a augmenté : les courses, les factures d'énergie. La fin du mois est devenue un horizon inatteignable.

Cette femme incarne une vérité brute, une justesse qui touche. Guerrière des temps modernes, déjà mère d'un premier enfant, elle traverse chaque jour la banlieue en bus et à pied pour le confier à sa propre mère. Dans cette vie fragmentée entre travail épuisant, maternité et gestion d'un logement périphérique, reste-t-il un seul instant qu'elle puisse s'approprier ?

Sa jeunesse s'effrite sous le poids des responsabilités. Ses nuits, bientôt à nouveau hachées par les pleurs d'un nouveau-né, se réduisent comme peau de chagrin.

Je regarde au-delà des cernes et des marques de fatigue. Je devine le visage d'avant, celui qui n'avait pas encore rencontré toutes ces épreuves, qui ne portait pas encore cette détermination forcée. Malgré tout, elle reste attentive à son apparence, habillée avec soin, refusant de laisser transparaître l'épuisement de son quotidien. Son salaire, probablement modeste, serait insuffisant pour justifier ce combat quotidien aux yeux de nombreuses personnes qui, à sa place, auraient choisi la voie des allocations.

Ce soir, sur toutes les chaînes, les personnages politiques s'agitent dans leur théâtre d'ombres. Aucun d'eux ne répond aux besoins concrets de cette femme du métro. J'imagine qu'elle vote à chaque élection, qu'elle n'a pas renoncé à faire entendre sa voix. Mais le spectacle politique n'est pas conçu pour transformer le quotidien des Français, seulement pour se perpétuer. Les rôles sont distribués, les dialogues écrits d'avance. Les journalistes dramatisent pour captiver l'audience, les politiques jurent, promettent et s'accusent mutuellement.

Mais le vrai pouvoir est ailleurs.

Vivement *Cet été qui viendra.*

18 juin 2024
Commémoration de l'appel à la résistance
du général de Gaulle du 18 juin 1940

Ce soir, Jules, notre fils cadet, termine son activité à 20 h, moment où Sophie reviendra de la rue de Rivoli. J'ai proposé que nous nous retrouvions tous les trois au restaurant indien le Namasté à Romainville. Une parenthèse dans nos habitudes, plus besoin de s'aventurer dans l'enfer des embouteillages parisiens. Depuis des années, notre rituel nous menait chez Lao Viet, dans le 13e arrondissement, découvert grâce à une cheffe vietnamienne dont le mari, ancien procureur général, a profondément marqué ma vie. Chaque midi, il occupait la même table dans mon bistrot à vins de Saint-Maur-des-Fossés, nos conversations s'étirant souvent jusqu'au soir.

Pierre Douglas rejoignait fréquemment ce cénacle informel, apportant son intelligence acérée, son humour et sa loyauté sans faille. Cette table avait d'abord été celle de Roger Tetsu, véritable pilier autour duquel gravitait notre petit monde. Roger demeure la rencontre cruciale de mon existence, j'y reviendrai certainement.

Notre vietnamien fétiche, avec ses tables serrées, ses boiseries et ses peintures de rizières, fait face à la caserne immaculée des pompiers. Je ne devrais pas révéler ce lieu tant il est déjà difficile d'y trouver place. La clientèle y est exclusivement asiatique, je reste le seul à demander des couverts, dînant probablement chaque fois avec la même cuillère et la même fourchette, reliques d'un rituel immuable.

Jules a 23 ans, je viens de vérifier, car je n'associe jamais les êtres à leur âge biologique, mais plutôt à celui que je perçois dans leur esprit. Pour moi, c'est identique : j'ai éternellement 18 ans, moins un jour. Jules vit avec nous depuis un an, occupant la chambre entre le séjour et la nôtre. Passionné de basket et cycliste accompli, il s'était exilé quelques mois dans une étroite maison mitoyenne à Lille, embrassant le métier de coursier à vélo. Avec une simple bicyclette d'occasion, il pulvérisa tous les records de livraison, surpassant même les coursiers équipés de vélos électriques trafiqués. Quand la société ferma, il revint au bercail.

De retour, il s'est réinventé comme coach de basket. Engagé dans une formation reconnue par l'État, il encadre parallèlement les jeunes du club Romainville-Les Lilas. Le complexe sportif, ultramoderne, se trouve à cinquante mètres de notre porte. Jules évolue lui-même dans l'équipe senior au niveau régional. Je trouve cela admirable, il fait ce qu'il aime, rien de plus. Il profite de l'hospitalité bienveillante de ses parents, sans culpabilité. Mon père, lui, avait une règle inflexible : dès que tu dévies du chemin qu'il traçait, tu quittes la maison. Une règle destinée à me soumettre, sans nuance, à ses ambitions et à son autorité.

Avec Jules est venue Tartine, jeune chatte de gouttière élancée recueillie à la SPA, dont Sophie s'est éprise instantanément. Jules possède cette sérénité naturelle, comme si faire ce qui lui plaît dissipait magiquement les doutes et angoisses liés à l'avenir. Il a commencé son parcours scolaire en école privée, puis a atterri dans celle qui avait récupéré son frère aîné, Victor, suite à son expulsion de son école primaire de Saint-Maur-des-Fossés. Il a ensuite poursuivi au lycée public et a décroché un bac S. Le COVID-19 a eu raison de sa première année de faculté de physique à Paris et de toutes les autres, sans difficulté.

Victor, 26 ans, s'est envolé pour le Canada le premier mai. Il habite Montréal dans une colocation au cœur d'un quartier résidentiel verdoyant, travaille dans un restaurant à quelques minutes et s'y épanouit pour l'instant. Son départ fut impulsif, juste une modeste épargne pour affronter les premiers mois potentiellement difficiles. Il voit son avenir en Amérique du Nord depuis longtemps, surtout pas en France. Ses appels nous parviennent souvent pendant qu'il prépare son petit déjeuner ou marche vers la salle de sport.

C'est à la maternelle de La Pie, à Saint-Maur, que tout a basculé. La directrice nous convoqua un samedi matin pour un problème de comportement. Depuis quelques semaines, Victor s'agitait en pleine nuit. Nous nous réveillions au son de ses coups sur l'oreiller, sa respiration haletante, ses gémissements incompréhensibles – prélude d'un chemin de croix qui commençait à franchir les cloisons de notre modeste appartement de location des années 1970. Ces épisodes duraient une minute avant qu'il ne sombre à nouveau dans le sommeil. Le jour, nous observions chez lui des crises d'agitation imprévisibles, comme des accès de folie passagère ; il semblait absent, ses magnifiques yeux bleu ciel, ornés de longs cils roux, devenaient fixes, écarquillés, comme habités d'une rage incompréhensible.

Nous venions d'arriver de Stella-Plage, près du Touquet-Paris-Plage. Des événements graves nous avaient contraints à nous replier sur Saint-Maur, comme vers un refuge préparé d'avance, en terrain connu. Je ne mesurais pas encore à quel point ces événements allaient transformer mon existence.

Cette ville, lovée dans une boucle de la Marne, ignorait tout de mon passé récent — c'était la raison même de son choix. Je la connaissais intimement pour y avoir traversé mon adolescence. Chaque matin, à l'époque, je courais deux fois les douze kilomètres de cette boucle.

Victor fut déscolarisé pendant plusieurs mois, impossible de le laisser sans surveillance. Il se mettait constamment en danger. Les médecins consultés livraient des diagnostics contradictoires : schizophrénie, séquelles d'abus sexuel, défaillance éducative parentale. Au terme de cette errance, il finit par se sauver lui-même. La puissance de son instinct et sa demande désespérée le conduisirent en observation à l'hôpital. L'épilepsie avait été écartée après des examens en phase d'éveil et de sommeil en hospitalisation de jour. Mais pendant son séjour volontaire, notre petit garçon de 8 ans fit des crises d'épilepsie nocturnes. Correctement diagnostiqué enfin, il retrouva rapidement une vie normale, pour un temps.

En quittant le restaurant indien ce soir, nous croisons une femme sans relief particulier, légèrement enrobée, ordinaire. Manifestement éméchée et volubile, coincée entre la vitrine et des palettes de bordures de trottoir en granit gris, vestiges des travaux de voirie qui s'achèvent alors que le métro fonctionne déjà, elle m'interpelle, exhortant les passants à voter lors des législatives imminentes.

Sophie et Jules s'éloignent de quelques pas quand ils remarquent mon intérêt pour cette inconnue. La trentaine passée, elle se présente comme employée à la mairie des Lilas. Sa mission apparente : mobiliser contre « un certain extrême » menaçant d'accéder au pouvoir, sans préciser lequel.

D'abord, je la crois militante du Nouveau Front Populaire. Je l'interroge sur sa vie, ses inquiétudes. Elle évoque sans détour la flambée de ses factures d'énergie, ses fins de mois impossibles. Puis, mise en confiance et s'assurant de ma discrétion, elle murmure ses véritables préoccupations : l'immigration incontrôlée et ses conséquences perçues. Sa voix baisse encore – elle craint de perdre son emploi municipal si son soutien au Rassemblement National venait à être découvert.

Je suis convaincu que cette femme a longtemps voté à l'extrême gauche avant de basculer vers l'autre extrême, comme si les marges du spectre politique finissaient par se rejoindre dans un étrange continuum. L'extrême gauche a fait le choix stratégique de délaisser les ouvriers, pour ne pas avoir à les partager avec l'extrême droite, et de se recentrer sur un électorat perçu comme plus homogène et mobilisable : les électeurs racisés issus des quartiers populaires ou de l'immigration. L'objectif est clair : verrouiller une base électorale en expansion démographique et politiquement fiable, où une forte mobilisation pourrait à terme lui permettre d'accéder au second tour.

Le pari suivant est celui du match du second tour : en affrontant l'autre extrême, elle mise sur le cordon sanitaire et le réflexe du front républicain, qui obligeront les autres forces politiques à se ranger derrière elle. Et si ce calcul échoue, il restera toujours l'option de la rue et du soulèvement, un levier qui a déjà montré qu'il pouvait faire vaciller le pouvoir.

Mais en poussant ce clivage à l'extrême, cette stratégie éloigne encore davantage l'assimilation et l'attachement à la France et à ses valeurs. Or, c'est bien le seul projet qui puisse offrir à ces Français un avenir serein et épanoui – et faire d'eux, pour la France, une chance et un enrichissement.

D'autant que cette mécanique électorale, pensée au départ comme un simple calcul, entraîne une dérive naturelle : une fois la logique identitaire installée, elle exige toujours plus de pureté. Ce qui était toléré hier devient insuffisant aujourd'hui. D'abord, un blanc peut représenter un noir. Puis on considère qu'un noir doit représenter les noirs. Et bientôt, ce noir sera lui-même jugé illégitime s'il a été choisi pour autre chose que sa couleur. Ce cycle de radicalisation ne s'arrête jamais et finit par engloutir même ceux qui l'ont initié.

Nous sommes arrivés en Seine-Saint-Denis il y a quatre ans, après avoir quitté précipitamment notre pavillon de La Varenne-Saint-Hilaire, quartier résidentiel de Saint-Maur-des-Fossés. Pendant treize ans, nous avions habité cette maison au jardin généreux, cadre de tant de déjeuners dominicaux mémorables.

En m'installant à Romainville, dans le département officiellement le plus pauvre de France, j'ai exploré l'histoire des villes voisines et le profil de leurs élus.

Aux municipales de 2020, le socialiste Lionel Benharous, professeur d'histoire né d'une mère tunisienne et d'un père français d'Algérie, devint maire des Lilas. Il succédait aux dix-neuf années de règne du socialiste Daniel Guiraud, Nîmois issu d'un père viticulteur et d'une mère institutrice. Son fils, David Guiraud, né à Paris et élevé aux Lilas, s'engagea pour le Front de Gauche avant d'être parachuté en 2022 dans la 8e circonscription du Nord comme candidat de La France Insoumise. Victorieux, il entra directement à l'Assemblée nationale. Père et fils ont fait carrière comme professionnels de la politique, tous deux débutant comme assistants parlementaires.

Je m'interroge : après avoir adopté une position par pur calcul électoral, n'est-il pas inévitable de glisser vers une dérive extrémiste de plus en plus radicale ? Comme si l'idéologie, initialement instrument, devenait progressivement une fin en soi, jusqu'à aveugler celui qui la porte, ultime moyen inconscient de donner un sens à une existence politique sans autre projet ?

Le fils est parti conquérir le Nord ; il représente à l'Assemblée les habitants de Roubaix qu'il connaissait à peine avant son élection. Notre système n'impose aucune condition de résidence ou d'ancrage local pour valider une candidature législative. Les électeurs choisissent souvent un parti plus qu'une personne pour les représenter dans l'hémicycle. Les spécificités locales remontent moins bien depuis que les maires ne peuvent plus être aussi députés.

Ce sera un sujet de *Cet été qui viendra*.

21 juin 2024
Au téléphone avec l'hôpital Cochin

Il est 15 h, je suis au téléphone avec le standard du service d'endocrinologie de l'hôpital Cochin. La jeune endocrinologue venue des pays de l'Est m'avait conseillé de prendre rendez-vous avec le docteur Bouys au bout de trois semaines. Les résultats de mes analyses d'urines devraient être prêts ; les trois semaines sont passées.

Je confirme à la dame au téléphone que je suis bien un patient en cours de traitement. Elle consulte l'agenda du service et me donne un rendez-vous pour le 16 janvier 2025, soit sept mois plus tard !

Étonné, je précise que le docteur avait souhaité me voir maintenant. La standardiste me répond mécaniquement :

— Mais monsieur, ici c'est l'hôpital public et vous croyez que vous êtes le seul à demander un rendez-vous urgent ?

— Je ne sais pas, dis-je, mais le docteur a demandé à me revoir après les examens et avec les résultats des analyses.

— Je sais, répond-elle, mais les docteurs n'ont aucune idée de ce que sont leurs agendas, il n'y a aucune possibilité avant le 16 janvier de l'année prochaine.

J'insiste, sentant une bouffée chaude d'angoisse monter à mon visage :

— Mais moi c'est différent, c'est un suivi et mon état ne peut pas attendre sept mois, ma tension ne baisse pas avec les traitements.

Je rajoute un dernier argument :

— Et mon ordonnance de médicaments a été établie pour un mois seulement.

La dame, perdant patience, me répond une dernière fois avant de raccrocher :

— Vous allez faire comme tous les autres. Vous demandez à votre médecin généraliste de la renouveler encore et encore.

Je suis seul. Je regarde mon iPhone 13 rouge, jeté sur la table basse devant moi. Je pense immédiatement à Sophie, aux vacances prévues en août, à la rentrée et à Noël. Les risques et les doutes me submergent ; ils écrasent tout et nous envahissent de plus en plus.

J'ai peur ; Sophie était rassurée par ce rendez-vous avant les vacances.

J'étais fier d'avoir été retenu par Cochin à la suite de l'envoi de mon dossier par mail. J'avais l'impression de l'avoir bien préparé et d'avoir respecté scrupuleusement la procédure ; je méritais mon entrée à l'hôpital Cochin. J'imaginais que tout allait se dérouler sans encombre, comme dans un système qui fonctionne.

Il y a un an, Victor a fait son entrée à l'hôpital public. Il avait envoyé son dossier complet par mail au service neurologie de Bicêtre. Une neurologue l'a convoqué sans attendre ; Sophie et moi l'accompagnions. Il voulait discuter de la possibilité d'une opération du cerveau, car son épilepsie résistait aux traitements médicamenteux.

Dans le petit bureau de la neurologue, la fenêtre fatiguée supporte encore des vieux carreaux en verre déformants. La lumière qui traverse est déprimante ; elle est renvoyée par la toile de verre blanche et usée des murs nus.

La docteure, portant la blouse blanche standard de l'AP-HP, m'a immédiatement donné l'impression d'avoir été élevée dans une famille catholique très traditionnelle. Elle ne regardait que Victor, peut-être une fois Sophie, mais jamais moi. Nous étions de trop.

L'hôpital a pris place dans un ancien fort militaire sur la hauteur de la ville du Kremlin-Bicêtre. Les nombreux bâtiments blanchâtres, sur deux niveaux, sont disposés en carré avec des arcades vitrées ; les espaces au centre servent de parkings arborés de vieux arbres. C'est vétuste, même si de lents travaux, par petites tranches, sont en cours, comme si la santé publique n'était qu'une préoccupation secondaire, à traiter par fragments.

La docteure est sensible à Victor, attentive et prévenante. Dès les jours suivants, Victor a subi plusieurs semaines d'examens, certains comportant des risques irrémédiables ; treize tiges d'un centimètre de diamètre ont été profondément enfoncées dans son cerveau. Il nous a demandé notre avis avant de se lancer, et Sophie et moi l'avons encouragé. Il devait en passer par là pour déterminer s'il pouvait être soulagé à long terme par une opération encore plus invasive. Après avoir retiré les tiges, Victor a connu une phase transitoire sans crise. Ainsi, il est enfin parti au Canada. Les crises ont recommencé, il va sans doute rentrer pour se faire opérer.

Je crois que je n'avais pas le pouvoir de le faire renoncer ; c'est sûrement plus facile de penser ça. La suite qui arrive est bien plus risquée ; il ne demande plus rien à ses parents. Il va seul à ses consultations.

Les nuits noires, je suis souvent raide et glacé. Je n'entends plus le son de mon smartphone ; j'imagine le pire, ce que nous pourrions perdre. Je vois toujours ses yeux bleus droits dans les miens, pleins d'amour et scrutant mon soutien. Exprimer mes doutes ou une opposition aurait été prévoyant et confortable en cas de problème. Victor possède la force et l'optimisme de la jeunesse, il croit naturellement à la science et au progrès. C'est lui qui doit choisir maintenant pour le reste de sa vie. Pour ma part, je me suis habitué à ses crises d'épilepsie ; c'est une partie de lui, une petite faiblesse qui le maintient à côté de moi.

La docteure devançait les angoisses de Victor et planifiait tous ses rendez-vous pour lui. Il était entièrement pris en charge, il pouvait l'appeler directement à n'importe quelle heure, même les week-ends.

Je m'attendais à un service identique à Cochin. Je pensais avoir fait mon entrée dans ce cadre rassurant. Comme si la santé publique était un système uniforme et non une loterie où certains trouvent l'attention dont ils ont besoin tandis que d'autres se heurtent à des murs de silence.

J'ouvre le placard, je prends mon dossier pour en sortir toutes les feuilles remises à l'hôpital. Je cherche un autre moyen de joindre directement un docteur. Je lis la feuille avec toutes les coordonnées, elle remue. Mes mains tremblent, mon cœur s'accélère et je me sens oppressé. Mais tous les numéros des différents secrétariats renvoient au standard, ce même standard qui vient de me signifier que ma santé peut attendre sept mois.

J'ai envie de téléphoner à Sophie pour tout lui dire, pour tout faire sortir. Mais non, je dois d'abord trouver l'action suivante, celle qui va nous faire espérer.

C'est décidé, je vais écrire une lettre manuscrite à la jeune endocrinologue et une autre au docteur que je dois consulter au plus vite. Je prends deux feuilles dans le bac de l'imprimante et un feutre noir. J'expose la situation, j'écris mon étonnement et mon désarroi, puis j'exprime mes craintes pour les mois à venir.

Les lettres sont maintenant adressées dans deux grandes enveloppes en kraft ; j'y ai noté en gros et en angle « Personnel et confidentiel ».

Demain matin, j'irai les glisser sous la porte de leurs bureaux. Comme deux cailloux jetés dans la mécanique aveugle, deux pierres pour troubler le silence des dossiers et rappeler qu'ici, derrière le numéro, il y a un nom, une famille, une peur. Tentative dérisoire de traverser les cloisons invisibles d'un système qui a oublié sa raison d'être.

22 juin 2024
Paris

Mon téléphone sonne, et je reconnais les premiers chiffres du numéro qui s'affiche. L'appel vient de Cochin. Je vais connaître un résultat.

Hier, au téléphone, je me suis arrêté devant ce qui ressemblait à un non.

D'ordinaire, je me bats comme un beau diable. Je me place en situation de tout comprendre et de tout savoir ; j'exploite un point faible du raisonnement ou je tente de toucher l'intime de la personne. Je découvre à chaque fois des personnes généreuses abritées derrière les habits du métier.
Cette fois, je n'ai pas insisté. Comme les autres patients, je n'avais pas de va-tout à jouer.

— Allô, monsieur Siesse ? demande une voix masculine.
— Oui, je réponds fébrilement.
— Je suis le docteur Bouys, endocrinologue à l'hôpital Cochin. J'ai bien reçu votre lettre. Je suis étonné de votre démarche ; il est impossible que ma consœur ait dit de prendre rendez-vous avec moi trois semaines plus tard. Elle sait très bien que je n'ai jamais de place avant au moins six ou sept mois.

Je comprends que j'ai créé une gêne en le tenant personnellement informé du rendez-vous placé si loin. Il me téléphone pour me sermonner, mais il mesure les conséquences si une complication m'arrivait.

Je ne précise pas que cette consultation a bien été demandée par sa consœur sur son compte rendu de sortie. Il l'a forcément lu ; il sait que je le connais par cœur. Je comprends aussi qu'il connaît bien son planning, contrairement à ce que prétendait la standardiste. Le système se protège par ses incohérences mêmes.

— Merci pour votre appel, avez-vous regardé mes résultats ? dis-je en tentant de lui faire oublier son ego blessé pour qu'il bascule dans son rôle de docteur.
— Oui, répond-il, et je peux vous dire que vous n'en avez pas fini avec les contrariétés.

Après quinze minutes de questions et réponses à propos de ma tension et de mon nodule, il me propose une hospitalisation de quatre jours dans son service.
J'entre le 29 juillet pour des analyses très complètes et je termine par un PET-Scan. Cet appareil est utilisé pour savoir si un nodule est cancéreux.
Je comprends que la possibilité d'un cancer très mal placé est envisagée.

Avec Sophie, nous avons prévu de partir en vacances le lendemain de cet examen. Quel sera notre état d'esprit ? L'angoisse peut-elle cohabiter avec le repos estival ?

— Ma secrétaire va vous appeler pour préparer votre hospitalisation. Bonne fin de journée, termine-t-il.
— Également, docteur, et merci.

Nous venons de passer vingt minutes ensemble, c'est plus que lors de notre première consultation.

Je viens de gagner sept mois sur une éventuelle maladie.

Le personnel de l'hôpital public est de grande qualité, que ce soit à Cochin ou à Bicêtre. La relation entre le praticien et le malade est devenue prépondérante. Elle peut naître d'un fluide qui passe naturellement ou d'une attention particulière, qu'elle soit due à une recommandation ou à un passe-droit. Dans ce système saturé, la chance, ou la capacité à se faire entendre, détermine souvent notre destin médical.

En France, environ 9 000 à 10 000 médecins diplômés sont formés chaque année, mais ce chiffre reste insuffisant face à la demande croissante. Parallèlement, près de 7 000 médecins quittent la profession chaque année, principalement en raison des départs à la retraite, ce qui limite le renouvellement des effectifs.

Le solde net d'environ 3 000 médecins supplémentaires par an est loin de compenser l'arrivée de 500 000 nouveaux habitants par an, issus de l'immigration légale et illégale. Cela représente environ 2,5 millions de personnes supplémentaires sur cinq ans. Si l'on considère une densité médicale idéale de 400 médecins pour 100 000 habitants, ce flux aurait nécessité 10 000 médecins supplémentaires uniquement pour maintenir les proportions d'il y a cinq ans.

Ces nouveaux arrivants, qui bénéficient des mêmes droits d'accès aux soins que les citoyens français, sollicitent les systèmes de santé, parfois de manière plus intensive. En effet, certaines études indiquent que des personnes arrivent spécifiquement pour se faire soigner en raison de pathologies graves ou de l'absence de systèmes de santé accessibles dans leur pays d'origine. Cela peut conduire à une consommation de soins plus importante que celle d'un habitant déjà installé en France, aggravant encore la saturation des services hospitaliers et de la médecine de ville.

Cependant, le système était déjà sous-dimensionné il y a cinq ans, aggravant aujourd'hui la crise de l'accès aux soins. L'augmentation de la population, combinée au vieillissement démographique et à la désertification médicale dans certaines régions, provoque une saturation des services de santé. Le manque de planification pour adapter le nombre de professionnels de santé au flux migratoire, ou inversement, et à l'évolution des besoins contribue directement à ces difficultés.

Ce déséquilibre souligne l'urgence de revoir les politiques de formation et de répartition des médecins, tout en tenant compte des pressions démographiques, pour éviter l'effondrement du système de santé dans les années à venir.

Mais l'impuissance politique face à ces défis structurels est flagrante. Les solutions nécessiteraient un courage politique absent de l'horizon actuel. Tant que le diagnostic ne sera pas assumé publiquement, les remèdes resteront insuffisants.

Rien ne peut plus être changé en profondeur dans l'état actuel des choses.

Vivement *Cet été qui viendra*.

Le 1er juillet 2024
Paris, Place des Fêtes, tour Occident. 25e étage

La vue est époustouflante.

Je suis nostalgique en regardant le grand écran Sony, vestige du pavillon de Saint-Maur-des-Fossés.

Nous avons été expulsés par les huissiers et la police à la fin de l'été 2019. Nous avions terminé de vider la maison la veille, mettant nos biens à l'abri. Ce jour-là, j'étais arrivé avec un camion pour récupérer mes treize oliviers dispersés dans le jardin. Les serrures avaient été remplacées et une affiche expliquant la situation trônait sur le portail. Toute la rue était au courant, réveillée par le bruit et la présence de la police. Le spectacle de l'échec familial s'offrait aux voisins.

Nous sommes arrivés à Saint-Maur-des-Fossés en septembre 2001. Jules avait 5 mois et Victor 4 ans. Ma mère était en pleine forme. Nous avions fui Stella-Plage pour nous réfugier dans un des rares appartements vides à louer. Ma mère aidait Sophie à nous installer et nettoyer le petit trois-pièces.
Très vite après, suite à une douleur intense au ventre, les médecins diagnostiquèrent un cancer agressif dont elle décédera un an après.

Après cet appartement, nous avons loué à Saint-Maur un agréable pavillon récent avec jardin. Le propriétaire a résilié le bail à l'occasion du renouvellement des trois ans pour y loger sa fille. Nous avons ensuite loué le pavillon dont nous avons fini par être expulsés, après treize ans.

Une amie de Sophie avait repéré cette maison à La Varenne Saint-Hilaire. Elle venait juste d'être proposée à la location. Nous avons fini par la louer via une agence au Perreux-sur-Marne.

Le propriétaire s'est fait connaître quelques mois plus tard. Un midi, il est arrivé de Grenoble en TGV pour déjeuner au bistrot que je tenais à cette époque.

À cinquante ans passés, il ressemblait à un touriste allemand. Il était arrivé, le ventre en avant, portant un sac à dos usé sur un t-shirt bon marché. Il avançait pieds nus dans des sandales de marche Décathlon, vêtu d'un pantacourt aux poches à scratch sur les cuisses. Tout était terne, comme fait exprès.

Je m'intéressais à lui, mais il était mal à l'aise en toutes situations. Je comprenais vite que son éducation très catholique l'avait entravé. C'était un vieux garçon, plein de complexes ; sans doute encore puceau, il aimait la voile et passer à table.

Il passa sa commande :

— Monsieur Siesse, en entrée, je vais prendre les os à moelle « façon grand-mère », ensuite les ris de veau à l'ancienne et en dessert la tarte Tatin maison.

— Parfait, c'est noté, répondis-je. Souhaitez-vous boire du vin, au verre ou en bouteille ?

— Une bouteille de blanc, le Meursault de chez Leflaive.

Il connaissait bien le vin, qui était sans doute son compagnon de vie. Sa corpulence dépassait celle d'un simple bon vivant, elle révélait un mode de vie délibérément dangereux, peut-être pour éviter de faire face à un futur qu'il redoutait. Il avait été conducteur de TGV à la SNCF. En conséquence, il n'avait jamais beaucoup travaillé et, à 52 ans, la vie pouvait lui sembler bien longue. Je compris qu'il avait hérité de plusieurs maisons à Saint-Maur, toutes louées. Après son repas, il demanda à visiter la maison que nous occupions. Il ne l'avait connue que dans son enfance, tout son héritage venait d'une tante.

Les mois suivants, il proposa d'entreprendre des travaux d'amélioration dans le jardin, la restauration d'un pigeonnier et la réfection du portail. Nous acceptions volontiers de supporter les désagréments.

Je m'occupais pour lui des réceptions de chantiers. Très vite, le garage de la maison que nous occupions s'est révélé un peu court pour ma nouvelle voiture sportive, un break Audi RS6. Il accepta de le faire rallonger de trois mètres en empiétant légèrement sur le jardin.

Quelques mois plus tard, les travaux du garage étaient terminés. Le mois suivant, en plein après-midi, il me demanda par téléphone si j'acceptais une augmentation du loyer de cinq cents euros mensuels en raison de ces travaux.

— Non, monsieur, répondis-je. Le garage ne peut toujours pas accueillir deux voitures, et les travaux n'avaient pas comme contrepartie une augmentation de loyer ! Sinon, j'aurais naturellement refusé. Pour trois mètres supplémentaires, il proposait de faire bondir mon loyer de vingt pour cent !

— Vous savez combien ça m'a coûté ? me demanda-t-il.

— Non, mais l'agrandissement, c'est vous qui l'avez commandé. Moi, je l'avais seulement évoqué. Et puis, vous pouvez sans doute vous y retrouver avec vos impôts. En plus, pour cinq cents euros, je peux louer cinq places de parking sur le boulevard derrière la maison !

Nous en restons là.

L'agence en charge de la gestion locative de la maison va m'envoyer un avenant au bail pour que je signe la hausse du loyer. Je ne vais jamais le faire, et sur la quittance suivante, le loyer va bien augmenter de cinq cents euros.

À l'époque, je préférais repousser ce conflit latent ; je me persuadais que je constituais une petite épargne sur mon compte locataire au sein de l'agence.

La situation va durer ainsi presque six ans avant que je demande que les quittances tiennent compte du trop-payé. Sans réponse, je décidais alors de ne plus régler les loyers jusqu'à l'épurement du trop-perçu.

Dès lors, très vite l'agence entama une procédure d'expulsion contre nous. Je découvris que le propriétaire était décédé et qu'une nièce avait été son héritière.

Depuis quelques mois, j'avais vendu mon bistrot et j'avais créé une startup dans le numérique. Une avocate m'avait été recommandée pour la rédaction des statuts de ma société ; je l'avais donc mandaté pour me défendre au tribunal d'instance de Saint-Maur pour contester la validité de la procédure d'expulsion pour non-paiement du loyer.

Le jugement est tombé et j'ai finalement abandonné mon appel en cours de route. Le juge a reconnu que l'avenant n'avait jamais été signé et que la hausse du loyer était illégale. Cependant, il a aussi statué que, comme j'avais payé le loyer augmenté pendant des années, cela valait acceptation tacite.

En conséquence, il a résilié le bail et ordonné notre expulsion.

J'ai toujours rêvé d'être avocat, et cette fois, j'ai assisté à un spectacle affligeant de médiocrité.

En résumé, le locataire doit payer l'augmentation capricieuse du loyer et éventuellement engager une procédure longue et coûteuse, qui risque de se terminer par une acceptation tacite. Le tribunal discutera probablement de la justification du loyer plutôt que de son illégalité.

En cas de non-paiement intégral d'une quittance de loyer, le locataire ne peut présenter un dossier acceptable pour une autre location. Il est donc assigné à résidence et au paiement. Mon avocate n'a jamais accepté de soulever ce point.

J'avais déjà eu affaire à la justice deux fois dans le Pas-de-Calais, et j'avais toujours perdu, pour des affaires bien plus conséquentes et des condamnations lourdes.

Le cercle vicieux du déracinement

Dans l'appartement du 25e étage, la télé Sony diffuse la troisième étape du Tour de France, entre Plaisance et Turin en Italie ; une étape de plat normalement destinée aux sprinteurs.

Je suis mandaté pour vendre ce 90 m² depuis 2022. En attendant la vente, j'ai prêté la télévision au propriétaire qui en avait besoin pour meubler l'appartement afin de le proposer sur Airbnb et amortir les charges.

La veille de notre expulsion de la maison, en début de soirée, après une chaude journée de septembre, nous emportions nos dernières affaires pour nous retrouver en catastrophe au treizième étage d'une tour du XIIIe arrondissement de Paris. Nous avions trouvé cet appartement meublé sur un site pour vacanciers, pour une durée d'un mois. C'était deux fois le montant ordinaire. Avec des quittances impayées et sans adresse fixe, il était impossible de signer un nouveau bail. Nous y sommes restés plusieurs mois, jusqu'au confinement que nous avons passé dans le Vercors sans payer de loyer. Les parents de Sophie possèdent une des maisons d'un petit village perché à la pointe d'un massif dans une vallée de ce parc naturel protégé. La vue est hypnotique : les petits champs, cultivés depuis des siècles et constituant les seules parties assez plates et sans roches, se nichent entre les montagnes de toutes formes, couvertes de forêts de pins. En arrière-plan, le massif imposant des Trois Becs se dresse avec en toile de fond la majestueuse chaîne des Alpes.

Les membres de sa famille étaient restés confinés à leur domicile. Nous étions partis par avance de peur que Paris ne soit fermée ; de plus, nous n'arrivions plus à payer les loyers. J'avais dû vendre notre Volkswagen Golf V TDI DSG GT Sport 170 cv (toit ouvrant !) à une de ces sociétés qui font de la publicité à la télévision. Vendezvotrevoiture.fr a racheté ma Golf pour le prix d'un mois de location, soit le tiers de sa valeur. Elle estimait ma voiture en ligne, et une fois sur place l'expertise de la personne servait à amputer le prix annoncé. Je n'avais pas le choix.

Il ne nous restait alors plus que la Lotus, une deux places sans coffre, bien peu pratique avec les enfants.

Après le confinement, nous avons emménagé dans un appartement à Ivry-sur-Seine, près de la station Mairie d'Ivry sur la ligne 7 du métro. Sophie l'avait trouvé sur Airbnb pour le mois de juillet, juste avant notre départ pour le Vercors. Cet appartement appartenait à un couple de femmes qui partait en vacances. À notre arrivée, un 4x4 Defender gris nous attendait dans la rue, ayant libéré une place de parking au deuxième sous-sol pour notre Lotus Elise SC, désormais notre seule voiture.

Une grande femme tatouée, à l'allure masculine et aux cheveux courts, nous a fait visiter l'appartement pendant que sa compagne frêle, aux cheveux longs, et leur chien attendaient dans la voiture. Le duplex, décoré avec goût, comportait une grande cuisine avec un îlot central en béton brut, ouvrant sur un séjour. Malheureusement, le canapé bleu profond diffusait une odeur de chien mouillé dans tout l'appartement. Le balcon offrait la possibilité de dîner en plein air, mais aussi d'entendre les bruits des voisins, des prières, des raclements de gorge suivis de crachats, et des cris.

Le 14 juillet, Sophie est allée se coucher avant moi, car elle devait partir travailler à 6 h 30. Jules dormait dans la chambre à l'étage. Des fumées d'incendies, de poubelles et de voitures flottaient dans le quartier. J'ai rassemblé les documents et les affaires nécessaires en cas d'évacuation dans une petite valise devant la porte. Je me suis couché tard, mais Sophie est partie normalement sans rien remarquer de particulier.

À 8 h, des coups frappés à la porte d'entrée m'ont brutalement réveillé. Des pompiers et des policiers, sur le point de forcer la porte, faisaient évacuer l'immeuble. Des fumées noires épaisses envahissaient les appartements par les bouches d'aération à cause d'un incendie de voitures au premier sous-sol du bâtiment. Ma Lotus était garée juste en dessous, et il était interdit de descendre au parking.

Dans la matinée, alors que les fumées laissaient place à une forte odeur de voitures brûlées, je me suis dirigé vers l'emplacement de ma Lotus décapotable, éclairé par la lumière de mon smartphone.

Cette odeur âcre fit instantanément ressurgir le souvenir du drame affreux dont je suis le seul à être sorti vivant et indemne. C'est ce terrible accident de voiture et ses conséquences qui nous avaient fait revenir à Saint-Maur-des-Fossés.

J'avais contourné la vigilance des pompiers et forcé une porte condamnée de l'escalier du parking. Ma voiture n'avait rien, sauf une couche noire de suie. Il était impossible de la sortir, les portes électriques des sorties du parking étant fermées et gardées par la police. Il fallait attendre que les inspecteurs relèvent toutes les immatriculations des voitures présentes et les photographient. J'ai ensuite appris que l'accès au parking et donc la sortie des voitures seraient interdits pendant des mois à cause des dégâts sur les sols et les plafonds. Quelques jours avant la fin de la location et notre départ pour le Vercors, je n'avais plus le choix. Je me suis faufilé dans le parking et suis sorti à contresens par l'entrée, gardée uniquement dans le sens de l'entrée.

Nous avons passé le mois d'août dans le Vercors. À la fin des vacances, j'ai réservé un nouvel appartement sur Airbnb pour notre retour en région parisienne. Cette fois-ci, à Romainville, il s'agissait d'un deux-pièces dans une résidence récente, avec un balcon, loué pour trente jours renouvelables. Encore une fois, c'était au prix fort, mais proche du lieu de travail de Sophie, à trente minutes de marche en traversant un grand parc.

Le propriétaire m'avait demandé de contourner Airbnb et d'effectuer un virement sur un compte en Espagne ; il résidait près de Barcelone et, autrement, pas de location. Je n'ai jamais connu son nom ; c'était un combinard. Il percevait le RSA en plus de ce qu'il réussissait à détourner. Il était titulaire de plusieurs baux classiques d'appartements à Paris qu'il proposait illégalement sur Airbnb avec des paiements toujours à l'étranger.

Les trois-pièces que nous occupions étaient entièrement remplis de meubles et d'objets récupérés gratuitement sur les trottoirs ou dans des débarras. Chaque soir, en rentrant du travail, Sophie en pleurait ; il était presque impossible de nettoyer correctement, et nous ne pouvions même pas ranger nos affaires ni nos vêtements. La plupart des placards étaient fermés par des cadenas, remplis de tout un bric-à-brac appartenant au propriétaire.

Chaque week-end, il nous fallait faire deux heures de route pour accéder à notre box de stockage, là où étaient entassés nos vêtements et toutes nos affaires personnelles. Nous ne pouvions rien apporter pour personnaliser l'espace : les murs, d'un blanc sale, étaient maculés de traces de fêtes et d'éclaboussures. Le seul tableau se trouvait dans l'une des chambres : un grand portrait en buste de sa grand-tante, sombre et mal encadré, accroché au mur en face du lit. Ce dessin, réalisé au fusain et protégé par une vitre, dégageait une atmosphère morose et pesante.

Nous n'avions aucun document pour justifier d'une adresse, pas de garant, et encore moins de quittance de loyer. Dans ces conditions, il nous était impossible de postuler pour une location, même dans le parc social. En effet, pour un Français, obtenir un logement social exige les mêmes justificatifs de base que dans le parc privé : quittances, preuve d'adresse, et autres garants.

Durant cette période, chaque mois, le coût cumulé du box de stockage et du loyer dépassait le salaire de Sophie.

Vivre ainsi, sans nos propres affaires, nous obligeant à vérifier la météo pour savoir quels vêtements ou chaussures prévoir, tout en étant entourés de cadenas, nous faisait ressentir une forme de captivité. C'était comme une condamnation invisible : nous forçant à faire bonne figure à l'extérieur, tout en nous isolant complètement de nos amis, car il nous était impossible de recevoir qui que ce soit.

Aucune issue légale ne semblait pouvoir nous libérer de cette impasse.

Il nous a fallu plus d'un an pour réussir à louer l'appartement que nous occupons aujourd'hui, en recourant à des quittances et des factures d'énergie fictives, et en intégrant les revenus de Jules, qui venait tout juste de terminer sa période d'essai comme livreur à vélo chez Just Eat.

Les deux côtés du miroir immobilier

À la même période, un propriétaire m'avait mandaté pour trouver un locataire pour son deux pièces, à deux pas, à Romainville. Dès la publication de l'annonce, j'ai reçu un grand nombre de candidatures.

Je me suis rapidement rendu compte que nous n'étions pas les seuls à envoyer un dossier ne remplissant pas les critères exigés par les bailleurs classiques. J'ai étudié uniquement les candidatures qui présentaient :

– Un contrat de travail à durée déterminée, purgé de sa période d'essai.
– Des revenus supérieurs à trois fois le loyer demandé.
– Les factures d'énergie.
– Les papiers d'identité et les avis d'imposition que je vérifie sur le site des impôts, etc.

Et bien sûr, les fameuses trois dernières quittances de loyer acquittées, celles-là même qui permettent d'écarter un candidat expulsé ou mauvais payeur.

Des dizaines de dossiers non éligibles, souvent touchants, me sont parvenus, appuyés par des appels ou des messages personnels. Je me souviens d'un couple, à une semaine de la fin de leur bail, prêt à s'entasser avec trois enfants. Lui effectuait la période d'essai d'un CDD avec un salaire trop faible et la femme ne travaillait pas.

Il y avait aussi des personnes aux salaires confortables, mais sans CDI. Par exemple, la cheffe de cabinet d'un maire, embauchée conformément à la loi avec un contrat d'un an renouvelable ; son avenir à la mairie était lié à celui du maire et à sa volonté de la reconduire chaque année. Mais je peux aussi citer un professeur d'université contractuel, un entrepreneur en ambulance depuis moins de trois ans, etc.

J'ai accepté des rendez-vous pour des visites, avec des dossiers soi-disant parfaits et complets. J'ai rencontré des gens aux vies cabossées, avec des carrières accidentées par des divorces mal surmontés, des problèmes de santé ou des addictions en cours. Certains me menaçaient, d'autres insistaient, mais aucun n'avait le dossier promis.

J'ai rencontré un ouvrier proche de la retraite, qui reprenait le travail après avoir perçu des allocations. Son dossier était comme le nôtre, sans quittance. Il était captif d'un marchand de sommeil qui lui louait un meublé insalubre et hors de prix, payé chaque mois au noir. J'ai pensé à le présenter au bailleur, puis j'ai renoncé au dernier moment ; ce n'était pas ma mission. Le propriétaire attendait un dossier classique offrant stabilité et garanties.

Je faisais visiter un appartement que nous ne pouvions même pas louer pour nous.

Les logements sociaux ne conviennent pas davantage aux personnes que je ne pouvais retenir. Les bailleurs sociaux demandent également des quittances et des revenus correspondant à trois fois le montant du loyer.

Les personnes éligibles patientent longtemps avant qu'un logement ne leur soit proposé ; elles ne peuvent pas le refuser sous peine de reculer dans la liste d'attente, voire pire. Certains logements sont tels qu'un tiers des gens refusent le logement attribué en raison de la population, du quartier, de l'état général, etc.

Les bons logements ne sont pas quittés par les locataires lorsque leurs revenus s'améliorent. Certains les sous-louent ou logent les enfants, d'autres en profitent pour acheter un bien à crédit remboursé par la location, et d'autres encore achètent une résidence secondaire, par exemple.

Un système à la dérive : mécanismes et conséquences

Les Français dépensent un tiers de leurs revenus pour se loger, que ce soit pour le crédit ou le loyer. Cela les prive de nombreux autres plaisirs et besoins, et cette proportion est souvent plus élevée que dans de nombreux autres pays occidentaux.

L'immobilier est une véritable passion pour les Français, et les prix ont considérablement augmenté depuis des décennies, devenant complètement décorrélés des salaires. Depuis les années 1990, l'immobilier a connu une flambée spectaculaire, bien plus rapide que l'augmentation des salaires. Cela a transformé de nombreux petits propriétaires en individus relativement riches, simplement en raison de la hausse vertigineuse des prix des biens qu'ils possédaient.

Prenons un exemple concret : un appartement acheté en 1998 pour environ 120 000 euros se revend aujourd'hui, en 2022, pour 850 000 euros. Cette explosion de la valeur immobilière dépasse de loin l'évolution des revenus des ménages. Ainsi, le propriétaire, même avec une progression régulière et normale de son salaire depuis 1998, serait aujourd'hui incapable de racheter ce même bien. Ce décalage entre la montée des prix de l'immobilier et celle des revenus illustre comment certains propriétaires ont vu leur patrimoine s'accroître de manière considérable, sans pour autant avoir fait d'investissements actifs ou avoir bénéficié d'une hausse significative de leurs revenus professionnels.

En somme, l'immobilier est devenu une source de richesse passive, creusant un fossé toujours plus large entre propriétaires et locataires, entre héritiers et non-héritiers.

Cette hausse des prix est due à des taux d'intérêt bas et à une politique du logement qui, depuis au moins trente ans, ne permet pas une construction suffisante.

Le rôle des aides au logement participe également à ce phénomène. En maintenant les loyers au-dessus du seuil des aides, et en permettant des compléments de la part des locataires, ces aides contribuent à gonfler les loyers. Ainsi, les loyers ne sont plus liés aux revenus réels des locataires, mais à un marché locatif soutenu par l'État. Ce soutien indirect fait monter la rentabilité locative, ce qui, à son tour, influe sur le prix de vente des biens immobiliers. Cette dynamique profite aux propriétaires ayant investi tôt sur un marché en forte hausse et à leurs enfants qu'ils peuvent aider, mais elle exclut les primo-accédants n'ayant pas reçu de capital familial.

Il est incohérent que l'État choisisse d'aider à vie certaines personnes à payer des loyers, sans leur prêter les moyens d'accéder un jour à la propriété, ce qui leur permettrait de ne plus dépendre de cette aide. En persistant à maintenir les individus dans ce système d'assistance, l'État les prive d'une véritable indépendance financière et ne règle pas le problème structurel de l'inaccessibilité à la propriété.

Les politiques du logement en France ont des conséquences profondes sur la situation financière des individus à long terme, notamment à la retraite. Un locataire à vie verra inévitablement ses revenus diminuer au moment de la retraite, tandis que son loyer continuera à augmenter avec l'inflation. Cela conduit à une paupérisation progressive. À l'inverse, un propriétaire verra son crédit immobilier s'éteindre un jour, réduisant ainsi ses charges incompressibles à la retraite.

Un Français propriétaire d'un bien en France se sent plus engagé à prendre soin de son environnement et à se soucier de l'avenir du pays. Il partage une partie de la France avec les autres, créant ainsi un sentiment de communauté.

L'accession à la propriété améliore la sécurité financière des retraités, réduit la pauvreté et fournit des moyens pour financer la dépendance.

Chaque année, la France accueille environ 500 000 immigrés légaux et illégaux, soit l'équivalent de la population d'une ville comme Lyon. Cependant, le parc de logements peine à suivre cette pression démographique. Avec environ 280 000 à 300 000 logements construits chaque année, mais 100 000 logements détruits ou désaffectés, le solde net de logements disponibles s'élève à seulement 200 000 par an. Ce déséquilibre contribue à aggraver la crise du logement, en particulier dans les zones où la demande est déjà critique. Cette inadéquation entre la croissance de la population et l'évolution du parc immobilier interroge sur la capacité du pays à répondre aux besoins fondamentaux de logement pour tous ses habitants.

Encore des chantiers pour *Cet été qui viendra*.

Une rencontre révélatrice

Il est 19 h 10, le dernier coureur du Tour de France a franchi la ligne d'arrivée de l'étape du jour depuis deux heures. Je m'apprête à rentrer à Romainville. Notre nouvelle voiture, une Toyota Yaris GR Track rouge est stationnée sous la tour, au parking du Monoprix ; je vais retourner la garer à côté de la Lotus. La vue depuis l'appartement reste toujours aussi magnifique, évoluant sans cesse au gré des mouvements du soleil et des nuages à l'horizon.

Aujourd'hui, j'y suis venu pour accueillir Pierre-Gilles, 53 ans. Il a réservé l'appartement pour une semaine via Airbnb. Il arrive de Minneapolis, aux États-Unis, avec sa femme et ses deux jeunes enfants. Le propriétaire des lieux, mon client, m'a demandé de le recevoir pour lui ; il partage sa vie entre Marrakech et Pattaya en Thaïlande.

J'avais recherché son nom sur Google pour savoir à quoi il ressemblait et pouvoir le reconnaître sur le trottoir fréquenté de la place des Fêtes, en bas de l'immeuble. J'ai découvert qu'il était chercheur en neurosciences. J'ai donc décidé de lui parler un peu pour voir s'il étudiait également l'épilepsie.

Pierre-Gilles est français, délicat et très attentif. Il discute volontiers, s'approche et me raconte son enfance en France. Il se rêvait médecin, mais son père l'en a dissuadé à cause de ses problèmes d'audition. Il le regrette, car à l'évidence il en est capable ; il est devenu ingénieur et s'occupe de patients, mais toujours accompagné d'un médecin. Il est en réalité spécialisé dans le domaine qui le concerne.

Pierre-Gilles porte deux appareils auditifs à ancrage osseux sur un crâne rasé. Les implants latéraux l'aident, mais il doit aussi lire sur les lèvres. Il est malentendant depuis sa jeunesse et, avec le temps, il finira probablement par devenir complètement sourd.

Lors de notre conversation, Pierre-Gilles m'a interrogé sur le score du Rassemblement National à la dernière élection et s'est dit impressionné par la montée de l'insécurité. Curieux de connaître mon avis, il a voulu comprendre pourquoi ce phénomène persiste et pourquoi l'État ne fait rien.

Je lui ai rappelé qu'en France, le débat sur la sécurité et l'immigration est particulièrement sensible et souvent confisqué. Cela remonte à l'époque où Jean-Marie Le Pen, figure emblématique du Front National, a commencé à s'approprier ces thèmes. Jean-Marie Le Pen, connu pour ses positions ouvertement antisémites et racistes, a laissé une empreinte durable sur le discours public.

Pierre-Gilles acquiesça, l'air pensif.

— Tu sais, tout a commencé avec le discours de Chirac à Orléans en 1991, celui sur « le bruit et l'odeur », ai-je expliqué. Depuis lors, aborder les questions d'immigration et de sécurité en France est immédiatement perçu comme une prise de position d'extrême droite, associée à des idées racistes et xénophobes.
— Et ça n'a pas changé depuis ? demanda-t-il.
— Non, pas vraiment. Mais ce qu'on oublie souvent, c'est qu'avant même Chirac, des figures comme Mitterrand et Marchais abordaient déjà la question de l'immigration ouvertement. Le problème, c'est que ces discussions ont généralement été teintées de connotations négatives, ce qui a contribué à stigmatiser les populations immigrées. Le lien entre immigration et délinquance est souvent souligné, renforçant l'association des discours sécuritaires avec des positions racistes. Cette perception alimente un climat de suspicion, rendant le débat encore plus sensible.

Pierre-Gilles s'interrogea alors :

— Mais pourquoi l'État ne fait-il rien pour résoudre ces problèmes ?

— C'est compliqué, ai-je répondu. En plus de l'histoire politique, il y a des contraintes institutionnelles et internationales. L'État est limité par les lois européennes et les droits de l'homme. Mais il y a aussi une dimension politique importante : Mitterrand, par exemple, a exploité la question de l'immigration pour affaiblir la droite en favorisant la montée du Front National, ce qui a renforcé la visibilité de l'extrême droite et polarisé davantage les opinions.

Pierre-Gilles sembla réfléchir profondément.

— Un aspect crucial que beaucoup ignorent, ai-je poursuivi, c'est que les Français n'ont jamais été consultés directement sur les politiques d'immigration. Ce sujet a été abordé sans véritable débat public, ce qui a facilité son instrumentalisation politique.

— Je comprends mieux maintenant, dit Pierre-Gilles.

— Donc, aujourd'hui, seules des figures politiques comme Éric Zemmour et le Rassemblement National osent aborder ouvertement ces sujets, ai-je ajouté. Pour d'autres, le risque est de se voir immédiatement marginalisés par un « front républicain » – une coalition visant à empêcher leur succès électoral.

— Quelle est la conséquence de tout cela ? demanda Pierre-Gilles.

— L'immigration est un des problèmes qui se distingue par son caractère irréversible, ai-je expliqué. Les personnes immigrées et leurs descendants resteront Français, qu'ils s'identifient ou non à la culture française. Ignorer cette réalité ne fait qu'aggraver les tensions sociales. L'État ne peut pas non plus agir de manière trop interventionniste sans risquer de perdre le soutien de diverses factions politiques et de l'opinion publique. Les politiques craignent souvent de paraître autoritaires ou extrémistes.

Pierre-Gilles hocha la tête, absorbant chaque mot.

— En outre, l'Union européenne impose également des contraintes, limitant la marge de manœuvre des politiques nationales en matière d'immigration. Ainsi, le débat en France reste confisqué et hautement inflammable, en raison d'un héritage historique lourd et des dynamiques politiques complexes qui l'entourent. Ce dont nous avons réellement besoin, c'est d'un dialogue ouvert et honnête, fondé sur des principes d'égalité, de respect et d'inclusion, conclus-je.

Pierre-Gilles m'écoutait attentivement. Je pouvais voir dans ses yeux un mélange de curiosité et de réflexion.

Je lui glisse que je suis certain qu'un été viendra pour sortir de cette situation, *Cet été qui viendra.*

Le 5 juillet 2024
Romainville, avec Sophie et Jules

Ce soir, en Allemagne, l'équipe de France de football vient de se qualifier pour les demi-finales de l'Euro.

C'est la dernière ligne droite avant le second tour des législatives. Les footballeurs lancent des appels à voter du bon côté.

Jordan Bardella est embourbé dans la question des binationaux, suite aux déclarations controversées du député RN sortant, Daniel Grenon. Pressenti pour devenir le ministre de l'Éducation nationale dans un éventuel gouvernement Bardella, Grenon a affirmé que les citoyens français d'origine maghrébine ne devraient pas accéder aux postes ministériels.

Tous les débats politiques tournent désormais autour de la binationalité. Jordan Bardella tente de préciser sa position : seulement certains postes stratégiques seraient interdits aux binationaux. Il évoque l'exemple d'un haut fonctionnaire franco-russe en charge du renseignement militaire français. Mais rien n'y fait, c'est trop tard. Ses opposants exhument déjà des mesures plus radicales issues de programmes présidentiels précédents du parti.

Le camp adverse soutient que la loyauté des binationaux ne peut être remise en question, car cela reviendrait à considérer que des millions de Français ne seraient pas loyaux à leur pays. Personne n'ose pourtant réfléchir publiquement à cette question avec des exemples concrets. La loyauté d'un individu envers deux pays potentiellement en conflit reste un sujet sensible et complexe.

En effet, la loyauté simultanée à deux nations en guerre apparaît presque impossible, leurs intérêts étant diamétralement opposés. Dans de nombreux pays, les fonctionnaires doivent prêter serment de loyauté à leur nation, ce qui implique que dans le cadre de leurs fonctions, leur fidélité va prioritairement à ce pays. Cela suppose nécessairement une forme de déloyauté envers l'autre patrie en cas de conflit d'intérêts.

Ce débat est devenu inflammable en France. Difficile de l'aborder sans être immédiatement catalogué comme extrémiste de droite ou raciste, surtout depuis qu'il est porté par le Rassemblement National. Reprenons l'exemple évoqué par Bardella : un haut fonctionnaire franco-russe en charge du renseignement militaire français. La situation deviendrait particulièrement délicate en cas de tensions franco-russes. La double appartenance pourrait constituer une vulnérabilité dans notre système de sécurité nationale.

Un individu possédant deux nationalités et occupant un poste sensible se trouve dans une position inextricable si ses deux pays entrent en conflit. La loyauté équitable envers deux nations aux intérêts opposés relève pratiquement de l'impossible. Cela soulève des questions légitimes sur la sécurité nationale, sans pour autant justifier une suspicion généralisée.

Le débat sur le droit du sol et la binationalité dépasse les seuls cas extrêmes comme celui des conflits armés. Il touche à la question fondamentale de l'intégration et de l'appartenance nationale. Ne pourrait-on pas envisager des solutions intermédiaires ? Des mécanismes spécifiques pour les seuls postes stratégiques, ou des obligations de transparence renforcées pour les binationaux occupant des fonctions sensibles ?

Je m'interroge sur la position de l'Algérie concernant la double nationalité, sachant que les binationaux Franco-Algériens représentent une part importante des binationaux en France. La position algérienne serait probablement jugée inacceptable si elle était appliquée en miroir par la France.

L'Algérie ne reconnaît pas officiellement la double nationalité. En principe, un citoyen algérien qui acquiert une autre nationalité devrait renoncer à sa nationalité d'origine. Dans les faits, de nombreux Algériens conservent leur double nationalité sans conséquence. Si la France adoptait une politique similaire, cela provoquerait certainement un tollé général et des accusations de discrimination.

Cette asymétrie soulève une question : pourquoi certains tiennent-ils tant à conserver une nationalité dont ils ne se réclament pas forcément au quotidien ? Est-ce simplement pour en garder les avantages pratiques ? Ou s'agit-il, pour certains, d'une forme de revanche symbolique liée à l'histoire coloniale, particulièrement chez les plus jeunes ?

Les émeutes de juin 2023 ont révélé qu'une partie de la jeunesse en France se construit une identité en opposition au pays, nourrissant un ressentiment ancré dans l'histoire coloniale et les inégalités sociales persistantes. Imposer une politique restrictive sur la double nationalité pourrait être perçu comme une marginalisation supplémentaire et exacerber les tensions.

La France doit trouver un équilibre délicat. Instaurer une politique trop restrictive risquerait d'alimenter les divisions et de renforcer le sentiment d'exclusion. Il est essentiel de promouvoir une approche inclusive qui reconnaît la richesse des identités multiples, tout en définissant clairement ce que signifie être citoyen français, avec ses droits, mais aussi ses devoirs.

Le débat sur le droit du sol et l'acquisition de la nationalité française mérite d'être abordé avec nuance, loin des postures idéologiques. Il s'agit de reconnaître la richesse qu'apporte la diversité tout en étant lucide sur les défis qu'elle pose dans certaines circonstances. L'enjeu est de trouver un équilibre entre ouverture et sécurité, entre diversité et unité nationale.

Un beau sujet pour *Cet été qui viendra.*

7 juillet 2024
Crécy-la-Chapelle, Seine-et-Marne

Il est 19 h 55, et les résultats du second tour des élections législatives sont connus des journalistes. Les sondeurs ont délivré les premières estimations nationales.

Je suis avec Sophie, la Lotus est garée à quelques mètres de la terrasse du bar brasserie-tabac Le Requis, au centre de Crécy-la-Chapelle, la Venise briarde. Nous vidons nos verres avant de rentrer par les petites routes vers Romainville. Il fait bon, le soleil a brillé toute la journée ; nous allons profiter des derniers rayons en voiture décapotée. Nous avons découvert une petite ville charmante et paisible, où le temps semble s'être arrêté. Le déjeuner, assis à la terrasse du Requis, s'est réduit à deux sandwichs achetés à la boulangerie sur la place. La maison n'assure pas de service de restauration le week-end par manque de personnel ; dans la Drôme aussi, comme partout en France, des restaurants diminuent le nombre de services hebdomadaires faute de trouver du personnel.

Crécy-la-Chapelle est entourée par le Grand Morin et traversée par des canaux. Les maisons bourgeoises des rues étroites ont souvent un accès sur l'eau qui s'écoule lentement. Les logements sociaux sont harmonieusement dispersés et intégrés, ce qui donne cette impression de vie douce et familiale. On y trouve des restaurants, de jolis petits commerces de décoration et une belle galerie dans le quartier du Faubourg, après avoir enjambé le Grand

Morin, en direction de la collégiale Notre-Dame de l'Assomption. La galerie de Crécy propose aussi du mobilier et occupe les deux étages d'une grande maison avec un parking en graviers sur le devant, qui était sans doute une auberge autrefois.

Les tableaux exposés sont conformes à ce que l'on attend dans la galerie réputée d'un village bucolique fréquenté, depuis le XVIIIe siècle, par de nombreux peintres comme Camille Corot.

Au volant, je suis branché sur Europe 1, qui est en édition spéciale. Sophie admire les villages que nous traversons lentement, tandis que Laurence Ferrari anime la soirée avec dynamisme.

Un front républicain inattendu

Ce soir, les résultats du second tour des élections législatives de 2024 ont pris de court, non seulement les partis politiques, mais aussi les instituts de sondage. Le front républicain, conçu pour contrer l'extrême droite, semble avoir opéré au-delà des attentes, grâce à une participation record et une politique de désistement efficace accompagnée de consignes de vote largement respectées.

Au premier tour, le Rassemblement National avait réalisé un score impressionnant, se positionnant en tête dans plus de 90 % des communes, laissant entrevoir la possibilité d'une majorité à l'Assemblée Nationale.

Les instituts de sondage ont été pris au dépourvu. Aucun n'avait anticipé une telle résurgence du Front Républicain ni une mobilisation citoyenne aussi intense face à la menace perçue du RN. Cette situation illustre une fois de plus la volatilité de l'électorat français et la difficulté de prédire ses mouvements dans des contextes aussi polarisés.

Je pense aussi que le souvenir des émeutes de juin 2023 a engendré une peur latente de soulèvement dans les quartiers. Cette crainte a influencé les électeurs, qui, face à la possibilité de barrer la route au Rassemblement National, ont inconsciemment voté pour éliminer le candidat de ce parti. Les sondeurs n'ont pu prévoir ce comportement, car même les électeurs n'en étaient pas pleinement conscients. Ils ne se l'avouent pas, cette peur reste une souffrance enfouie. Leur vote est une manifestation cachée de leur peur et de leur hésitation, une tentative de dissimuler une forme de lâcheté face à cette angoisse.

Le Rassemblement National a maintenu, voire accru, son nombre de voix entre les deux tours, témoignant d'une base électorale toujours plus solide. Toutefois, la photographie politique qui en résulte est inversée : le RN a été stoppé net par une coalition de circonstance dépourvue de convergence idéologique. La France qui avait voté à droite au premier tour est maintenant presque représentée par la gauche.

Le Nouveau Front Populaire confond surprise et victoire, sans être contredit par les analystes sur les plateaux. Ce spectacle promet d'être vendeur pour les semaines à venir. Les audiences estivales, historiquement en berne, vont prendre des couleurs. Mais, au fond, si les Français devaient regarder la télévision cet été plus que d'habitude, c'était pour suivre avec ferveur leurs Jeux Olympiques. Emmanuel Macron a gâché le si cher été des Français et leur si chère fête. Tout cela pouvait attendre septembre ou octobre, en tenant compte des vacances prévues des parlementaires et de la trêve olympique.

Aime-t-il les Français ?

L'impasse politique

Ces élections plongent la France dans un état d'incertitude politique. Le front républicain a, pour l'instant, réussi à empêcher l'arrivée au pouvoir de l'extrême droite. Cependant, pour les partis extrémistes, ne pas gouverner avant une présidentielle n'est-il pas le meilleur scénario pour atteindre le sommet ? D'autant plus si ce second tour continue de mobiliser davantage à l'avenir grâce à un sentiment d'injustice.

Une fois arrivé à Romainville, j'allume la télévision et je zappe de plateau politique en plateau politique, passant d'une chaîne à une autre. Beaucoup se félicitent du succès du barrage fait au Rassemblement National. Cependant, ce résultat pourrait renforcer les partisans du RN, et il est probable qu'à l'avenir le front républicain soit moins efficace.

Le suspense de la série télévisée politique des Français reste intact. Personne ne mentionne que gouverner dans ces conditions est impossible et que les programmes proposés sont inapplicables. L'Europe les interdit, et les créanciers ne les financeront pas.

Le paradoxe du cordon sanitaire

Actuellement, ce front est invoqué pour contrer l'extrême droite. Ceux qui l'utilisent le font au nom des origines du Rassemblement National, anciennement Front National, en raison de l'antisémitisme et du racisme de son fondateur, Jean-Marie Le Pen, père de Marine Le Pen.

Personne ne peut être opposé à l'idée de barrer l'arrivée au pouvoir de personnes racistes ou antisémites. Cependant, il est nécessaire de clarifier certaines positions. Peut-on reprocher à quelqu'un, à vie, les idées de son père, ou même supposer qu'il pense comme lui, même s'il affirme et prouve le contraire ?

Prenons l'exemple de Laurent Joffrin, un brillant journaliste de gauche que personne n'oserait traiter de raciste ou d'antisémite. Il a changé de nom, étant le fils de Jean-Pierre Mouchard, châtelain, éditeur, et propriétaire de plusieurs maisons d'édition, puis riche homme d'affaires et gestionnaire de fortune. Jean-Pierre Mouchard a longtemps contribué au financement du Front National.

Comme beaucoup de journalistes, d'élus, et de personnalités publiques, Laurent Joffrin refuse de serrer la main des élus du Rassemblement National, au moins en public. Comment peuvent-ils ensuite donner des leçons de civisme en se comportant comme des ennemis, des caïds de cité, et non comme de simples adversaires ?

Ils invoquent le concept de « cordon sanitaire » tout en affirmant respecter les électeurs du RN, sans doute en raison de leur nombre croissant aujourd'hui.

Ces électeurs étaient forcément respectables avant de quitter des partis dits « républicains ».

Au fond, un élu est un citoyen comme les autres, simplement quelqu'un qui s'est présenté à une élection. Ne pas respecter un élu revient donc à manquer de respect envers ses électeurs. De la même manière, on ne juge pas un journaliste en fonction de ses lecteurs, mais en tant que citoyen exerçant un métier, certes parfois engagé.

Un citoyen qui vote pour le Rassemblement National est tout aussi respectable que n'importe quel autre. Mais que se passe-t-il si ce citoyen devient journaliste et exprime ses opinions politiques ? Et qu'en est-il du média qui l'accueille ?

Le clientélisme politique

Dans notre pays, les sujets qui concernent le quotidien de tous sont utilisés comme fonds de commerce par les partis politiques. Chaque parti se spécialise dans un sujet, c'est son marqueur, mais les intérêts de la France et des Français ne semblent pas compter. Des débats dépassionnés sont nécessaires pour permettre l'émergence de solutions consensuelles et enrichies par tous, qui seraient sûrement meilleures que celles proposées par les élus dont les propositions doivent souvent être clivantes.

Le clientélisme est l'assurance-chômage des politiciens de carrière. Ils n'ont pas intérêt à résoudre les problèmes de leur population cible, mais plutôt à fédérer une communauté derrière eux. Pour cela, ils attisent et exploitent les pires pulsions de leur clientèle, profitant des problèmes intérieurs et des conflits extérieurs.

Les sujets défendus incluent, par exemple, l'antisionisme, souvent considéré comme une forme d'antisémitisme légal, le féminisme radical, qui se présente comme le faux-nez du wokisme, et le nationalisme, qui abrite la xénophobie.

Dans ce contexte, les députés de La France Insoumise tiennent parfois des propos qui frôlent habilement l'antisémitisme. Ils sont dénoncés par les autres députés, qui les accusent d'antisémitisme. Le mécanisme est en place : les élus LFI se défendent en criant au racisme, captant ainsi l'attention de la population issue de l'immigration. Les élus n'ont plus que ce mécanisme pour polariser la société, car les promesses de réformes ambitieuses ne trompent plus les électeurs.

Tous les élus du Nouveau Front Populaire se réclament de la lutte contre le racisme. Cependant, certains élus non « racisés » sont déjà stigmatisés parce qu'ils sont blancs et défendent des personnes « racisées », comme s'ils continuaient à dominer en parlant à leur place.

Une fois cela corrigé, il ne faudra pas longtemps avant qu'une personne « racisée », désignée pour défendre la cause des « racisés », se dise assignée à résidence en raison de sa couleur de peau. Comme l'a dit Pierre Vergniaud pendant la Révolution française : « La révolution dévore ses enfants. » Il faudra encore un peu de temps avant que la société considère un certain racisme ou une discrimination envers les blancs comme un problème. Ce débat sur la couleur de peau est importé des États-Unis, où les dynamiques raciales diffèrent de celles en France. En France, les citoyens ne sont pas distingués par la couleur de leur peau.

Tous les combats qui essentialisent les personnes suivent le même cycle. Ils ne font pas partie de notre culture et construisent une société que je ne souhaite pas connaître.

Questions sans réponses

Il est minuit passé. La télévision Samsung de 43 pouces, que nous avons achetée chez Bouygues en souscrivant un abonnement en arrivant dans notre appartement à Romainville, me demande si je suis toujours devant elle. Je lui réponds en l'éteignant.

Depuis un bon moment, elle me servait de fond sonore, animant les murs et le plafond au gré des changements de caméra du réalisateur de LCI. La lumière changeante et douce de l'écran accompagne souvent mes premières réflexions du matin en tête-à-tête avec moi-même.

Ce matin, je n'aurai pas les réponses à mes questions.

En quoi le résultat du premier tour aurait-il été différent si l'élection s'était jouée à la proportionnelle à un tour ?
Voilà un bon sondage à réaliser.
Peut-on imaginer interdire le désistement entre les deux tours, et quel impact cela aurait-il ? Cette pratique est-elle honnête si tout est prévu et ne vise-t-elle pas à manipuler quelque peu le résultat ?

Y a-t-il une impossibilité à effectuer un second mandat avec une majorité à l'assemblée, puisqu'il est impossible de faire quoi que ce soit au premier ?

Ce sont de bons sujets de réflexion pour *Cet été qui viendra.*

Le 9 juillet 2024
À Romainville, avec Jules

Dans 20 jours, je suis admis à l'hôpital Cochin. Chaque jour, l'angoisse traverse un peu plus souvent mon ventre indépendamment de mes pensées. C'est probablement le fameux deuxième cerveau.

Ce soir, je décide de me pencher sur ce qui peut arriver à un texte que l'on écrit, et qui, à la fin, peut ressembler à un livre. À ce point-là :

Il se compose de 22 593 mots, titre compris, à ce mot précis.

Alors que je fais défiler le texte déjà écrit sur mon vieux MacBook Air, je réalise que ce que j'ai commencé, sans vraiment l'avoir prévu, commence à épouser le format d'un livre. J'avais acheté cet ordinateur portable chez Apple juste avant de créer ma première startup, après avoir vendu mon bistrot à vin, le dernier de mes restaurants.

Ce livre est loin d'être achevé. À chaque page, je prends conscience qu'il me reste encore à raconter des fragments du passé, des événements douloureux pour moi comme pour ceux qui les ont vécus à mes côtés.

Et puis il faudra relire, étape la plus douloureuse peut-être. Ce moment où l'on doit juger sa propre œuvre, décider ce qui mérite d'être conservé, s'interroger sur sa légitimité. Pour qui se prend-on en imaginant que ce qui sort de soi puisse intéresser quiconque ? Pourtant, publier ou distribuer son livre, c'est précisément répondre par l'affirmative à cette question. La critique externe, je m'en moque ; je ne m'en suis jamais préoccupé. Dans ce domaine, le dialogue essentiel est avec moi-même. Comme si l'important n'était pas de l'emporter contre les autres, mais de livrer – et surtout de gagner – ce combat contre mon enfance.

Le plus étonnant réside probablement dans le choix du titre. *Cet été qui viendra* m'est venu soudainement dès le début, s'imposant comme une évidence, sans que je puisse l'expliquer véritablement. Il porte en lui à la fois une promesse et une intrigue, et c'est peut-être de plus en plus évident au fur et à mesure.

Ce livre, qui se poursuit, portera peut-être à la fin quelque chose qui aura à voir avec le destin de la France, proposant un certain été décisif. En continuant à écrire, je suis convaincu que *Cet été qui viendra* trouvera tout son sens, et que ce titre, aussi mystérieux soit-il pour l'instant, prendra sa pleine signification au fil des pages.

Jules me voit écrire régulièrement et il me questionne :
— Papa, tu vas faire quoi de ce que tu écris ?
— Je n'en sais rien, peut-être un livre que personne ne lira.
— Pourquoi tu dis ça ? Moi, je le lirai !
— Je crois que pour que les gens le lisent, il faut parler d'eux dans le livre, qu'ils le sachent, et ne pas révéler combien de fois ils sont cités !

Le parcours du manuscrit.

Je décide de me pencher sur les premiers livres. J'ouvre Internet et tombe sur Librinova.com. Google me dirige vers un sondage de

2022 réalisé par Odoxa pour Le Figaro Littéraire, sur les Français et l'écriture.

Je découvre :

« 24 % de Français ont déjà songé à écrire un livre (soit 12 millions). Parmi eux, seulement 5 %, c'est-à-dire 2,5 millions de Français, ont franchi le cap. Si le désir d'écrire se fait de plus en plus fort chez les Français, ils restent peu à passer à l'étape suivante.

Ce sont les jeunes, et plus précisément les 25 à 34 ans, qui manifestent l'envie la plus forte de se lancer dans l'écriture. Autre fait surprenant qui ressort de cette étude, les hommes écrivent plus que les femmes, avec 25 % d'hommes contre 22 % de femmes qui écrivent. Les hommes osent d'ailleurs davantage envoyer leur manuscrit à un éditeur.

Si 59 % des Français ayant écrit ou songé à écrire un livre désirent trouver un éditeur pour voir leur livre peupler les rayons des librairies, très peu vont jusqu'à envoyer leur manuscrit à une maison d'édition. Le sondage souligne en effet que plus d'un million de Français n'osent pas encore se confronter aux éditeurs.

Pour tous ceux qui ont un manuscrit dans leur tiroir et qui ressentent l'envie de partager avec les lecteurs leur œuvre, l'auto-édition représente une option très intéressante. C'est là que Librinova rentre en jeu. En tant qu'agence de services aux auteurs, Librinova accompagne et propose de nombreux services pour que vous puissiez concrétiser votre rêve : que vous souhaitiez imprimer votre livre, avoir des avis de lecteurs ou de professionnels, le publier ou trouver un éditeur. »

Bien évidemment, au moment où vous lisez ces lignes, vous connaissez le chemin emprunté par ce texte pour arriver jusqu'à vous.

L'économie d'un premier livre

Combien puis-je espérer gagner avec ce livre ?

Il est observé que les chances de voir son manuscrit accepté par un éditeur sont d'environ 2 %. Une fois le contrat signé, l'auteur reçoit en moyenne 0,75 euro par livre vendu, soit environ 6 % du prix. Ce pourcentage peut atteindre 10 % une fois le seuil des 10 000 exemplaires franchi. Les ventes moyennes d'un premier roman se situent entre 500 et 800 exemplaires (selon L'Express).

Selon les chiffres publiés par la DGMIC, plus de 100 000 titres sont publiés chaque année en France. Si je suis publié, je peux donc espérer gagner en moyenne 700 euros au bout de 18 mois, le temps que les invendus soient retournés et que les comptes soient faits.

Le plaisir de la découverte de soi

J'écris, attiré par l'idée d'atteindre ce moment insaisissable qui me semblera être la fin. Je le fais sans effort, comme un explorateur curieux de découvrir ce qui se cache au plus profond de moi. L'écriture a cette capacité de révéler des aspects de soi que l'on ignore parfois.

L'écriture nous force à observer et à comprendre ce qui sommeille dans notre mémoire. Elle nous permet de tisser ensemble des réflexions éparses, des débuts d'idées qui flottent dans notre esprit en attente d'être convoquées par le processus créatif. C'est en écrivant que l'on découvre véritablement sa pensée profonde.

C'est captivant de s'interroger soi-même, de voir ses idées prendre forme sous nos yeux, de s'étonner de ce que l'on porte en nous sans le savoir. Chaque phrase, chaque mot fait avancer sur le chemin de la découverte de soi-même.

L'éducation en question

Jules est rentré en fin de matinée. Il s'était levé à l'aube pour se rendre à un examen permettant d'intégrer une école d'éducateur sportif, en septembre. Il y avait une épreuve de français, un texte à écrire.

— Comment ça s'est passé, mon amour pour l'écrit ? lui ai-je demandé.

— Bien, j'ai fait trois pages d'un coup, sans brouillon et sans me relire. Je crois que ce n'est pas mal.

— Ça fait combien de temps que tu n'as pas écrit ?

— Un bon moment, a-t-il concédé.

En effet, j'ai vu mes enfants obtenir le bac S du premier coup. L'un des deux avec mention. Ils n'ont jamais redoublé et n'ont jamais vraiment travaillé. Je suis effaré de constater à quel niveau l'Éducation Nationale place la barre pour autoriser les passages de classe en classe et pour diplômer ses élèves.

Encore un bon chantier pour la fin de ce livre, pour *Cet été qui viendra*.

Le 14 juillet 2024
Soissons, Picardie

À une heure trente en voiture de Paris, Soissons est isolée nichée entre champs et forêts. L'Aisne serpente et s'étend au creux de la ville. Soissons, riche d'un héritage gallo-romain et médiéval, s'élève des berges aménagées jusqu'à la petite colline où se trouve l'ancienne cathédrale Saint-Jean-des-Vignes, en cours de restauration. C'est unique, il reste le fronton tout nu, et on peut voir par les ouvertures vides la colline verdoyante au loin. L'autre rive est plus récente, mais elle a été urbanisée avec soin, mêlant habilement de jolis immeubles de logements sociaux aux belles maisons traditionnelles.

La ville impeccable respire une bourgeoisie discrète de province, un peu à l'ancienne et chrétienne. Tous les impressionnants édifices religieux structurent la ville. On y croise de jeunes prêtres en soutanes noires, souriants et issus de bonnes familles. L'actuelle cathédrale de Soissons et l'abbaye Notre-Dame occupent la place centrale, avec le marché couvert en forme de coquille ; les espaces verts sont conservés et entretenus comme autrefois, sans modernisme intégré par des sociétés proches des maires.

Après notre déjeuner au pub Le Clovis, rue du Commerce, nous avons visité l'ancienne abbaye Saint-Léger, avec ses cryptes et son musée regroupant de belles peintures et sculptures.

Soissons est à la même distance de Paris que Meaux, mais elle est moins bien desservie. Nous sommes allés à Meaux il y a un mois. Jean-François Copé en est le maire depuis 18 ans. La ville se distingue par une gestion volontaire d'intégration. Avant-gardiste en matière de gestion urbaine, Meaux est une ville propre, sans tags ni graffitis, et engagée dans l'écologie au service des habitants, favorisant ainsi les sports et autres activités de plein air. La ville mise sur ses atouts architecturaux, évitant les constructions hautes, et respecte le style architectural local. Pays de Meaux Habitat démolit les barres d'immeubles depuis des décennies et achèvera la démolition des dernières tours, celles de Beauval, en 2027/2028. Les nouveaux aménagements reconstruisent des logements sociaux plus bas, permettant une vie autour de parcs, d'équipements publics, d'écoles, et de stationnements, tout en étant bien desservis. Cette expertise de proximité est reconnue par les habitants, même ceux qui ne sont pas sociologiquement acquis au parti du maire.

Jean-François Copé a sans doute essayé de capitaliser sur sa réussite à Meaux à l'échelle nationale, mais les journalistes de plateau et la presse d'opinion ne s'intéressent qu'à Paris et à ses banlieues proches, souvent sans même y avoir mis les pieds. En dépit du désintérêt médiatique, la gestion de Meaux reste un exemple remarquable de transformation urbaine réussie.

À 19 h, avant de monter en voiture, nous sommes revenus au Clovis, cette fois en terrasse. Sophie commande un Perrier citror, et non sirop de citron, et je cherche sur Internet si Soissons et Meaux ont été touchées par les émeutes de juin 2023. La réponse arrive immédiatement : des bâtiments publics ont été ciblés et incendiés, parmi d'autres voitures brûlées.

À Meaux, une simple balade en ville suffit à constater la présence d'une importante population musulmane pratiquante issue de l'immigration, alors qu'à Soissons, bien plus petite, la proportion

110

semble bien moindre. Dans ces deux villes aérées, il règne un sentiment paisible. Tout a été pensé avec le souci d'un cadre de vie agréable. Cette violence contre ce que représente la France est donc omniprésente, indépendante des efforts au long cours et des succès des responsables politiques locaux.

Il faudra en parler, *Cet été qui viendra*.

Nous nous accordons un dernier moment de quiétude en terrasse, savourant un thé parfumé avant d'affronter le retour vers la capitale. Le contraste entre la douceur de cet instant et ce qui nous attend sur la route me frappe déjà par anticipation.

À peine sorti de Soissons, on traverse des petits villages qui s'égrènent dans les creux de la nationale 2 bordée de forêts et de champs.
Des radars annoncés de contrôle de vitesse sont placés avant presque chaque remontée, dans les deux sens de circulation.

Notre Yaris GR rouge pourrait facilement dépasser tout ce qui roule. Pourtant, je conduis prudemment, comme je le fais depuis des années. En arrivant en région parisienne, en traversant Villepinte en Seine-Saint-Denis, je retrouve les conditions de circulation typiques de la région. Cela ne ressemble en rien au Code de la route strictement appliqué au centre de Paris, où la présence des institutions de la République concentre des forces de l'ordre tatillonnes.

La circulation devient dense avant d'arriver sur l'A3, et les feux tricolores se succèdent sur deux voies, avec parfois une troisième voie réservée aux bus. À partir de là, les contrôles du Code de la route sont inexistants. De nombreuses voitures ne passeraient pas le contrôle technique, tout comme beaucoup de scooters et de camionnettes délabrées. Les dépassements se font plus souvent par la droite que par la gauche, généralement sans clignotants, les klaxons sont incessants. Les conducteurs roulent à grande vitesse sur des voies interdites, parfois même à contresens, grillant allègrement les feux.

J'ai toujours l'impression de vivre dans un jeu vidéo. Je semble être le seul à tenir à ma voiture et à respecter les règles. Je suis également le seul à craindre les sanctions pour mon permis de conduire. Pour les autres, la peur n'existe pas. Des sportives allemandes sont conduites à tombeau ouvert par de jeunes conducteurs à peine majeurs. D'autres voitures, semblant tout droit arrivées de Dubaï, comme cette Mercedes Classe G 6x6 blanche, rallongée et surélevée, avec des vitres teintées et des boucliers avant chromés, remontent la voie de bus sans s'arrêter aux feux rouges, sans craindre la présence éventuelle d'une patrouille de police.

La civilité et les règles sont intentionnellement défiées, presque avec une certaine jubilation, dans le but de choquer les Français. Ces délits, comme les rodéos en ville, sont aussi des manières de provoquer et de défier l'autorité. La peur a changé de camp : la moindre réaction face à cet irrespect des lois dans de telles circonstances expose à des insultes voire à des agressions violentes. C'est peut-être précisément le but.

Que fait l'administration fiscale concernant ces citoyens aux véhicules de luxe sans revenus officiels correspondants ? Comment parviennent-ils à les acheter ou les louer ? Les sanctions sont-elles suffisamment dissuasives et appliquées de manière efficace ?

Une forme de peur semble avoir gagné les autorités, les poussant à un renoncement calculé au nom d'une paix sociale précaire. Cette gangrène de l'esprit public commence par la tolérance de petites infractions et s'étend jusqu'à l'acceptation tacite des plus graves provocations.

N'y a-t-il pas, dans cette démission rampante, une corruption insidieuse de nos institutions mêmes ? Et cette impunité ostentatoire, quel message envoie-t-elle aux citoyens ordinaires qui respectent encore les règles ? Pour les uns, elle murmure que la loi n'est qu'une suggestion ; pour les autres, elle hurle que leur obéissance n'est que naïveté. C'est peut-être là le délitement le plus profond de notre pacte républicain.

Dans de nombreux pays, l'autorité de l'État, souhaitée par la population, inspire la crainte chez ses citoyens.

Peut-être faudra-t-il un jour trancher : la peur a-t-elle définitivement changé de camp ?

Un débat pour *Cet été qui viendra.*

15 juillet 2024
Romainville

Dans la nuit du 14 au 15 juillet, heure française, un homme de 20 ans a tiré sur l'ancien président des États-Unis, Donald J. Trump. La peau de l'oreille droite du candidat à l'investiture républicaine pour la présidentielle de novembre a été percée par une balle tirée par une arme d'épaule, un AR-15. En riposte, le tireur a été abattu dans la seconde d'une balle entre les deux yeux par un tireur d'élite du Secret Service. Un scandale éclate pour comprendre pourquoi le toit sur lequel était placé le jeune tireur avait été contrôlé et pas gardé ensuite.

Les pièges du débat présidentiel

Donald Trump semblait bien parti pour remporter l'élection présidentielle, surtout après sa victoire apparente lors du débat contre Joe Biden. Ce débat a mis en lumière l'inaptitude de Biden à exercer un second mandat, renforçant ainsi l'image de Trump en tant que leader énergique et capable. Ses partisans interpréteront la tentative d'attentat manquée comme un signe divin de son invincibilité.

Je crois que la réalité pourrait être bien différente de ce que perçoivent les observateurs aujourd'hui. En acceptant ce débat, Trump et Biden sont tombés ensemble dans deux pièges distincts, habilement tendus par les stratèges démocrates de l'ombre, tels que Barack Obama.

Pour Biden, le piège résidait dans le fait que ce débat anticipé allait inévitablement exposer ses faiblesses. Les stratèges démocrates savaient que Biden, déjà perçu par certains comme affaibli, risquait de trébucher lors de cette confrontation. En provoquant ce débat avant les investitures, ils ont réussi à révéler ses failles devant l'opinion publique assez tôt. Cela a ainsi créé l'opportunité de changer de candidat avant la convention du mois d'août, avant que le candidat ne soit officiellement désigné, car après un tel changement ne serait plus envisageable. Cette manœuvre, qui après l'investiture serait passée comme immorale et impopulaire, devient ainsi justifiable et même nécessaire.

Pour Trump, le piège était plus subtil et basé sur son caractère. Les stratèges démocrates ont parié sur son goût prononcé pour la confrontation et sa volonté de gagner, notamment en débattant et en prenant l'avantage le plus tôt possible. Confiant dans sa capacité à dominer le débat, Trump a sauté sur l'occasion sans prendre le temps de réfléchir aux véritables raisons pour lesquelles ce débat avait été programmé avant les investitures, pour la première fois de l'histoire. Ainsi, bien qu'il ait perçu sa performance comme une victoire éclatante, ce débat pourrait en réalité se retourner contre lui. En effet, en croyant avoir solidifié sa position, Trump a peut-être offert aux démocrates l'occasion de préparer l'arrivée d'un nouveau candidat, plus jeune que lui et déplaçant les thèmes de la campagne.

Ce qui semble aujourd'hui être une victoire certaine pourrait en réalité marquer le début de sa défaite, car en cherchant à gagner le match trop tôt, il a peut-être ouvert la porte à une contre-attaque démocrate habilement orchestrée.

Par ailleurs, il serait difficilement crédible que l'âge de Trump puisse être utilisé comme un argument contre lui par ceux qui ont soutenu ou défendu un Biden encore plus âgé.

Le caractère de certains hommes politiques prend parfois le pas sur la finesse d'analyse, quelle que soit la gravité du sujet.

Une vague mondiale inéluctable

À mon avis, Trump gagnera contre n'importe quel candidat. La guerre en Ukraine et son coût, la dette abyssale, le nombre croissant d'Américains vivant dans la pauvreté, la crise migratoire et la question de la souveraineté nationale forment une vague mondiale qui balaiera les bien-pensants privilégiés. Ces derniers, en dépendant d'une immigration massive pour alimenter des usines à bas coût, tirent les salaires des populations autochtones vers le bas, creusant les inégalités sociales. Cette dynamique dépasse largement les frontières des États-Unis et, à mon sens, finira par submerger d'autres régions du monde, notamment l'Europe, confrontée aux mêmes tensions.

Cette vague mondiale annonce l'heure de ceux qui, en réformant drastiquement les normes, les dépenses publiques et les modèles économiques dépassés, visent à redonner priorité aux intérêts des populations locales face aux élites globalisées.

La sémantique de la terreur

Il est 21 h 30, et les chaînes d'information en continu sont passées en édition spéciale. Elles interrogent toutes l'un de leurs envoyés spéciaux, dépêché en urgence devant la gare de l'Est à Paris.

Un militaire, qui patrouillait avec ses collègues dans le cadre de l'opération Sentinelle, a été attaqué au couteau aux abords de la gare de l'Est. Il a été touché au dos, mais son pronostic vital n'est pas engagé, et il a été dirigé vers l'hôpital militaire Percy à Clamart, près de Paris.

Un homme, l'assaillant de l'attaque au couteau, a été rapidement arrêté après les faits. Il s'agit d'un déséquilibré récidiviste, comme souvent décrit dans les médias. Ces termes sont utilisés pour éviter de dire :

Un terroriste récidiviste d'origine africaine a tenté d'attaquer un militaire français, cherchant à l'égorger et à le décapiter.

La France, depuis des années, ne comptabilise plus les attaques au couteau. Pourquoi ?
Le Royaume-Uni en décompte cinquante mille par an sur son territoire !

Quel phénomène de société les autorités tentent-elles de dissoudre dans les agressions sur personnes ou les tentatives d'homicide ? Que tout le monde a un couteau ?

Une tentative d'homicide est un homicide raté. Je crois que l'amélioration de la vitesse de prise en charge des victimes et les progrès de la médecine d'urgence laissent beaucoup de personnes dans la catégorie des victimes de tentatives d'homicide, alors que les auteurs ambitionnaient des homicides.

L'assassin déjà connu des services

L'enquête a été ouverte pour tentative de meurtre, puis requalifiée en tentative d'assassinat. « Les investigations autour des faits et de la personnalité du mis en cause se poursuivent », ajoute le parquet de Paris. L'homme « se dit chrétien et aurait crié "Dieu est grand" lors de l'attaque », selon une source policière. Il affirme avoir agi « parce que les militaires tuent des gens dans son pays ».

L'homme, âgé de 40 ans, est né en République du Congo. Il a acquis la nationalité française après avoir été naturalisé en 2006. Il était déjà connu pour meurtre dans une affaire remontant à 2018, où il a attaqué au couteau et tué sans raison un jeune homme de 22 ans à la gare de Châtelet. Cela pourrait être l'un de mes enfants.

En 2020, « la chambre de l'instruction avait constaté l'abolition de son discernement et ordonné son hospitalisation d'office », détaille le parquet. Il a été libéré en 2023, cinq ans après le meurtre. Il avait été condamné des années auparavant pour plusieurs agressions sur son conjoint.

La question de la double nationalité

Cet homme a deux nationalités depuis 2006, pourquoi ?

Que se passerait-il si ce n'était pas le cas ? Et si la loi française expulsait, une fois leur peine purgée, chaque étranger condamné en récidive pour violence conjugale dans leur pays d'origine ?

Le jeune homme ne se serait pas vidé de son sang sur le sol froid de la gare de Châtelet, la peau trouée par un couteau.

La France peut retirer la nationalité à un individu naturalisé qui a commis un crime grave, comme le terrorisme, dans les dix ans suivant l'acquisition de la nationalité française. En 2016, un débat avait eu lieu pour étendre cette mesure aux binationaux nés Français, mais la proposition a été abandonnée.

La Belgique pratique la déchéance de nationalité pour les binationaux naturalisés coupables de crimes terroristes. Cependant, cette mesure est sujette à l'approbation judiciaire pour éviter les abus.

Le Royaume-Uni a des lois strictes en matière de déchéance de nationalité. Le gouvernement britannique peut retirer la nationalité à des individus jugés nuisibles à l'intérêt public, même s'ils ne sont pas naturalisés, mais sous condition qu'ils puissent revendiquer une autre nationalité et ne pas devenir apatrides.

Le Danemark peut retirer la nationalité aux binationaux impliqués dans des activités terroristes ou participant à des organisations extrémistes, même sans condamnation préalable, si cela est considéré comme nécessaire pour la sécurité nationale.

Si, en 2018, cette personne, déjà condamnée quelques années auparavant (donc n'ayant pas un discernement aboli ou étant jugée folle), avait été jugée et reconnue coupable de terrorisme, alors cet homme serait actuellement en prison et, par la suite, aurait quitté le pays après avoir été déchu de sa nationalité française.

Au-delà des clivages politiques

Tous ces sujets sont ou devraient être transpartisans en France : il ne s'agit que de sécurité et d'autorité, pas d'origine, de religion ou de couleur de peau. Les assaillants lors d'attaques au couteau ne sélectionnent pas leurs victimes en fonction de leur appartenance à tel ou tel parti politique.

Que faire d'une personne ayant commis un crime ou un délit, et pour laquelle des experts affirment que le discernement était aboli au moment de la commission de l'acte, ou d'une personne reconnue comme étant folle ?

Pour une personne folle, il n'y a pas de sujet à débat : sa place n'est pas en prison. Mais comment être certain qu'elle ne représentera plus de danger pour la société et pour elle-même sur le long terme ?

Concernant l'abolition du discernement, nous avons vu des personnes se droguer avant de passer à l'acte, un acte prémédité, et être ensuite reconnues irresponsables. Que doit-on faire dans ces cas-là ? Quels moyens notre pays est-il prêt à consacrer à la psychiatrie ? Pourquoi le nombre de malades est-il en hausse croissante ? Qui sont-ils ?

Ça peut occuper une partie de *Cet été qui viendra*.

19 juillet 2024
Le Mans, Sarthe
J-10 avant Cochin

À 19 h 30, à deux kilomètres du circuit du Mans, sur le parking de l'hôtel Inn Design Resto Novo, nous retrouvons un couple français rencontré à Essaouira, au Maroc, en mai dernier. Jean-Yves et Armelle sont de vieux amis d'un client, Lionel, qui nous avait reçus dans son riad de Marrakech ce même mois. Ils remontent, comme chaque année, du Maroc en voiture, une BMW X5 neuve avec des plaques marocaines. Ils viennent passer deux mois en Bretagne dans leur résidence secondaire à Perros-Guirec ; ils sont résidents marocains.

Tous les deux sont retraités et ont toujours vécu en Afrique. Ils nous rapportent un lustre en rotin que nous avions acheté au printemps à Marrakech, trop imposant pour le ramener en avion. Les banquettes de la Yaris GR sont rabattues, le lustre occupe tout l'arrière.

— Merci bien, il vous reste environ trois heures de route ? je demande.

— Oui, environ, mais c'est sans importance. Ici, avec les plaques étrangères, je dépasse les limitations de vitesse, c'est agréable, répond Jean-Yves.

— Au Maroc, tu fais attention ?

— Ça ne rigole pas là-bas. Ils contrôlent tout le temps et c'est sévère, dit-il en secouant la main comme un enfant évoquant l'autorité paternelle.

— Soyez prudents quand même, vous avez le temps, vous n'êtes pas à 10 minutes près. Merci et à bientôt au Maroc, pour le Nouvel An, conclus-je, me souvenant que nous passons le Nouvel An chez notre ami à Marrakech, avec eux.

— Avec plaisir, bonne soirée.

Leur imposante voiture quitte doucement le parking goudronné de l'hôtel, un bâtiment en forme de boîte à chaussures. Il ressemble à tous les bâtiments uniformisés des chaînes d'hôtels, que seules les enseignes sur les toits plats permettent de différencier. Nous prenons la route vers celui que Sophie a réservé pour nous, dans le centre-ville du Mans.

Le paradoxe de l'autorité

Je me souviens du déjeuner au restaurant Océan Vagabond avec Lionel, Jean-Yves et Armelle, à l'abri du vent sur la plage d'Essaouira. Lionel a terminé sa carrière comme directeur général d'une multinationale très implantée en Afrique. Il a en commun avec ses amis de ne parler que d'argent et des impôts qu'ils paient ; ils se savent surveillés par les deux administrations fiscales, française et marocaine, dont ils se méfient au plus haut point.

Au Maroc, j'ai découvert un pays avec une autorité présente et crainte permettant aux personnes aisées de se promener dans les rues étroites de la médina de Marrakech, mais aussi de traverser en voiture les villages pauvres de la vallée de l'Ourika comme ceux sur la route d'Essaouira.

En France, la seule chose qui soit efficace et donc crainte, c'est « le fisc » ; c'est la branche de son autorité que l'État arme vraiment, car c'est elle qui lui permet de se maintenir sans se réformer. Le service des impôts garantit la capacité de l'État à prélever l'impôt, surtout auprès des sociétés et des contribuables aisément contrôlables. C'est grâce à cela, ou à cause de cela que les investisseurs placent leur argent en toute sécurité dans la dette française, permettant à celle-ci de grossir démesurément et repoussant les réformes impopulaires qui menaceraient l'avenir politique de celui qui les proposerait.

J'ai constaté avec émerveillement combien les Marocains, les Franco-Marocains, les expatriés, et les touristes sont respectueux des règles tant les lois sont dures et le pouvoir ferme, au Maroc.

Ce soir, Jean-Yves circule haut perché à bord de son 4x4 bleu foncé, se moquant des lois sur les routes françaises. On peut facilement se défouler en France.

Il faudra qu'après *Cet été qui viendra,* Jean-Yves commence à craindre l'autorité, comme au Maroc, pays où il a choisi de finir ses jours avec son épouse.

La vieille cité romaine

L'hôtel choisi par Sophie avec son smartphone, entre Paris et Le Mans, vient juste de bénéficier d'une rénovation. Il offre une place de parking et une chambre impersonnelle, mais confortable au rez-de-chaussée, dans une étroite rue en sens unique, à 300 mètres de la Place de la République. Accrochée au mur, une seule photo encadrée représente un gros plan d'un mur ancien monté avec des galets ocre et des pierres blanches rectangulaires formant une frise, face au lit.

Ce soir, nous dînons place de la République, à la terrasse du Moderne. Demain matin, nous visiterons la vieille ville protégée par l'enceinte gallo-romaine. J'ai compris, au cours de notre petite balade menant à cette terrasse animée, que la photo est un plan serré de l'enceinte.

Des rues larges et commerçantes convergent sur cette place centrale où passe le tramway qui coupe la ville en deux, il est floqué des couleurs de Paris 2024.

Beaucoup de groupes constitués de migrants et de petites bandes inquiétantes se rassemblent sur la place et dans les rues où se trouvent les pubs et bars ouverts tard. Peut-être un effet Jeux Olympiques. Les pubs, souvent attrayants et de grandes capacités, restent presque vides ; probablement en raison d'un manque palpable de sécurité après une certaine heure.

L'illusion olympique

J'ai bien peur qu'après les Jeux Olympiques, beaucoup se laissent tromper par une illusion de gestion réussie à Paris. Pendant cet événement, la mobilisation massive des forces de police sera rendue possible en supprimant les vacances, mais cela ne pourra durer qu'un mois au maximum. En parallèle, les centaines de milliers de migrants en attente d'un statut auront été temporairement évacués en province, transformant Paris en un véritable village Potemkine, une façade soigneusement arrangée pour l'occasion.

Ce contexte montre cependant une chose : les gouvernants ont parfaitement identifié les problèmes. Ils savent où se trouvent les tensions et les dysfonctionnements. Mais plutôt que d'y apporter des solutions durables, ils se contenteront de masquer la réalité par des mesures temporaires et insoutenables à long terme.

Le danger réside dans l'illusion d'un « possible impossible », cette idée que tout pourrait être réglé par une mobilisation exceptionnelle. Une telle démonstration, bien que temporaire, pourrait persuader les Français qu'avec de la volonté, tout est réalisable, sans admettre que ce modèle est insoutenable et irréaliste à long terme. À terme, cette vision risque de détourner l'attention des véritables défis structurels et d'éluder les choix difficiles, mais indispensables.

Cet été qui viendra sera le moment où l'on changera réellement tout, les lois et les règles, sans tabou ni idéologie, en affrontant les vérités que l'on ne pourra plus ignorer.

Le 20 juillet 2024
Le Mans, Sarthe

Ce matin, nous quittons la chambre à 11 h après une nuit de sommeil agité. Les derniers verres de côtes du Rhône pris à minuit sur la terrasse du Mulligan's Pub, rue du Docteur Leroy, n'y sont sans doute pas pour rien. Des rodéos de motos et des rats ont animé la fin de soirée, bien que la police municipale circule beaucoup.

Nous marchons vers la vieille ville, empruntant les rues animées du centre. Beaucoup de familles arrivées d'Afrique se promènent, entrent et sortant des magasins représentant bien toutes les enseignes nationales. Sophie a été ravie de trouver un grand Monoprix sur deux niveaux, une enseigne ou elle flâne à l'occasion. Durant la journée, les rues semblent sûres, même si je remarque que la police est tendue.

Le Mans est riche en histoire et en contrastes architecturaux. Nous déambulons dans la vieille ville, appelée la Cité Plantagenêt, un joyau médiéval. Elle se caractérise par ses rues pavées étroites, ses maisons à colombages, et ses hôtels particuliers datant de la Renaissance. Le centre est dominé par la majestueuse cathédrale Saint-Julien, qui mêle styles gothique et roman, offrant un aperçu de l'architecture religieuse à travers les âges.

La partie récente de la ville contraste nettement avec le charme ancien de la Cité Plantagenêt, limitée aux remparts médiévaux.

En revenant dans cette partie, nous visitons les thermes romains découverts en 1980, ouverts à la visite l'été.

La ville récente est d'une architecture moderne et fonctionnelle. Durant la Seconde Guerre mondiale, Le Mans a subi des bombardements, notamment en 1944, qui ont endommagé certaines parties de la ville. Les reconstructions d'après-guerre ont permis de créer une ville très aérée, avec de larges rues et de grandes places. Cependant, les bâtiments résidentiels et commerciaux ont été trop rapidement construits, sans souci pour l'esthétique, comme plus tard dans les années 1970 un peu partout en France.

Vers 17 h 50, nous quittons enfin le Monoprix du centre-ville.

— Les collections de vêtements varient d'un magasin à l'autre, et même d'une ville à l'autre ! m'assure Sophie en chemin vers la voiture. Nous espérons l'atteindre rapidement pour visiter le musée des 24 Heures du Mans, situé à une quinzaine de minutes de route.
— Eh bien, tu es contente, on dirait ! Tu devrais travailler chez Monoprix, tu te comporterais comme un enfant dans un magasin de jouets tous les jours.
— Non, j'adore mon boulot, et il est sûrement mieux payé, réplique-t-elle en souriant. Mais cette ville est vraiment agréable, avec tout ce qu'il faut : des commerces pratiques, une vieille ville charmante et un immobilier encore accessible, surtout comparé à la région parisienne. Je comprends pourquoi certains laissent tout tomber pour venir vivre ici.
— Tu dis ça de toutes les villes de province, ma chérie, mais c'est surtout la région parisienne qui devient de plus en plus saturée et invivable. Dans des villes comme celle-ci, les décisions locales sont souvent prises en concertation avec les habitants, pour leur bien-être et celui de leur environnement. Ici, on ne subit pas autant les politiques nationales qu'à Paris ou dans les grandes agglomérations.

Nous arrivons enfin au musée et nous dirigeons vers le guichet, situé à gauche de l'entrée.

— Désolé, c'est trop tard. Il est 18 h 3 et je viens de clôturer ma caisse, nous explique le guichetier, visiblement désolé, en désignant l'enceinte du circuit Bugatti derrière lui. Sophie a pris son temps au Monoprix, et nous avons mis dix minutes pour arriver et nous garer, trois de trop.

Le site Internet précise bien que les derniers visiteurs sont acceptés jusqu'à une heure avant la fermeture, prévue à 19 h. Résignés, nous explorons la boutique du musée, où l'effervescence est encore palpable. Les cent ans de la mythique course ont visiblement relancé sa popularité.

Sur l'autoroute, en direction de Paris, la circulation est fluide. La lumière dorée du soleil couchant illumine les champs, où les moissonneuses-batteuses s'activent encore, profitant pleinement du temps sec. Dans l'air, des nuages de poussière flottent, soulevés par les machines, avant de retomber doucement sur la chaussée, dessinant des vagues fugaces agitées par le vent et le passage des voitures.

À mes côtés, Sophie est absorbée par son téléphone. « Comment m'offrir une journée de roulage sur le circuit du Mans avec Jules ? » semble être la question qui occupe désormais son esprit.

Elle maintient encore ses yeux ouverts, mais plus pour longtemps, le circuit s'éloigne peu à peu, et je repense au terrible accident qui a eu lieu lors de la 23e édition de la course, le 11 juin 1955. Cet accident est l'un des plus graves dans l'histoire du sport automobile. La Mercedes-Benz, pilotée par Pierre Levegh, a percuté une autre voiture, provoquant l'explosion de son réservoir de carburant. Des débris en feu ont été projetés dans les tribunes, tuant 83 spectateurs et blessant de nombreux autres. Cet événement a conduit à des réformes majeures en matière de sécurité dans les courses automobiles et les infrastructures des circuits.

Conformément à la pratique de l'époque, et malgré l'effroyable drame, les organisateurs n'arrêtèrent pas la course. Ils estimaient que l'arrêt de l'épreuve aurait poussé les 300 000 spectateurs à quitter le circuit, bloquant ainsi les routes et entravant l'acheminement des secours. La course se poursuivit donc jusqu'à son terme le lendemain, et le 12 juin 1955, la Jaguar de Mike Hawthorn et Ivor Bueb franchit la ligne d'arrivée en vainqueur.

Plus aucun responsable de nos jours n'oserait prendre une telle décision, même si elle était salutaire.

À cette époque bénie, le politiquement correct et le principe de précaution n'existaient pas encore.

Les entraves invisibles à l'action.

Le principe de précaution et le politiquement correct sont devenus des freins invisibles, mais puissants à l'action et au débat en France. Le premier, conçu pour protéger contre les incertitudes, paralyse souvent l'innovation et bloque des réformes nécessaires sous prétexte d'éviter des risques hypothétiques. Le second, censé promouvoir le respect, anesthésie les discussions et censure les idées dérangeantes, empêchant de nommer les problèmes pour mieux les résoudre.

Ces mécanismes, mal maîtrisés, cultivent une peur collective : peur d'agir, peur de parler, peur d'échouer. Ils alimentent un immobilisme dangereux pour le pays, où l'urgence de décider est noyée dans un océan d'hésitations et de consensualisme. Par crainte de choquer ou de se tromper, les responsables politiques préfèrent éviter les décisions courageuses, laissant les crises s'aggraver dans l'attente d'un improbable consensus.

Pourtant, le courage politique ne consiste pas à plaire, mais à agir avec lucidité face à l'incertain. En sacrifiant cette audace au nom d'une précaution excessive ou d'un langage aseptisé, la France s'éloigne de sa vocation historique : celle d'être une nation qui avance, qui ose, et qui inspire. Redonner du souffle au pays exige de dépasser ces entraves, pour replacer l'action et la vérité au cœur du débat.

Face à l'immobilisme créé par le principe de précaution et le politiquement correct, il est urgent d'instaurer un principe d'innovation et un principe de responsabilité. Le premier encouragerait l'audace et l'expérimentation, même face à l'incertitude, pour trouver des solutions novatrices aux défis du pays. Le second rappellerait que chaque décision, même risquée, doit être assumée dans l'intérêt général. Ces principes, complémentaires, permettraient de dépasser la peur de l'échec ou du jugement, en valorisant l'action mesurée et le pragmatisme. Ils réconcilieraient la France avec son héritage d'audace et de leadership, remettant l'élan et la vérité au centre de sa gouvernance.

Il faudra oser alléger les normes et les règles, notamment en agriculture, en misant sur la responsabilité des acteurs et en instaurant un suivi rigoureux pour évaluer les résultats. Cette démarche, ancrée dans le courage et l'innovation, pourrait marquer un tournant décisif *Cet été qui viendra.*

Le feu et les vies brisées.

Sophie ne parle pas, et, comme souvent, je repense à cette voiture, à l'accident et à l'embrasement qui ont tué deux passagers et brûlé grièvement mon petit frère, alors que j'étais au volant. C'était fin juillet 2000, à Stella-Plage, à 200 mètres de chez nous. Victor avait presque 3 ans et Sophie était enceinte de Jules.

Ce soir-là, à la maison, le temps était au beau fixe et le barbecue crépitait doucement. Le jardin s'étendait à la pointe de la boucle formée par notre rue, offrant une vue dégagée sur les dunes. La végétation, de plus en plus dense, dissimulait déjà certaines des maisons voisines, modernes ou en bois, dont beaucoup servaient de résidences secondaires.

Nous avions loué cette maison neuve pour l'été. Mon petit frère était là depuis quelques jours, venu de chez nos parents, à La Varenne-Saint-Hilaire. Devant la maison, un Toyota Land Cruiser était garé sur la rampe menant au garage en sous-sol. C'était celui de David, venu passer la soirée avec nous.

David avait apporté une bouteille de rosé, probablement prélevée dans la cave du restaurant de ses parents, situé à un kilomètre de là. Ami d'enfance de Sophie, il avait grandi à Stella-Plage avec ses deux sœurs, comme elle. Petite station balnéaire nichée sur la Côte d'Opale, Stella est séparée du Touquet-Paris-Plage par des dunes couvertes d'oyats et une lande boisée longeant un golf de 18 trous.

Il était environ 21 h 30, nous allions passer à table, quand un homme d'une soixantaine d'années a sonné à la porte.

— Bonsoir, monsieur, dit-il avec un sourire cordial. Je suis votre voisin, à quelques maisons avant le virage. J'ai avancé ma voiture un peu trop loin dans le sable de mon jardin, et elle s'est enlisée.
— Bonsoir, enchanté, nous allons vous aider, ce n'est pas un souci, lui ai-je répondu.
— J'ai remarqué le 4x4 garé devant chez vous, c'est pour ça que je me suis permis de venir.
— Une seconde, je vais appeler David et on arrive !

Je pris le temps de prévenir Sophie pour qu'elle garde la viande au chaud, puis nous avons suivi le monsieur : David, mon petit frère et moi. Son jardin n'était qu'à quelques pas, et, là, une BMW M3 gris clair quatre portes était posée sur le sable, à une vingtaine de mètres du portail. Sa femme nous attendait sur le perron d'une maison de plain-pied en bois, entourée de sable et de pins.

— Merci beaucoup, dit-elle, visiblement embarrassée. Je ne comprends pas… Mon mari n'avance jamais la voiture si loin d'habitude.

— Pas de souci, répondit David en souriant, je vais chercher mon 4x4.

Dix minutes plus tard, la BMW M3, une propulsion puissante qui fascinait David, fan inconditionnel de BMW, son père possédant une Série 7, était enfin dégagée du sable.

— Comment puis-je vous remercier ? demanda le voisin, reconnaissant.

David, d'ordinaire timide, osa :

— Est-ce que je pourrais essayer votre voiture, un jour ?

— Bien sûr, avec plaisir, répondit le monsieur, reconnaissant.

Pour une raison que j'ai oubliée, l'essai eut lieu dans la foulée. David prit le volant, le voisin s'installa à ses côtés, et mon petit frère et moi montâmes à l'arrière. Ce modèle, rare en version quatre portes, avait pourtant un défaut bien visible : la ceinture arrière droite, rongée par le chien des propriétaires, était inutilisable. Mon frère, assis à cette place, dut donc faire sans.

David, toujours respectueux de la mécanique – il avait suivi une formation de mécanicien –, prit le temps de laisser monter en température le six cylindres de 326 chevaux.

À notre grande surprise, il ne se contenta pas d'un simple tour du pâté de maisons. Au lieu de cela, il s'engagea sur les routes menant vers La Calotterie, s'éloignant bien plus que nous ne l'avions imaginé. À cette heure tardive, nous ne nous attendions qu'à une courte boucle.

Mais David, emporté par sa passion, semblait dans une autre dimension. Il était comme seul au monde, seul avec cette voiture qui le fascinait, hors du temps. Il savourait chaque accélération, chaque virage, absorbé par une conduite à la limite du sportif. La BMW fendait la forêt dans la nuit à une vitesse vertigineuse, les freinages se faisaient sur le fil, comme en spéciale de rallye.

Le propriétaire, toujours charmant, n'osait rien dire, mais son malaise était palpable. Je le ressentais aussi, mais davantage par rapport à lui qu'à la conduite de David, en qui j'avais une totale confiance.

Pourtant, au fil des kilomètres, l'ambiance devenait pesante. J'ai fini par insister pour que David fasse demi-tour. Il obtempéra, mais sa fougue reprit vite le dessus.

Pour manœuvrer, il s'écarta sur le bas-côté droit, meuble et envahi de hautes herbes. La voiture s'enfonça légèrement, heurtant quelque chose au sol avant de traverser la route étroite et de mordre brièvement le bas-côté opposé, puis repartit dans l'autre sens à la même allure effrénée.

David semblait incapable de ralentir, et la situation devenait franchement embarrassante, surtout pour notre voisin, agrippé nerveusement à la poignée du plafond. Profitant d'un arrêt au stop de la Route d'Étaples, j'ai finalement insisté, avec fermeté cette fois, pour prendre le volant.

Je roulais tranquillement sur l'avenue de la Côte d'Opale. David avait pris ma place à l'arrière gauche, attaché par sa ceinture de sécurité, à côté de mon frère.

Après avoir quitté l'avenue de la Libération, j'ai tourné à droite sur le boulevard de France, à moins d'un kilomètre de l'arrivée.

Cette route éclairée, à double sens, se courbe légèrement à deux reprises : c'est le boulevard de France qui commence.

À l'entrée de la seconde partie du virage, le train arrière de la BMW se déroba brutalement vers l'extérieur, comme si nous roulions sur une plaque de verglas. J'ai réussi à ramener l'arrière dans l'axe au levier de pieds, mais, privé de toute adhérence et il me semble de direction, le véhicule a pivoté sur lui-même, incontrôlable. Bien que réputé pour mon bon coup de volant, il n'y avait rien à faire dans ces conditions irréelles. Aucun contrôle n'était possible.

La voiture s'est finalement immobilisée plusieurs mètres après le virage, après avoir franchi le trottoir de gauche et percuté un candélabre. Le choc s'est produit exactement au niveau de la trappe à essence. Le poteau d'éclairage public portait ses câbles d'alimentation fixés à l'extérieur, précisément à l'endroit de l'impact avec l'accès au réservoir.

Les airbags du volant et du côté passager se sont déployés instantanément, mais déjà, des flammes illuminaient l'habitacle. Mon petit frère racontera plus tard qu'il avait vu un bon niveau d'essence atteindre ses pieds quelques instants avant l'accident.

Les dix secondes qui changent une vie

À partir de cet instant, tout s'est joué en moins de dix secondes.

L'intérieur de la voiture s'est embrasé instantanément, rendant impossible l'ouverture des ceintures de sécurité. Sous l'effet de la chaleur et du choc, elles se sont rétractées en une fraction de seconde, bloquant totalement le mécanisme. Dans de rares circonstances, la ceinture de sécurité, censée protéger, peut devenir une prison fatale. Pour ceux qui ne l'auraient pas attachée, un autre piège guette : les six secondes cruciales durant lesquelles les portes peuvent encore s'ouvrir, avant que la chaleur ne fasse fondre les joints en caoutchouc, scellant définitivement les issues.

Quelques heures plus tard, à l'aube, au CHAM (Centre Hospitalier de l'Arrondissement de Montreuil-sur-Mer), les gendarmes m'interrogeaient. La BMW avait été réduite en cendres, à un niveau de destruction qu'ils n'avaient jamais vu. J'étais indemne, à peine marqué par quelques mèches de cheveux brûlées sur le front, mais déjà privé de liberté. Ils soutenaient que j'étais assis à l'arrière, à côté de mon frère. Quant au conducteur, il n'avait eu aucune chance : sa ceinture était restée bouclée, et la chaleur avait scellé sa portière, le piégeant dans l'enfer de l'habitacle.

Dès que la voiture a percuté le lampadaire, un arc électrique a jailli, embrasant le véhicule instantanément, comme si l'essence avait pris feu. Mon premier réflexe a été de penser à notre petit Jules, que portait Sophie, et à l'idée qu'il allait naître sans père. Alors, une force vitale extraordinaire s'est emparée de moi, me permettant de m'extraire de l'emprise de la ceinture et d'échapper au sort qui semblait scellé.

J'ai tenté de retirer ma ceinture et d'ouvrir la portière, mais c'était impossible.

Dans un sursaut instinctif, je me suis arraché du siège, sans savoir comment, et me suis extirpé par le pare-brise, glissant du capot jusqu'au sol, côté gauche du véhicule, en l'espace de quelques secondes. Le fond de la voiture semblait saturé d'essence, se consumant par le dessous. Pas encore de flammes, mais une onde de feu, arrondie et lisse, progressant vers le haut avec la fluidité d'une flaque d'eau s'étalant sur un sol lisse.

Je me suis précipité vers la portière arrière, celle de David. J'ai tiré de toutes mes forces, encore et encore, mais elle refusait obstinément de s'ouvrir. David était inconscient. Désespéré, j'ai contourné le coffre pour rejoindre l'autre côté. C'est là que je l'ai vu, mon frère, assis sur la route, tentant désespérément d'éteindre les flammes qui dévoraient ses chaussures d'essence. N'ayant pas de ceinture de sécurité en état à sa place, il a pu se concentrer immédiatement sur l'ouverture de la porte. Il a réussi à l'ouvrir à la troisième tentative, la dernière qu'il aurait pu faire avant d'être asphyxié.

Je me suis alors précipité vers la portière du passager avant, où le voisin était encore attaché à son siège. La portière, elle aussi, semblait scellée, soudée par la chaleur. À travers la vitre, j'apercevais son corps immobile. Pris de panique, je suis monté sur le capot pour tenter de l'extraire. Mais l'onde de feu, cette lueur bleutée, progressait lentement, montant déjà jusqu'à son visage. Je m'acharnais, désespéré, lorsque soudain un voisin est apparu.

C'était un pompier hors service, surgissant du portail de sa maison, dissimulée derrière de hauts sapins, à une cinquantaine de mètres. Il m'a crié d'arrêter et de m'éloigner de la voiture. Ignorant le voisin dans le véhicule, il s'est précipité vers mon frère, qui luttait encore contre les flammes. Je l'ai vu étouffer le feu, agir avec rapidité et précision.

Le souvenir d'avoir laissé mon frère pour tenter de sauver un autre me hante encore. Pourquoi ne me suis-je pas occupé de lui en priorité ?

Une fois mon frère sauvé, le silence s'est imposé, lourd, écrasant. Plus un bruit dans la nuit, si ce n'est ma propre respiration haletante. Une solitude immense m'a alors envahi, comme si le monde entier s'était figé autour de moi. Je regardais le ciel, certain que ma vie était aussi terminée.

Pendant ce temps, Sophie nous attendait à la maison. Elle entendit bientôt le hurlement des sirènes qui déchiraient la nuit.

Le pompier nous a conduits chez lui, où il nous a installés sur son canapé. Il a immédiatement commencé à prodiguer les premiers soins à mon frère. Par chance, il disposait de produits adaptés aux brûlures. Nous avons ensuite été transportés dans la nuit jusqu'au CHAM, où j'ai retrouvé mon frère, conscient, allongé sur un brancard prêt pour son transfert.

Il était recouvert de draps argentés, conçus pour maintenir sa température corporelle. Son visage avait doublé de volume, brûlé par la chaleur intense qui montait de ses pieds enflammés, alors qu'il tentait vainement de les éteindre. Pourtant, il semblait serein, presque détaché, me rassurant même en ne se voyant pas, ne ressentant pas encore la douleur, et me voyant, moi, intact.

Il a dû partir en Belgique, à Charleroi. Non pas en hélicoptère, l'appareil étant indisponible, mais en ambulance. Il a enduré d'atroces souffrances, et ce n'était que le début. Les hôpitaux français disposant de centres pour grands brûlés étaient saturés, avec les imprudences de la saison des barbecues qui encombraient déjà les urgences au cœur de l'été.

C'est à peu près à cette heure-là que Sophie, inquiète de ne pas nous voir revenir, commence à redouter que les sirènes puissent avoir un rapport avec nous. Prenant Victor dans ses bras, elle décide de se rendre à pied sur les lieux. Quelques minutes plus tard, elle découvre l'ampleur de l'accident. Un policier l'empêche d'aller plus loin, lui indiquant seulement qu'une voiture, transportant quatre passagers, a été complètement carbonisée. Deux d'entre eux sont morts, et l'un est grièvement brûlé. Son ami d'enfance, son mari, son beau-frère… Que sont-ils devenus ? Elle ne le saura que dans la nuit.

Peu après minuit, un adjoint au maire, qui s'était rendu sur les lieux du drame, prend la route pour se rendre à un kilomètre de là, chez les parents de David, qui vivaient près de leur auberge-restaurant. L'adjoint savait qu'il allait annoncer l'horreur à ce couple qui avait déjà perdu l'une des deux sœurs de David, la plus jeune, un mois auparavant dans un accident de voiture en Belgique, où elle était passagère également. Ce premier drame, qui avait frappé cette famille bien connue, avait déjà secoué toute la région. Alors, le nouveau coup du sort qui les frappait ne laissait aucun doute cette fois : le conducteur, réputé pour sa vitesse au volant, moi, ne serait pas épargné.

Le lendemain, je suis rentré chez moi en fin de matinée. Toute la région ne parlait que de l'accident. Un médecin est passé me voir pour me prescrire des antidépresseurs, que je n'ai jamais pris. L'après-midi, un seul couple d'amis, habitant à quelques dizaines de kilomètres, a appelé Sophie. Ils voulaient savoir s'ils pouvaient nous soulager en prenant Victor, et en même temps prendre de nos nouvelles. Tous nos autres amis nous ont définitivement tourné le dos. Quant à ma famille, elle est restée silencieuse, à l'exception de mon frère jumeau.

Le soir, chez les parents de Sophie, nous regardons le journal de 20 h. L'accident ouvre l'édition : on y parle d'un « chauffard » et « d'excès de vitesse ».

Après une nuit sans sommeil, alors que je m'apprête à me rendre à la gendarmerie du Touquet-Paris-Plage, le père de David frappe à notre porte. Dévasté, il m'accuse d'être entièrement responsable du drame. D'une voix menaçante, il me fait une promesse glaçante : celle de me tuer un jour. Puis il s'en va, me laissant figé sur place, partagé entre la terreur et une profonde douleur. Voir cet homme que j'admirais tant, accablé par une telle souffrance, me brisait. Je repensais à David, avec qui il partageait cette passion des voitures.

Leur complicité, si forte et si évidente, rendait sa douleur encore plus insupportable à mes yeux. En perdant David, je venais aussi de perdre un ami cher, et Sophie, un ami d'enfance.

Avant l'accident, le père de David occupait déjà une place importante dans ma vie. Je l'avais toujours considéré comme un homme admirable, un entrepreneur bienveillant, presque un père rêvé. Il venait souvent me voir, et nous passions des heures à discuter en tête à tête. Parfois, il m'emmenait en bord de mer, où nous garions sa voiture pour parler longuement. À ces moments-là, il me donnait des conseils empreints de sagesse sur mon avenir, comme s'il cherchait à me guider et à m'inspirer.

Peu après, j'envoie Sophie acheter les journaux. L'accident fait la une de plusieurs quotidiens régionaux, notamment La Voix du Nord. Ils me jugent responsable d'événements dont ils ne savent rien. Dans la rue, les rumeurs circulent, et certains affirment que mon frère serait mort à l'hôpital en Belgique cette nuit.

J'arrive à la gendarmerie en voiture. C'est une petite villa typique blanche, située à la lisière du quartier résidentiel chic de la forêt du Touquet. À mon arrivée, on me demande mon permis de conduire, qu'on me rendra finalement quelques jours plus tard. Un gendarme recueille ma déposition, sans m'informer de quoi que ce soit d'autre.

Un matin, alors que je me rends sur le chantier du projet que je créais à Boulogne-sur-Mer, je décide de faire un détour par le bureau local de La Voix du Nord, situé sur le quai à Étaples-sur-Mer. Là-bas, j'ai une discussion houleuse, même musclée avec la rédaction, exigeant une mise au point sur ce qu'ils pouvaient ou non publier concernant la vérité sur l'accident et les rumeurs sur la vie ou la mort de mon frère.

Quelques jours après mon passage au bureau de La Voix du Nord à Étaples, je reçois un appel de la psychologue de l'hôpital de Charleroi, en Belgique, où mon petit frère était toujours hospitalisé. Elle m'explique qu'elle a discuté avec lui au sujet de l'accident et qu'elle souhaite me rencontrer.

Pendant ce temps, mon frère continuait de lutter, enfermé dans une chambre stérile, dans une douleur inimaginable. Chaque jour, les médecins devaient raser à vif les zones où sa peau avait disparu, une surface importante et terriblement vulnérable. Cela faisait environ quinze jours qu'il était à l'hôpital, et sa survie restait incertaine. Il faudrait encore de nombreux jours avant qu'un pronostic favorable puisse être envisagé.

J'ai accepté de rencontrer la psychologue et me suis rendu sur place en voiture, avec en tête cette angoisse persistante face à l'état critique de mon frère et à ce que cette rencontre pourrait révéler.

Après avoir vu mon frère, la psychologue m'a accueilli seul dans son bureau. Elle voulait comprendre comment je parvenais à traverser ce drame sans m'effondrer, sans avoir recours à des médicaments. Je lui ai expliqué simplement que lutter contre les mensonges qui entouraient l'accident me donnait une sorte de force intérieure. Je refusais d'offrir l'image de faiblesse ou de culpabilité que certains semblaient attendre de moi.

Le procès et ses enjeux

Deux ans ont passé. J'ai déménagé à Saint-Maur-des-Fossés quand, un jour, je reçois un courrier recommandé à retirer au tribunal correctionnel de Créteil. Il s'agissait d'une convocation pour comparution devant le tribunal pour défaut de maîtrise d'un véhicule et d'homicides et blessures involontaires.

En décembre 2002, Jacques Chirac avait décidé d'élever la sécurité routière au rang de cause nationale, à la suite des obsèques de cinq pompiers tués à Loriol par un chauffard. Dans ce cadre, Nicolas Sarkozy, alors ministre de l'Intérieur, avait demandé une révision systématique des dossiers liés à des accidents graves survenus au cours des deux dernières années. Mon affaire faisait partie de ces dossiers requalifiés en contentieux judiciaire.

Quelques mois plus tard, j'étais donc convoqué au tribunal correctionnel de Boulogne-sur-Mer pour répondre des faits devant la justice.

La veille du procès, sur ma demande, mon frère, mon avocat et moi-même nous sommes rendus sur les lieux du tragique accident. Je souhaitais que Philippe Pech de Laclause, avocat réputé, puisse constater sur place que le scénario retenu par la gendarmerie, celui d'une grande vitesse ou d'une erreur de pilotage comme cause, était irréaliste.

Cet avocat, que mon père employait régulièrement dans le cadre de son activité professionnelle, avait accepté de me défendre dans cette affaire. Les frais engagés avaient été avancés par mon père, mais je les lui ai intégralement remboursés par la suite, évidemment.

Pour renforcer ma défense, j'avais également sollicité l'expertise de Jean-Pierre Beltoise, ancien champion de Formule 1. Après avoir étudié les conclusions de la gendarmerie, il avait souligné qu'il était difficile de comprendre ce qui avait réellement pu se passer, compte tenu des éléments disponibles.

Tout d'abord, la présence d'essence dans le véhicule avant l'impact était manifeste : les airbags, déjà rougis par le feu, et le témoignage explicite de mon frère – « De l'essence était à mes pieds avant l'accident » – venaient confirmer ce point. Ces éléments suggéraient une défaillance mécanique indiscutable, probablement liée à un dommage au circuit d'essence. Ce circuit, sur ce modèle de véhicule, comprenait un tuyau de retour en plastique non protégé situé sous la voiture, à l'arrière, particulièrement vulnérable. Ce dommage aurait pu survenir lors d'un demi-tour effectué sur cette route forestière.

Des accidents similaires impliquant ce même modèle avaient déjà mis en évidence des défauts techniques, notamment la possibilité que de l'essence se répande sous les roues arrière, entraînant une perte de contrôle soudaine.

Un autre élément clé soulignait également une défaillance mécanique : l'analyse du phare retrouvé à une centaine de mètres en amont du point d'impact, à l'entrée du premier virage. Ce détail suggérait que le véhicule avait subi un dysfonctionnement bien avant la collision. Il était probable que la direction ait lâché, un problème rare, mais documenté sur ce modèle.

À cela s'ajoutait une négligence extérieure : si les câbles électriques du lampadaire, en travaux depuis trop longtemps, avaient été correctement placés à l'intérieur du mât, l'arc électrique à l'origine de l'incendie n'aurait pas pu se produire.

Ces constats renforçaient l'idée que l'accident n'était pas dû à une erreur humaine, mais bien à une série de défaillances mécaniques et de négligences extérieures, comme c'est souvent le cas dans des accidents d'une telle gravité. Ces preuves étaient essentielles pour démontrer que la responsabilité ne pouvait pas être imputée au conducteur, bien qu'il ait été au volant.

Malgré la solidité de ces éléments, l'enquête semblait avoir été biaisée, ignorée ou même volontairement orientée pour ne retenir que ma responsabilité, possiblement sous l'effet de pressions politiques ou autres influences extérieures.

Ces constatations, à la veille du procès, renforçaient la conviction de l'avocat : l'accident n'était pas dû à une erreur humaine. Cette démarche permit de poser des bases solides pour ma défense et de mettre en lumière des faits essentiels qui avaient été négligés jusque-là.

Pour mon enquête personnelle sur les défaillances de direction et le problème du retour d'essence, j'avais contacté un avocat spécialisé.

Il s'était rapproché des associations d'usagers et des bases de données recensant des accidents similaires. Ses recherches avaient mis en évidence que les défauts techniques de ce modèle de voiture, notamment au niveau de la direction et du circuit de retour d'essence, étaient connus depuis longtemps. Cependant, BMW n'avait pas encore pris les mesures nécessaires pour corriger ces problèmes ni procédé à un rappel, malgré plusieurs signalements graves et des accidents parfois tragiques.

En parallèle, mon avocat suggérait des démarches auprès des services de voirie. Il apparaissait en effet que l'accident, bien que difficilement évitable, aurait pu ne pas avoir les mêmes conséquences tragiques. Si les fils électriques du lampadaire, abandonnés en fin de travaux depuis longtemps, avaient été correctement installés, il n'y aurait pas eu d'arc électrique au moment de l'impact. Sans cet arc, il n'y aurait pas eu d'incendie, et donc probablement aucune victime.

Le choix du silence

Malgré ces éléments accablants, je n'ai pas pu me résoudre à porter plainte. Je ne voulais pas que cette démarche aboutisse à une compensation financière, qui aurait pu être perçue comme un bénéfice personnel dans une affaire où deux familles avaient perdu des êtres chers. Je refusais l'idée de transformer ce drame en opportunité pour moi-même, alors que j'étais le seul à être sorti indemne de cette tragédie.

Mon combat n'était pas de chercher réparation, mais de rester à la place que les familles souhaitaient pour moi, sans oublier la terreur de cette promesse de mort, une peur qui demeure présente en moi.

Parfois, je me surprenais à penser qu'une blessure physique visible aurait peut-être éveillé une forme de pitié, me permettant d'accéder, sans avoir à le revendiquer, au statut de victime que je ne me sentais pas légitime d'endosser.

Le jour du procès, je vivais encore dans la hantise qui était devenue mon quotidien. Je n'avais pas repris le dessus, pas retrouvé le droit de vivre pleinement, d'être pétillant, vif, comme quelqu'un de vivant. J'allais me retrouver dans la salle du tribunal face aux familles, et j'étais terrifié. Il n'y avait que mon avocat pour me défendre, car je ne pouvais même pas compter sur moi. J'étais incapable, face à tous, d'oser dire autre chose que ce qu'ils voulaient entendre. Pour se reconstruire, ils avaient besoin d'une victime immédiate, tangible, et non de causes lointaines, des causes qui, elles, ne pouvaient ni souffrir ni payer comme un être humain.

J'avais eu raison de redouter cette journée plus que tout. Dès la première minute, la fille de notre voisin décédé s'est avancée au premier rang, portant son bébé dans les bras, les tendant vers les juges. Elle m'accusait silencieusement de priver cet enfant de son grand-père. Ce geste m'a anéanti. Je n'ai pas osé me retourner pendant tout le procès, de peur de croiser les différents regards. J'étais l'ombre de moi-même, l'exact opposé de ce que j'avais été avant l'accident : combatif, obstiné, résilient, drôle, et avide de défis et de vie.

Mon avocat, pourtant malade, a fait une plaidoirie remarquable. La veille, dans le train, il m'avait demandé de lui acheter de l'aspirine du Rhône et un thermomètre. Il avait une fièvre énorme, mais m'avait assuré que ce n'était rien. En réalité, il souffrait de la maladie de Lyme. Malgré tout, il s'est tenu debout et a défendu avec force l'idée qu'en notre époque, le destin n'a plus sa place : on cherche un coupable à tout prix, quelle que soit la tragédie.

Mais juste avant le délibéré, la juge a sorti un élément qu'elle avait gardé en réserve, comme une arme ultime. Elle a présenté un procès-verbal d'excès de vitesse dressé six mois après l'accident. Sur l'autoroute vers Bordeaux, sous la pluie, j'avais été flashé à 125 km/h au lieu de 110. Pour elle, c'était la preuve que la vitesse était une seconde nature chez moi, presque génétique, et que je n'avais rien appris de l'accident. Pourtant, il ne pleuvait plus à ce moment-là. Certes, la route était encore un peu humide, mais bon ! Cela n'a pas empêché la juge d'utiliser ce PV pour justifier, selon elle, une peine d'incarcération ferme et immédiate.

Au final, je fus condamné à dix-huit mois de prison avec sursis, l'annulation de mon permis de conduire et une interdiction de le repasser avant cinq ans. Mon avocat m'a conseillé de faire appel.

Il était convaincu que la délocalisation du procès apporterait plus de sérénité et qu'il y avait tout dans le dossier pour obtenir une relaxe. Il en était certain depuis le début. Il savait aussi qu'un avocat connu, arrivant de Paris, serait mal vu en première instance en province, mais que cela ne poserait pas problème en appel.

Mais je n'en avais ni la force ni l'envie. Je ne voulais pas infliger cela aux familles, rouvrir leurs blessures en relançant une procédure, ni raviver des tensions déjà insupportables pour tous. Ce que je redoutais le plus, c'était de croiser à nouveau les proches et la prison. Ces pensées me hantaient depuis le début, et cette condamnation avec sursis me permettait, au moins, d'échapper à l'enfermement. Alors j'ai renoncé.

L'après et la résilience

Aujourd'hui, mon frère, après de nombreuses opérations, des greffes de peau et un courage exceptionnel, a réussi à retrouver une vie normale. Il a non seulement conservé le charme qui le caractérisait, mais il a également retrouvé une véritable beauté.

Nous ne parlons jamais de l'accident.

L'effroyable drame a profondément influencé mes décisions personnelles et professionnelles, de manière assez naturelle. J'aurais pu imaginer qu'il déclencherait en moi une urgence à vivre, une volonté de profiter de chaque instant en prenant conscience du risque inhérent à la vie. Mais cela ne s'est pas produit.

De même, lorsque mon nouvel ophtalmologiste de Montreuil-sur-Mer a diagnostiqué un glaucome sévère à chaque œil, la perspective d'une perte quasi totale de la vue à un âge relativement jeune m'a bouleversé. Ce diagnostic aurait pu me pousser à vivre chaque jour avec plus d'intensité, à savourer chaque instant sans hésitation. Pourtant, il n'a rien changé, si ce n'est un mélange de sentiment d'injustice et de gratitude d'avoir été dépisté si tôt.

Le glaucome est une maladie asymptomatique qui, si elle n'est pas traitée, entraîne la cécité en une ou deux décennies. Faites dépister vos enfants régulièrement, un simple examen peut tout changer.

Je sais maintenant que j'ai toujours vécu intensément, autant pour tester mes limites que pour parvenir, un jour, à ne plus vivre dans le futur, mais pleinement dans un présent capable de libérer un potentiel bien au-delà de ce que j'accomplis au quotidien. Un élan vital qui, en tordant mon destin, me pousse vers un inconnu que je ne saurais encore définir.

21 juillet 2024
Romainville

Sophie vient de rejoindre notre chambre pour s'allonger. Il est 22 h. Le week-end a été agréable, mais elle a hâte de partir en vacances ; elle a besoin de changer d'air pour récupérer. Le lustre est accroché au-dessus du lit, il est parfait.

Dans le salon, je regarde seul une chaîne d'info qui revient sur le dramatique incendie qui a dévoré un appartement au dernier étage d'un immeuble du quartier des Moulins, dans la nuit du 17 au 18 juillet. Un jeune homme de 19 ans, Zayairoudine, a perdu sept membres de sa famille dans l'incendie de l'appartement familial.

Trois enfants de 5, 7 et 10 ans, un adolescent de 17 ans, deux femmes de 22 et 46 ans et un homme de 45 ans qui s'était défenestré pour échapper aux flammes sont morts. Un jeune homme de 23 ans est en urgence absolue après avoir lui aussi sauté. L'incendie est d'origine criminelle, sur fond de trafic de drogue. Les premières investigations ont décelé trois départs de feu aux premier, second, et troisième étages. Des images de vidéosurveillance montrent trois jeunes hommes aux visages non dissimulés arrivés en voiture ce soir-là pour casser la porte d'entrée et pénétrer dans l'immeuble. Ils ressortent peu de temps après, juste avant que le feu ne se déclare, selon le procureur de Nice, Damien Martinelli. Les suspects ont quitté les lieux en voiture en direction de Saint-Laurent-du-Var.

L'incendie a été allumé alors que Zayairoudine se trouvait au dernier étage du bâtiment avec sa famille.

« Ça s'est passé aux alentours de 2 h du matin. Ma mère est venue me réveiller. J'ai vu qu'il y avait déjà de la fumée partout. J'ai fait en sorte de prendre mon frère qui était plus proche de moi. On s'est mis à la fenêtre pour essayer de respirer du mieux qu'on pouvait », relate le jeune miraculé.

C'est alors qu'il aperçoit des personnes qui posaient des matelas aux pieds de l'immeuble, avant de voir son beau-père sauter : « On l'a vu littéralement tomber et ne plus bouger au sol. On pensait qu'il était juste inconscient sur le moment. Et juste après, mon frère a suivi. Il a sauté lui aussi. Sur le moment, on ne pensait pas à grand-chose ».

Cinq à dix minutes s'écoulent avant l'arrivée des pompiers, qui ont pu faire évacuer le jeune homme et un adolescent de 17 ans. C'est alors que Zayairoudine apprend la mort de six personnes. « On s'est effondrés en larmes. On venait littéralement d'apprendre qu'on venait déjà d'avoir trois morts alors qu'on pensait qu'ils s'en étaient sortis. [...] Puis, un peu plus tard dans la soirée, quand ils ont fini de faire toute la reconnaissance dans l'appart, ils nous ont dit qu'ils ont trouvé tout le monde mort », relate-t-il.

Souvenirs de flammes

Je m'enfonce au fond du canapé, glacé, devant ma télévision par l'image de ce bâtiment blanc dont la façade est noircie par les flammes, au dernier étage. Ce spectacle ravive en moi un souvenir, celui d'une fin d'après-midi gravée dans ma mémoire, avec ces odeurs inoubliables, si caractéristiques des incendies, qui remontent soudain jusqu'à mon nez.

Depuis trois ans, je tenais mon bistrot à vin sur la Place du Vieux-Saint-Maur, face à l'église Saint-Nicolas, au rez-de-chaussée de l'une des plus anciennes maisons de la ville. J'avais repris cet établissement, un restaurant que les clients avaient déserté, à l'exception d'un seul habitué : un homme de 90 ans, élégant et discret, au regard pétillant, toujours vêtu d'une veste et d'une cravate. Chaque midi, il arrivait à pied, se rendait d'abord à l'angle de la place pour acheter ses journaux, puis, un jour sur deux, passait au tabac pour ses cigarettes brunes sans filtre. Il vivait au cinquième étage d'une résidence des années 1980, à 150 mètres du bistrot. Cet homme, c'était Roger Tetsu. En 2007, comme à son habitude, Roger quittait sa table en début d'après-midi, celle située face à la porte d'entrée, pour rentrer chez lui. Souvent, après le service, j'allais le rejoindre, et nous parlions des heures avant que je ne retourne au bistrot pour 18 h.

J'ai passé des milliers d'heures à discuter avec lui. Il vivait seul depuis le décès de sa femme, que je n'ai jamais connue. Souvent, je l'invitais à déjeuner chez moi le dimanche, et les jours où je ne le voyais pas, je l'appelais, même pendant les vacances. Il m'a beaucoup apporté : son intelligence était remarquable, et sa finesse d'esprit, hors de pair. Roger m'a appris à comprendre la peinture, et j'ai eu la chance inestimable de l'avoir dans ma vie. Je pense encore à lui tous les jours, et c'est à lui que je pense lorsque je m'interroge sur l'après. L'idée de le retrouver au ciel, s'il existe, me rassure. C'est comme si sa présence me garantissait que j'y serais entouré de bienveillance et de sérénité.

Ce jour de 2007, après le premier service, alors que je rangeais la salle depuis une heure, quelqu'un est venu me chercher pour m'informer que l'immeuble de Roger était en feu. J'ai descendu l'étroite rue du Four sur 100 mètres et, dès le croisement avec sa rue, à 50 mètres, j'ai vu que les deux derniers étages de l'immeuble étaient envahis par de grandes fumées noires et des flammes.

Quelques personnes seulement se tenaient sur le trottoir d'en face, et j'ai pu apercevoir Roger respirer à sa fenêtre, faisant des signes. De son appartement s'échappaient des fumées, tandis que des flammes sortaient des fenêtres de l'appartement au-dessus du sien. Des explosions régulières retenaient les passants à distance, sur le trottoir opposé, séparés de la rue et des arbres portant des feuilles.

Les pompiers venaient d'être appelés, et ma première impulsion a été de monter les escaliers pour aller chercher Roger. Un homme du quartier, une sorte de géant à la vie difficile qui vivait de petits boulots, est parti en premier pour essayer de grimper dans les étages. Quant à moi, je suis resté dissimulé par les arbres, espérant que Roger ne me voit pas. J'avais toujours entendu dire qu'il ne fallait jamais pénétrer dans une cage d'escalier en feu, mais plutôt attendre les pompiers à sa fenêtre en se manifestant. J'ai alors pensé à mes enfants, à ce que Roger m'aurait conseillé, et à ma peur instinctive du feu, qui me crispe depuis plusieurs rencontres avec lui.

J'ai longtemps été hanté par l'idée que Roger m'avait peut-être vu hésiter puis renoncer. Mais je sais qu'il aurait eu l'élégance de ne jamais me le reprocher.

Les pompiers sont intervenus des dizaines de minutes plus tard, évacuant Roger à l'aide de la grande échelle. Il est décédé quelques mois après cet incident, rongé par la tristesse d'avoir dû quitter son appartement – ce sanctuaire où il vivait entouré des souvenirs de sa femme et de son atelier. Ses poumons avaient été gravement affectés par les fumées qu'il avait respirées trop longtemps.

Il rêvait de ne jamais se réveiller de son fauteuil Eames en cuir noir usé, dans sa bibliothèque où il dormait depuis le décès de sa femme. Je l'ai accompagné jusqu'à son dernier souffle, le visitant quotidiennement au rez-de-chaussée de son immeuble, dans le petit appartement que la foncière propriétaire de l'immeuble avait mis à sa disposition. Il savait qu'il ne retournerait jamais dans son univers organisé avec soin au fil des années, ce cocon qui lui assurait un vieillissement acceptable.

Un week-end, avec Sophie, nous avons sauvé tous les dessins et des tableaux qu'il avait produits durant sa carrière. Aucun de ses enfants ne s'en était soucié, les abandonnant à l'humidité indélébile et mortelle. Nous avons étalé chaque œuvre avec précaution, les faisant sécher par roulement durant des jours entiers.

Roger, le cœur lourd, me demandait chaque jour de tout garder pour moi. Sa déception était palpable devant mon refus répété – il ne comprenait pas que je ne puisse accepter de dépouiller ses héritiers de ce patrimoine artistique, même s'ils n'en mesuraient pas la valeur.

Pour nous remercier, nous avons reçu après la mort de Roger un petit dessin – sans doute le seul non signé – représentant une bouteille de vin, idéal pour un bistrotier. Quand on peut, à bon compte, faire croire à un geste attentionné et personnel !

Quelques mois plus tard, son état a nécessité son hospitalisation. Jusqu'au dernier jour, Roger mettait tout en œuvre pour rester tel qu'il avait toujours été : élégant et sans jamais se plaindre. Un sourire, souvent son rire, s'invitait à chaque fois qu'il me voyait apparaître. Son œil malicieux proposait une complicité, une conversation à créer.

Je sais bien que cette attitude n'était pas celle qu'il réservait à ses enfants. Avec eux, il était exigeant, dur, différent. Sans cette séduction qu'il déployait avec moi. Car enfin, n'est-on pas toujours autre avec ses proches ? Le lien du sang – et dans ce cas précis, parfois la dépendance financière – nous dispense souvent des formes, des politesses, de cette courtoisie que l'on cultive avec les autres.

J'ai passé la fin de sa vie seul avec lui, donnant un sens à chaque lendemain de sa vie, à l'hôpital où il est décédé en février 2008, à quelques chambres de celle où ma maman était morte peu d'années auparavant.

Les gens connaissent Tetsu pour ses dessins publiés dans la presse, qui témoignent de son esprit vif et de son regard acéré porté sur les êtres et son époque. Il a toujours eu cet œil curieux et attentif, nourri par un sens aigu de l'observation.

Peu de gens savent qu'il était aussi un peintre extraordinaire, bien que son œuvre peinte soit moins accessible, moins commerciale. Je vis entouré de nombreuses de ses toiles que j'ai acquises lors de ventes aux enchères – et d'une seule qu'il m'a offerte avec insistance, celle qui trônait dans son salon au-dessus de son canapé, tous deux patinés par ses gitanes brunes sans filtre. Cette toile a longtemps gardé l'odeur de son appartement, ce parfum de tabac qui me faisait penser à lui, même chez moi.

Participer à ces ventes aux enchères est d'ailleurs pour moi un immense plaisir, une passion même.

La question de l'héritage révèle une vérité souvent oubliée : pour les plus modestes, le véritable héritage est la santé financière de leur pays. Quand l'État est solide, il peut offrir l'éducation, la sécurité, les opportunités de réussite et la protection sociale qui constituent le patrimoine commun de tous les Français. C'est pourquoi l'équilibre budgétaire n'est pas qu'une contrainte comptable : c'est la garantie que chaque génération pourra compter sur son pays.

Pour ceux qui bénéficient d'un patrimoine familial, notre système doit encourager sa circulation plutôt que sa stagnation. Favoriser la transmission précoce permet aux jeunes générations de s'installer, d'entreprendre, d'investir quand elles sont dans la force de l'âge. Un patrimoine qui circule, c'est une économie qui respire.

L'égalité républicaine, c'est non pas l'égalité des héritages, impossible et injuste, mais l'égalité des opportunités que seul un État fort et sain peut garantir à tous ses enfants.

Voici un sujet pour *Cet été qui viendra*.

Des vies sacrifiées sur l'autel de l'inaction

J'éteins la télévision, je regarde par la fenêtre.

Comment en est-on arrivé à un point où la vie ne compte plus, où la violence s'empare des enfants dès leur plus jeune âge, et où l'argent de la drogue a fait perdre tous les repères ? La drogue détruit les cerveaux, et l'argent qu'elle génère corrompt la société. Il est désormais clair que la classe politique, soit par peur, soit par corruption, reste passive.

La France est en guerre, et pourtant, rien n'est fait ni même imaginé.

Ceux qui sont au pouvoir ou aspirent à y accéder, et qui prétendent qu'il n'y a rien à faire sur ce sujet, comme sur bien d'autres, ou qui se contentent d'essayer sans réelle vision, doivent, au vu de l'état du pays, céder leur place immédiatement. Quel est le sens de rester en fonction dans de telles conditions ?

Les commentateurs, spécialistes et journalistes qui prétendent que la bataille est déjà perdue dans certains domaines sont dangereux, car ils propagent cette idée non seulement en France, mais aussi à l'étranger. Leur utilité réelle pour le pays serait plutôt de se tourner vers ceux qui proposent des solutions, de les identifier et de ne pas projeter sur eux une grille de lecture idéologique. Cela révèle souvent leur incapacité à accueillir la nouveauté avec bienveillance. Souvent enfermés dans un entre-soi, ils refusent le sang neuf, de peur que cela expose la médiocrité des acteurs en place ou qu'ils soient forcés de céder leur place.

Il y a des solutions, et je sais de quoi je parle. Je vis en face, au cœur des points de vente de drogue, une réalité que beaucoup ignorent, surtout sur les plateaux de télévision. Mais il y a une urgence : sauver cette jeunesse, manipulée et détournée par les acteurs de ce trafic. Si rien n'est fait aujourd'hui, est-ce par peur ? Ou est-ce déjà la corruption qui gangrène les décisions ? La réponse devra être ferme, déterminée, et celui qui portera cette solution devra accepter les risques, pour lui-même et pour ses proches.

Il faudra une rupture, *Cet été qui viendra*.

***

La seule guerre irréversible est celle que nous ignorons.

Ne nous trompons pas sur la nature des menaces qui nous entourent. Notre époque confond dangereusement les crises temporaires avec les véritables guerres existentielles.

Quand nos dirigeants déclarent « être en guerre » contre un virus, ils commettent une erreur fondamentale. Une pandémie, aussi dévastatrice soit-elle, reste un phénomène naturel qui finit par s'estomper. Les épidémies ont toujours existé et seront toujours surmontées. La peste noire a décimé l'Europe, mais la civilisation européenne a survécu. La grippe espagnole a emporté des millions de vies, mais l'humanité s'est relevée. Ces « guerres » contre des agents pathogènes ne sont que des épreuves collectives temporaires.

De même, les tensions géopolitiques avec la Russie ou d'autres puissances, présentées comme des menaces existentielles, s'inscrivent dans le jeu séculaire des nations. Les alliances se font et se défont. Les frontières peuvent être contestées puis stabilisées. La France a survécu à l'hostilité de l'Angleterre pendant des siècles, puis est devenue son alliée. L'Allemagne, ennemi mortel d'hier, est aujourd'hui notre partenaire privilégié. L'Histoire nous enseigne que ces configurations sont réversibles.

En revanche, la guerre contre la drogue est d'une nature fondamentalement différente. Cette menace ne vise pas nos frontières ou notre économie, mais l'intégrité même de notre tissu social. La drogue ne conquiert pas des territoires, elle colonise des esprits un par un, de façon méthodique et souvent définitive. Un jeune dont le cerveau est altéré par les substances chimiques devient étranger à lui-même et à la société. Contrairement aux autres crises, les dégâts causés sont irréversibles à l'échelle individuelle – un esprit détruit ne se reconstruit pas entièrement.

Chaque jour, cette guerre silencieuse fait des victimes dans tous les milieux, toutes les classes sociales, tous les territoires. Elle transforme des citoyens en potentiel inexploité, des talents en déchets, des futurs contributeurs en fardeaux sociaux. Cette destruction progressive de notre capital humain est la seule menace véritablement existentielle, car une nation peut survivre à presque tout, sauf à la perte de sa jeunesse.

Les autres sujets qui agitent notre débat public méritent d'être abordés avec sérénité et discernement. Ce sont des questions politiques sur lesquelles les Français, une fois correctement informés, doivent pouvoir se prononcer dans le cadre démocratique qui est le nôtre. Les présenter comme des « guerres » ou des « luttes à mort » revient à confisquer le débat et à mépriser l'intelligence collective.

La fracture du pacte républicain

Ce que nous voyons moins, c'est comment l'économie de la drogue fracture notre société en deux mondes parallèles et incompatibles. D'un côté, la France des travailleurs qui respectent les règles, paient leurs impôts, éduquent leurs enfants dans le respect des lois de la République. De l'autre, un système économique parallèle où l'argent facile du trafic devient la norme, où la violence est un outil de management quotidien, où la mort précoce fait partie des « risques du métier ».

Les milliards générés par ce trafic ne restent jamais inertes. Ils financent l'insécurité chronique de territoires entiers, transformés en zones de non-droit. Ils arment des adolescents, parfois à peine pubères, recrutés comme guetteurs puis exécutants. Ils corrompent les institutions, achètent des silences, financent parfois même des infrastructures communautaires pour gagner le soutien des populations locales.

Cette économie parallèle crée une fracture anthropologique plus profonde qu'on ne veut l'admettre. Comment un jeune élevé dans un quartier où les « charbonneurs » exhibent des montres de luxe et roulent en SUV allemands peut-il croire aux vertus du travail honnête quand son enseignant ou l'agent de sécurité de son immeuble gagne en un mois ce qu'un dealer empoche en quelques jours ? La perversion des valeurs est totale : le risque remplace l'effort, la violence supplante le mérite, l'immédiateté écrase la projection dans l'avenir.

Pendant ce temps, les véritables bénéficiaires de ce système restent à l'abri. Les cerveaux de ces organisations vivent souvent loin des zones qu'ils empoisonnent, élèvent leurs propres enfants dans des environnements protégés, loin de la drogue qu'ils vendent.

L'hypocrisie est absolue : ceux qui détruisent notre jeunesse préservent la leur.

Cette situation est d'autant plus révoltante qu'elle s'inscrit dans une forme de manipulation sociale à grande échelle. Comment ne pas voir que les quartiers les plus touchés sont précisément ceux où les alternatives légitimes sont les plus rares ? Comment ne pas comprendre que chaque jeune recruté dans cette économie mortifère est un talent perdu pour la République, une intelligence détournée de sa vocation citoyenne ?

Mais qui sont les véritables ennemis ?

Dans cette guerre silencieuse qui décime notre jeunesse, une question essentielle reste sans réponse claire : qui sont réellement nos ennemis ? Car contrairement aux conflits traditionnels, la guerre contre la drogue n'offre pas de front visible ni d'adversaire en uniforme. Elle implique une chaîne complexe d'acteurs aux responsabilités différentes, mais complémentaires.

Les producteurs – ces cartels internationaux qui transforment des régions entières de Colombie, d'Afghanistan ou du Mexique en territoires hors-la-loi. Sont-ils les seuls responsables, ou ne sont-ils que les fournisseurs d'un marché qui les dépasse ?

Les exportateurs et importateurs – ces réseaux criminels transnationaux qui exploitent la mondialisation et les failles de nos frontières pour inonder nos territoires. Comment continuent-ils d'opérer malgré les moyens considérables déployés contre eux ?

Les corrompus – ces fonctionnaires, policiers, douaniers, politiques qui trahissent leur mission et leur patrie en fermant les yeux ou en facilitant activement ce trafic contre des enveloppes. Comment accepter que des gardiens de notre sécurité deviennent les complices de notre destruction ?
158

Les marchands de rues – ces petites mains du trafic souvent jeunes, parfois victimes eux-mêmes, qui empoisonnent leur propre communauté tout en servant de fusibles aux véritables organisations. Comment briser ce cycle où la précarité nourrit le crime qui renforce la précarité ?

Les consommateurs – ces citoyens ordinaires qui, par leur demande, financent l'ensemble de cette chaîne mortifère. Sont-ils des victimes à protéger ou des complices à responsabiliser ?

Et qu'en est-il de l'industrie du divertissement qui glorifie la culture de la drogue ? Des réseaux sociaux qui facilitent les transactions ? Des institutions financières qui blanchissent les profits ? De nous tous qui détournons le regard ?

Cette question des responsabilités n'est pas anodine. Elle détermine notre stratégie collective. Car si nous nous trompons d'ennemi, nous nous tromperons de combat.

Est-ce avant tout un problème de santé publique ou de sécurité ? De développement international ou de contrôle des frontières ? D'éducation ou de répression ? La réponse n'est probablement pas unique, mais elle exige un débat national honnête et des choix difficiles.

Une chose est certaine : aucune solution ne viendra sans que nous acceptions collectivement notre part de responsabilité. Cette guerre ne sera gagnée ni par la seule répression ni par la seule prévention. Elle exige une mobilisation totale de la société – parents, éducateurs, forces de l'ordre, médias, entreprises, citoyens.

Réservons le vocabulaire de la guerre à ce qui le mérite véritablement. Et engageons enfin toutes nos forces contre l'ennemi qui, silencieusement, mais sûrement, compromet notre avenir commun. La question n'est pas seulement de savoir contre qui nous combattons, mais aussi pour qui. Pour ces milliers de jeunes dont le potentiel est anéanti chaque jour, pour ces familles détruites, pour ces quartiers sacrifiés, pour cet avenir commun que nous refusons d'abandonner.

Face à cet ennemi multiforme, la division n'est plus permise. Désigner les véritables responsables n'est pas un acte d'accusation stérile, mais le préalable indispensable à une mobilisation efficace et juste.

Notre société saura-t-elle relever ce défi ? L'histoire jugera notre génération à l'aune de cette réponse.

Le 23 juillet 2024
Romainville

Premiers pas professionnels

Mon smartphone attire mon attention ; j'ai reçu un message sur Telegram. Il est 8 h. C'est sûrement Lionel, qui se trouve actuellement à Pattaya, en Thaïlande. Il est le seul avec qui je communique via cette application. Comme souvent, Lionel m'envoie des liens de vidéos à regarder, sur des sujets économiques ou immobiliers. En réalité, je ne regarde pas de vidéos sur Internet.

Cette fois, le titre annonce l'interview du fondateur de la startup Bricks.co, une plateforme participative d'investissement immobilier. Cette fois, je décide de regarder le début. Il y décrit la création de sa startup précédente, d'où ses associés l'ont évincé, et comment il a profité de ses derniers bulletins de salaire avant son licenciement pour obtenir un crédit et acheter un bien à rénover à Montpellier. Ce projet lui a permis de rebondir plus tard, en lui assurant des revenus et en lui inspirant l'idée de sa nouvelle aventure, Bricks.co, renforcée par son expérience passée.

Les débuts d'un entrepreneur de 15 ans

Ma vie professionnelle a commencé un samedi matin de l'année 1986, dans ma chambre, au deuxième étage du pavillon de mes parents à La Varenne-Saint-Hilaire. J'avais quinze ans et mes passions étaient inaccessibles, réservées à ceux qui avaient eu la chance de naître dans un milieu compatible ou réceptif, où elles pouvaient devenir le bon moteur d'une existence. La chambre de mon frère jumeau et notre salle de bain complétaient le dernier étage légèrement mansardé de la maison en meulière. La veille au soir, Europe 1 diffusait une émission économique. Claude Bonnange, patron de l'agence de publicité TBWA, était l'invité et il était interrogé sur la création d'entreprise.

Tous les jours, je mettais mon portefeuille boursier virtuel à jour en recopiant les cours imprimés dans les pages saumon du Figaro ; j'étais impatient d'avoir l'âge de développer des modèles et de créer un fonds d'investissement, ainsi que de monter une entreprise.

Après avoir écouté une émission sur Europe 1, j'ai eu le sentiment que je pouvais tenter quelque chose en écrivant une lettre au patron de TBWA. Avec mon frère jumeau, nous nous y sommes attelés et avons reçu une réponse quelques jours plus tard.

Claude Bonnange nous félicitait et avait même fait des recherches pour nous aider à créer une entreprise en tant que mineurs. Il nous orientait vers une association à Paris, l'ANFEN, l'Association Nationale Familiale pour l'Enfance. Cette association, en partenariat avec le Crédit Lyonnais, avait mis en place un concours permettant à de jeunes mineurs de créer leur entreprise sous son contrôle. Il ne nous restait plus qu'à trouver une idée et à participer au concours.
C'était chose faite dans les deux jours suivants.

Il a fallu attendre plusieurs semaines avant de recevoir le courrier nous annonçant notre succès, ainsi qu'une date en juin, de remise de notre trophée lors d'une cérémonie au grand auditorium des Halles, filmée et animée par Patrice Drevet, en présence de François de Witt, directeur du journal économique La Vie Française.

Je commercialisais de la publicité sur des nappes en papier pour les restaurants, financée par des commerçants et des entreprises locales, ce qui permettait aux restaurateurs de ne pas payer les nappes. Cela n'existait pas à l'époque.

En parallèle de cette activité qui faisait de nous les plus jeunes créateurs d'entreprise de France, j'ai été autorisé par le Crédit Lyonnais à créer et animer le premier club d'investissement pour lycéens. Le lycée Marcelin Berthelot me mettait à disposition d'une salle le samedi matin.

La colère paternelle et la fin d'un rêve

Je me souviens encore d'un samedi matin de juillet. Mon père venait de refermer la boîte aux lettres de la porte du jardin. Il retournait vers les marches du perron, passa la porte double ouvrant sur l'entrée de la maison en meulière des années 1900, et s'arrêta sur le sol en mosaïque.

Il a ouvert une lettre du Crédit Lyonnais, qui était adressée à mon jumeau et à moi. Il s'agissait du relevé de compte des actions que nous avions achetées sur le marché boursier parisien pour 70 000 francs (soit environ 15 000 euros actuels), et nous avions 16 ans. Cet argent provenait d'un découvert autorisé sur le compte de notre petite société, accordé par le directeur des agences du Crédit Lyonnais de Saint-Maur, très fier d'avoir posé avec nous dans la presse après notre victoire au concours de création d'entreprise parrainé par la banque.

Nous avions réalisé ces placements pour profiter de la hausse du marché au mois d'août, qui se répétait chaque été. Nous avions l'intention de rembourser en septembre et de conserver le solde comme mise de départ pour notre fonds d'investissement.

Mon père, qui travaillait déjà à l'époque dans une banque concurrente, est devenu fou en apprenant qu'un banquier avait fait cela pour des mineurs. Ses cris de rage, portés par une colère folle, résonnaient dans les escaliers du pavillon jusqu'à nos chambres au deuxième étage.

Ma mère était sortie de la cuisine, qui donnait sur l'entrée. Elle savait qu'elle ne pouvait rien faire pour empêcher ce qui allait se passer. Elle avait peur, et pressentait que j'allais devoir descendre, me retrouver sur le sol en mosaïque, plaqué au sol. Mon frère, quant à lui, s'exprimait depuis le palier, se tenant à la rampe en bois et disant, en fin de compte, la vérité :

— C'est pas moi, c'est Maxime qui y avait pensé, je n'y suis pour rien.

Il avait raison, pour ça comme pour le concours, tout venait de moi, mais j'avais toujours besoin de faire les choses avec quelqu'un. Lui, il parlait bien en public, il avait une vie sociale enviable, il était bien dans sa peau, et au fond, il aimait bien vivre ce que je lui permettais de découvrir à peu de frais. Je descendais les marches doucement. Mon père portait son gilet beige, celui qu'il mettait tous les week-ends et chaque soir de semaine dès qu'il rentrait, après avoir ôté sa cravate et posé sa veste dans sa chambre, au premier étage. Quand il ne le mettait pas, c'était bon signe : mes parents allaient sortir dîner chez des amis, et nous pourrions regarder la télévision ou conduire la voiture de ma mère en cachette.

Je n'avais rien à dire. J'espérais seulement qu'après ça, il finirait par avouer que les placements étaient judicieux, qu'il ne solderait pas tout, et que le banquier serait épargné, tenu à l'écart.

Ça lui a coûté une paire de lunettes cette fois, et je n'ai plus jamais revu le banquier. Tout ça s'est arrêté ce jour-là. Pendant le mois d'août qui a suivi, chaque matin, je récupérais le journal de la veille pour calculer le manque à gagner.

Tout était à refaire.

Les petits boulots et les grandes rencontres

J'ai alors gagné mon argent de poche en travaillant presque gratuitement les week-ends, et souvent plus, dans une boutique de vêtements haut de gamme à La Varenne-Saint-Hilaire, chez Éric, chez qui j'avais accompagné une fois mes parents pour l'achat d'un costume Cerruti pour mon père. Éric m'a beaucoup apporté et poussé à aller à la rencontre de ma timidité, moi, catholique, face à un juif super à l'aise et vendeur hors pair. J'y ai passé des milliers d'heures et j'ai tout appris du petit commerce, des difficultés financières, des loyers difficiles à honorer.

En parallèle, je nettoyais les salles de bains et les cuisines dans les maisons de retraite de la ville, contre une somme modique. J'adorais écouter les résidents dans l'intimité de leur petit appartement, où les meubles et les bibelots leur permettaient de convoquer leurs plus précieux compagnons de bonheur : leurs souvenirs. Les raconter les aidait à les revivre encore plus intensément, parfois en s'abandonnant à des regards perdus vers le plafond, s'échappant dans un bonheur ouaté. À la fin, ils semblaient toujours aimer partager les conseils que la vie leur avait enseignés.

Petit à petit, j'ai dû poser du papier peint, apprendre à enduire et à peindre, poser du carrelage, m'initier à l'électricité et à la plomberie, installer des volets, changer des fenêtres et des portes. Je me rendais bien compte que mon arrivée le matin, ma présence tout au long de la journée avant l'apéritif, et les heures passées à les écouter avaient une importance particulière. Mon numéro de téléphone – en réalité celui de l'appareil à cadran marron situé au milieu du salon, au rez-de-chaussée de la maison à l'époque – circulait même en dehors des maisons de retraite.

J'ai ensuite participé à des chantiers de gros œuvre pour des restaurants, où j'ai beaucoup appris. Une journée de travail physique, qui laisse derrière elle quelque chose de concret, est une source de satisfaction profonde pour celui qui l'accomplit.

Au lycée, j'avais déjà un an de retard. J'avais redoublé ma cinquième, incapable de travailler la moindre minute à la maison, et je n'avais jamais rendu un seul devoir de ma vie. La professeure principale, une semaine avant le dernier conseil de classe, m'avait donné un ultimatum et avait demandé que je passe un test de QI pour voir si je n'étais pas débile. Je devais rendre une rédaction, sinon je redoublais et j'étais renvoyé, laissant à mes parents la charge de trouver un autre collège. Je n'ai jamais réussi à rendre ce devoir, et je n'ai jamais pu consulter le résultat du test.

À la fin de ma première scientifique, un mois avant le conseil de classe, je me suis rendu de mon propre gré, pour une fois, chez le proviseur, Monsieur Charpentier, que ma vie scolaire m'avait amené à bien connaître, pas seulement pour obtenir une salle pour le club d'investissement. Son bureau était une vaste pièce qui inspirait rigueur et discipline. Les meubles d'époque en bois s'harmonisaient avec les boiseries des murs et l'imposante bibliothèque qui occupait l'un d'eux. L'homme était charismatique : très grand, mince et élégant, avec d'épaisses lunettes en écaille très foncées. On entre dans son bureau par une double porte en bois sculpté, après avoir traversé le secrétariat puis la salle d'attente.

C'était un homme que j'appréciais énormément. Son intelligence lui permettait d'accepter ce qui lui était exposé, tant que cela faisait sens, même si cela s'écartait des pratiques habituelles. Les élèves et les professeurs en avaient une peur bleue, mais tout en le respectant énormément, nous avions fini par développer une relation régulière, presque paternelle. Il lui arrivait de me faire chercher en plein cours pour me parler de tout et de rien. Les professeurs se méfiaient de cette relation qu'ils avaient perçue.

Cette fois, j'étais venu lui demander une faveur.

Je me retrouve face à Monsieur Charpentier, le proviseur. Il est content de me voir ; il sait que tout est possible dans les minutes qui suivent. Je sens que ça lui plaît, il ne va pas être déçu.

La rencontre avec Bernard Tapie

J'avais passé mon année sans travailler, impatient de rentrer dans la vie professionnelle, par la vente au porte-à-porte, comme une personne très timide qui se retrouve à faire un one-man-show pour se guérir, autant que cela soit possible. J'avais lu que Bernard Tapie avait commencé comme ça, et il était mon modèle : un homme riche et célèbre, frimeur, grande gueule, et surtout détesté par mon père. Il avait essayé d'entrer en contact avec moi après le concours, mais je ne me souviens plus vraiment pourquoi cela n'a pas eu de suite.

Un matin, je découvre dans la presse l'adresse de ses bureaux à Paris, le siège de sa holding, avenue de Friedland, à deux pas de la place de l'Étoile. Je décide d'aller le rencontrer et me retrouve devant la porte d'un immeuble bourgeois, avec des plaques fixées sur le mur à côté de l'interphone : des médecins, des avocats, et une plaque portant les initiales « BTF » (Bernard Tapie Finance) ainsi que le numéro de l'étage. Je prends mon courage à deux mains, armé de culot, je sonne, et quelqu'un me répond :

— Oui ?

— Bonjour madame, je suis Maxime Siesse, lauréat du concours ANFEN… et je souhaiterais participer à ses projets… Cela ne prendra que deux minutes, dis-je à peu près, en bégayant lourdement deux ou trois fois au début des phrases.

— Désolée, si vous n'avez pas de rendez-vous, c'est impossible. Au revoir, dit-elle en raccrochant sèchement.

Je m'assois sur le banc le plus près. Je suis certain que s'il avait décroché, il m'aurait fait monter, il se serait souvenu de ses débuts. Je refuse de croire qu'il est différent de ce qu'il dit publiquement.

Une personne sort de l'immeuble, je m'avance rapidement vers elle. Bloquant sur le « p » de « pardon » (je connais pourtant ma difficulté avec les mots commençant ainsi), puis le « b » de « bonjour » sans rien avoir prévu, je me lance et lui demande :

— Pardon, bonjour monsieur, vous sortez bien du bureau de Bernard Tapie ?

— Oui, me répondit l'homme en costume sombre et rayé, son imperméable au bras et une mallette à la main. Pourquoi ? me demanda-t-il en marchant encore.

— On s'est déjà rencontrés, quel est votre nom déjà ?

Il me donna son nom, sûrement pour ne pas perdre de temps avec moi, je ne m'en souviens plus. D'instinct, je sonne directement à nouveau, très fermement et sans hésiter, et avant la première question, je lance :

— Ouvrez, c'est…, j'ai oublié un dossier. Je reprends le nom de l'homme au costume.

La porte s'ouvre et je monte les escaliers, situés sur la droite du porche. J'arrive devant la porte, une petite sonnette ronde sur la droite. J'appuie, et la porte s'ouvre.

Les secrétaires comprennent tout de suite la supercherie. La porte du bureau de Bernard Tapie est entrouverte et, comprenant ce qu'il se passe, il me demande d'entrer. Je me retrouve face à un homme qu'on n'oublie pas, si différent, impatient et physique, libre, dégageant une énergie fascinante. Il me scanne en une seconde.

En dix minutes, je comprends qu'il n'a pas le temps, mais nous parlons les yeux dans les yeux, il a apprécié mon culot. Il me dit que je n'ai pas de soucis à me faire pour l'avenir, et que je peux le rappeler quand je veux. Je ne le reverrai plus jamais ni ne lui reparlerai.

Je l'ai suivi jusqu'à sa mort, admiratif de ce qu'il avait reçu à la naissance, puis dans son enfance, pour devenir l'homme qu'il a été. Je ne doute pas que ses proches ont vécu avec cet être hors normes d'une manière bien différente de ce que les autres pourraient imaginer, sans concessions et sans que son regard ne se pose longtemps sur eux.

L'école de la vie

Le proviseur Charpentier est assis dans le fauteuil le plus imposant du lycée : un siège en cuir noir, avec un dossier très haut et un mécanisme qui permet de se balancer. Il est en contre-jour, et moi, assis sur le rebord d'un des petits fauteuils de l'autre côté du large bureau.

— Alors, Maxime, que me vaut votre visite, cette fois-ci ?

Je décide de lui révéler ce qui me travaille depuis des semaines, comme une évidence qui s'est imposée à moi, presque comme une délivrance : je suis fait pour devenir avocat pénaliste, pour plaider aux assises. Depuis plus de dix ans, chaque nuit après minuit, la radio remplit mes insomnies de récits de parcours criminels, de plaidoiries, de voix qui s'élèvent pour défendre.

Ce fond sonore apaise mon esprit, captant mon attention et lui permettant de devenir simple spectateur, presque passif, le temps d'un instant. Sans cette présence, le silence me forcerait à me retrouver face à moi-même, face à cette solitude que je redoute tant, celle d'un jumeau perdu dans l'obscurité. Car mon esprit ne s'arrête jamais : sans une distraction extérieure, il reprend sans fin son travail, décortiquant chaque détail de la journée, analysant chaque conversation, me gardant éveillé bien après l'heure où le sommeil devrait m'emporter. J'ai toujours l'impression qu'il manque quelque chose aux défenses des parties : un angle différent, des arguments qui toucheraient davantage, une manière plus psychologique de comprendre et d'interpréter le vécu des autres. Les avocats, souvent issus de milieux trop favorisés, ne sont pas toujours là par vocation et n'ont pas été formés dès leur plus jeune âge à convaincre dans des contextes hostiles. Peut-être que c'est cette profondeur d'expérience qui fait défaut. Mais pour défendre un client, il faut le baccalauréat, des études de droit, et, en bout de chemin, le certificat d'aptitude à la profession d'avocat (CAPA).

Aujourd'hui, c'est moi le client. Je me lance dans une plaidoirie, cette fois-ci pour défendre ma propre cause.

— Monsieur Charpentier, je sais que vous avez le pouvoir de vous opposer à la décision du conseil de classe prévue pour la fin de cette semaine, qui va refuser mon passage en terminale. Vous savez très bien que je suis capable d'obtenir mon bac l'année prochaine si j'y trouve un sens. Eh bien, ça y est, je veux poursuivre des études supérieures.

Je lui rappelle qu'au dernier trimestre, alors qu'il présidait le conseil de classe, il avait commenté mon bulletin d'une écriture ample : « Du génie dans la paresse ! », saluant mes moyennes de 19 et 20 en mathématiques et en physique, les meilleures du lycée. Ces notes tranchent avec les zéros et les résultats à peine suffisants dans les matières où je n'assistais pas en cours ou où je me contentais d'être simplement présent.

Je sens que le proviseur, par une faiblesse volontaire, laisse le père prendre le pas sur son rôle habituel. Son regard perd un peu de son autorité, et il me fait promettre qu'après le bac, j'intégrerai l'une de ses prépas, et que je n'irai nulle part ailleurs.

— Monsieur Charpentier, merci, c'est promis, lui dis-je juste avant de sortir du bureau, léger, comme après une victoire personnelle qui apaise l'esprit et éclaire l'avenir. Je suis impatient de passer la nuit qui vient seul avec cette bonne nouvelle, et peut-être, pour une fois, elle m'empêchera d'écouter pleinement l'émission criminelle d'après minuit diffusée sur Europe 1.

La promesse trahie

Quelques jours plus tard, un vendredi soir, j'ai appris que je redoublais. Le proviseur n'avait pas assisté au conseil de classe ; c'est le censeur, présent ce jour-là, qui a logiquement prononcé la décision de redoublement. En me rendant ensuite dans le bureau de Monsieur Charpentier, j'ai découvert qu'il n'avait pas pu assister au conseil et que, visiblement, les consignes qu'il avait données au censeur n'avaient pas été suivies. Ce censeur, un homme sans allure, rondelet, à peine plus jeune que son supérieur, ne m'appréciait pas du tout. Il me trouvait arrogant, détestait que je me passe de lui pour aller directement voir le proviseur. Ce jour-là, il me l'a fait payer. Monsieur Charpentier m'a assuré qu'il n'avait pas le pouvoir de revenir sur cette décision.

Ma vie scolaire a pris fin ce jour-là.

L'année suivante, je me suis volontairement absenté, lassé de ces rouages administratifs où certains se retranchent pour masquer leurs faiblesses ou par simple facilité. J'ai aussi constaté que certains personnels de l'administration se servent de l'institution pour régler des conflits personnels qu'ils n'oseraient pas affronter sans le rôle ou le titre que l'État leur confère.

J'ai fini par passer en terminale, mais en mars, j'ai arrêté définitivement de me rendre, même partiellement, au lycée. Je ne me suis pas présenté aux épreuves du bac. Mes parents m'ont payé le permis de conduire, et mon formateur a finalement appris plus de moi que l'inverse. Je lui ai montré, entre autres, comment prendre les virages et faire des demi-tours au frein à main, même s'il est resté hermétique aux techniques d'appel contre appel dans les virages serrés.

En mars, mes parents sont partis pour une semaine à Ouarzazate, au Maroc. Mes parents, enfin surtout mon père, étaient convaincus que j'obtiendrais mon bac sans se rendre compte que ma vie n'avait pas commencé à être studieuse. Leur menace de « me foutre dehors » leur semblait suffisante pour se rassurer.

Le premier lundi à l'aube, après leur départ un samedi, j'ai acheté Le Figaro, surtout pour le supplément « Carrières et Emplois », si je me souviens bien. Je parcourais la rubrique « Commerciaux », privilégiant les annonces qui n'exigeaient pas d'expérience obligatoire. La première annonce que j'appelle est celle d'une agence immobilière située avenue des Champs-Élysées à Paris. L'annonce exigeait un véhicule, que je n'avais pas. Mais au téléphone, après un grand effort de persuasion, j'arrive à convaincre le directeur commercial que je suis la bonne personne. Il est même prêt à me prêter une voiture ! Nous avons longuement discuté de notre vision des techniques commerciales, et celle que je défendais – le porte-à-porte – a su le séduire. Je commencerai donc très vite après cet appel.

Le même jour, je décide d'anticiper mon appel pour le service militaire. Je prends le document rangé, presque oublié dans le tiroir étroit de ma table de chevet, où reposent mon poste de radio, une lampe, et un livre d'Éric Tabarly.

Je remplis ce document et reçois rapidement une convocation à Vincennes pour mes trois jours. L'idée même d'être privé de liberté, d'être contraint de respecter des ordres que je n'approuve pas, simplement pour prouver ma capacité à me soumettre, me paraît insupportable.

Le service militaire évité

Je commence alors à chercher du soutien auprès de ceux qui pourraient m'aider. Mon père, malgré ses relations, refuse catégoriquement : « Hors de question ! Ça te fera du bien. » J'en parle aussi à mon pédiatre, qui me suit depuis ma naissance. Bien qu'il soit au courant de mes syncopes lors de réveils brusques, il pense que le service militaire serait très formateur.

Me voilà donc à Vincennes, tôt un lundi matin, pour les trois jours, en réalité une seule journée, après avoir juré encore la veille à mon père que, d'une manière ou d'une autre, je parviendrai à être réformé. Il n'y croyait absolument pas ; il n'avait pas encore saisi qui j'étais vraiment, au fond de moi. La première heure se déroule parmi un groupe dense et hétéroclite, rassemblant des jeunes venus de tous horizons, d'âges et d'attentes très différents. Certains, comme moi, espéraient désespérément se faire réformer ; d'autres voyaient dans ce moment une réelle opportunité. Pour eux, le service militaire représentait une chance d'insertion professionnelle, avec la possibilité d'obtenir des permis, de suivre des formations, ou même de s'engager comme militaires du rang. Chacun espérait atteindre son objectif dans cette atmosphère où se mêlaient ambitions et attentes contrastées.

Rapidement, on nous dirige vers les différentes étapes : remplir des fioles pour les tests urinaires, évaluer notre vue, tester notre condition physique et notre santé, sans oublier un très long test de

QI. À ce stade, une infime minorité – quelques-uns seulement – fut écartée pour rencontrer un médecin militaire, un psychiatre en uniforme. Je me retrouvai avec un autre appelé, seuls dans un couloir austère, bordé de nombreuses portes fermées, attendant notre tour pour cette évaluation.

Le médecin psychiatre me reçoit dans une pièce sobre et neutre. Il commence à me poser méthodiquement des questions auxquelles je réponds avec sincérité. Au bout d'une vingtaine de minutes, il me tend un papier indiquant mon statut « P5 » et m'informe, avec une certaine compassion, que je ne ferai pas l'armée. (Le coefficient 5 indique la présence d'une pathologie psychiatrique avérée et évolutive, incompatible avec le service militaire. Conséquence : les profils « P5 » sont réformés et n'intègrent pas l'armée.)

Selon lui, je suis rétif à l'autorité, incapable de l'accepter sans la comprendre. Dans un contexte militaire, il estime même que je pourrais inciter à la rébellion. En me jaugeant, il ajoute qu'il me considère comme capable d'organiser un véritable soulèvement si l'on me forçait à obéir à des ordres qui n'ont pas de sens à mes yeux.

En quittant le bureau, je ressens un mélange curieux de sentiments. D'abord, une fierté un peu insolente, presque comme si ce document était un trophée que je pourrais brandir fièrement devant mon père. Après tout, j'ai obtenu ce que je voulais : je suis exempté. Mais, derrière cette satisfaction, un léger malaise s'installe. Je réalise que cette exemption n'est pas vraiment due à mes propres efforts ; elle repose sur une image de moi que le médecin a construite – celle d'un esprit rebelle, potentiellement dangereux pour l'ordre. Pourtant, je ne suis pas rétif à l'autorité en soi. J'ai simplement besoin de comprendre le sens des choses pour y adhérer pleinement, et une fois que c'est le cas, je suis capable de m'y engager totalement. Ma relation avec l'autorité, qui m'a souvent poussé à chercher du sens, a sans doute forgé ce résultat.

Je me retrouve donc avec ce papier à la main, tamponné à l'encre rouge, patientant devant la porte de l'officier d'orientation. Dernière étape. La porte s'ouvre, et un homme en uniforme, d'un certain âge, m'invite d'un geste à m'asseoir en face de lui. Je me sens en territoire inconnu. Un bureau en métal, usé par les années, nous sépare.

Sans détour, il prend la parole tout en scrutant ma feuille marquée du tampon rouge « P5 » :

— Avant toute chose, laissez-moi vous rassurer. Je suis à ce poste depuis vingt ans, et je n'ai jamais vu quelqu'un obtenir un tel score au test de QI. Avez-vous déjà des projets professionnels en tête ?

— Oui, je compte travailler dans le commerce, et j'ai déjà des contacts, répondis-je, sans même imaginer qu'il pourrait avoir des propositions à me faire. Mon esprit n'était fixé que sur un seul objectif : retrouver ma chambre et penser à demain.

Les trois jours se sont terminés dès le premier jour, à 16 h.

***

Premières expériences professionnelles

J'ai ensuite intégré pendant quelques mois cette agence immobilière située sur les Champs-Élysées, dirigée par un Corse, M. Di Giorgio. Je faisais équipe avec une femme expérimentée, toujours au volant de sa voiture, prenant les décisions de prospection sans prêter attention à mon avis. Nous démarchions dans le Val-de-Marne des vendeurs ayant déjà signé un mandat de vente avec une ou plusieurs agences locales, dans l'espoir d'obtenir un mandat supplémentaire. Son argument était que notre agence, située sur les Champs-Élysées, attirait une clientèle différente : des Parisiens fortunés ou des étrangers au fort pouvoir d'achat. Très vite, j'ai réalisé que cette expérience était à l'opposé de ma vision du porte-à-porte. Plutôt que de découvrir des projets uniques ou d'établir des relations authentiques, cette méthode se résumait à réciter des arguments standardisés, conçus pour arracher un mandat supplémentaire sans réelle valeur ajoutée. Toute possibilité de faire une différence personnelle s'effaçait derrière une technique répétitive, simple à reproduire, où l'individu n'était qu'un automate de la persuasion, sans sincérité ni engagement réel envers les personnes rencontrées.

En septembre, j'ai décidé de tenter d'intégrer l'école de vente Renault, alors considérée comme la meilleure de France. Un obstacle majeur se dressait cependant devant moi : à l'époque, l'école n'était ouverte qu'aux titulaires d'un bac+2. J'ai donc décidé de tenter ma chance en envoyant mon dossier de candidature, en mettant un soin particulier dans ma lettre de motivation. Quelques jours plus tard, j'avais prévu d'appeler le standard pour essayer de parler au responsable de la sélection. Au téléphone, je tombe sur une femme à qui je demande si elle peut retrouver mon dossier parmi ceux prévus pour la journée de sélection. J'en profite pour lui demander combien de personnes sont accueillies pour les évaluations et la sélection, et combien seront finalement retenues.

Elle m'explique que 800 candidats sont convoqués sur plusieurs jours, mais que seuls quelques dizaines d'entre eux seront retenus pour suivre la formation de l'école de vente, une formation rémunérée où les élèves s'engagent ensuite à travailler un an pour l'entreprise dans l'une de ses succursales. Puis, elle m'annonce que mon dossier n'est pas dans la pile des candidats convoqués. À ma demande, elle accepte de vérifier la pile des dossiers reçus, mais non retenus, et y trouve le mien.

Je plaide alors ma cause : je lui demande combien de candidats tentent une démarche comme la mienne, et si accepter une personne de plus – 801 au lieu de 800 – pourrait vraiment perturber l'organisation. Je lui fais valoir qu'une candidature un peu différente pourrait avoir de la valeur pour l'entreprise, et même pour sa satisfaction personnelle. De plus, il serait toujours possible de dire qu'une erreur de classement s'est produite. Une fois sur place, je devrai prouver que je suis le meilleur, car même si je suis retenu, il me faudra encore obtenir une dérogation au règlement.

Comprenant que, finalement, je ne prends la place de personne, elle accepte ma demande. Deux semaines plus tard, me voilà à Boulogne-Billancourt, dans une immense salle, entouré de centaines d'autres candidats. Trois jours plus tard, il n'en restera que trente.

Nous passons une série d'épreuves : des tests de logique écrits, des prises de parole en groupe, des simulations de vente, et enfin un entretien individuel avec le responsable des journées de sélection. Intrigué, il me demande comment j'ai réussi à être retenu sans avoir obtenu le bac. Il m'explique ensuite que, sans connaître ce détail, j'ai été sélectionné, mais que je dois rencontrer le directeur en fin de journée pour obtenir une éventuelle dérogation. Celle-ci me sera accordée, et je suivrai les six mois de formation, très enrichissants.

Cependant, juste avant la fin du cursus, je décide de quitter, pour éviter d'être enfermé dans une succursale automobile, loin de mes aspirations.

À cette époque, je n'ai qu'un seul objectif : avoir une voiture. Mon père refuse de m'aider, arguant que « personne ne m'a aidé et c'est formateur », un mantra pour éviter une dépense, au fond.

J'ai ensuite travaillé trois mois aux Galeries Lafayette, d'abord au rayon vêtements pour homme « Le Galfa Club », puis au rayon jouets pendant Noël.

L'ascension et la chute

Par la suite, j'ai répondu à une annonce pour un poste de commercial en assurance vie, qui portait en réalité sur des contrats de retraite par capitalisation. La compagnie comptait des milliers de vendeurs pratiquant essentiellement le phoning. Après trois mois sans oser décrocher le téléphone, de peur de bégayer et sans chiffre d'affaires, j'ai pris l'initiative de faire du porte-à-porte pour éviter d'être licencié. J'ai commencé méthodiquement dans la rue du Chemin Vert, la plus longue de Paris, en débutant par le numéro 1.

Je ne travaillais qu'à partir de 17 h et souvent jusqu'à minuit, ce qui m'a permis de financer une voiture neuve, une Peugeot 106 sportive. En parallèle, je travaillais comme pompiste de 6 h à midi à la station BP de la place de la Grande Armée, en sous-sol. Les pourboires y étaient remarquables, et l'ambiance avec les autres employés d'origine maghrébine était chaleureuse. Grâce à quelques méthodes bien réfléchies, j'ai même réussi à leur faire tripler leurs pourboires.

Malgré un démarrage hésitant dans les ventes d'assurances, j'ai rapidement rattrapé mon retard. En persévérant et en adoptant une approche méthodique, j'ai finalement atteint le statut de l'un des meilleurs vendeurs de la compagnie.

La trahison

Un agent général de la même compagnie m'a ensuite embauché à Saint-Mandé. Avec le plus gros chiffre d'affaires de tous les agents du réseau, il était une véritable référence dans le secteur. Il travaillait aux côtés de sa femme et de quelques employées dévouées, sans commerciaux : il gérait tout lui-même. Chaque jour, il arrivait à 5 h 30 et restait jusqu'à 20 h, enchaînant parfois avec des soirées stratégiques pour son activité.

Il m'avait convaincu qu'il me céderait son entreprise dans quelques années, le temps de me former et de me préparer à prendre sa place. Âgé d'une soixantaine d'années, il envisageait de prendre sa retraite pour profiter de sa superbe propriété à Saint-Tropez. Sans fils pour reprendre le flambeau, il n'avait que deux filles, qui regardaient de haut l'activité familiale, celle-là même qui leur avait pourtant tout donné. Elles fréquentaient les clubs les plus sélects de Paris, bien loin du quotidien exigeant et parfois ingrat de l'agence. Lui, en revanche, s'y consacrait corps et âme, animé par une sorte de défi permanent : prouver qu'il était à la hauteur de sa femme, grande et belle, tandis que lui-même, petit homme sans relief, traînait un accent du Sud-Ouest et un complexe tenace, mâtiné d'un esprit revanchard.

Il avait donné des prénoms juifs à ses filles, et ne manquait jamais une occasion de les placer dans ses conversations avec la clientèle israélite nombreuse dans la ville et de son portefeuille.

Ses cigarillos, omniprésents, marquaient de leur odeur l'ambiance de l'agence, comme une signature olfactive qui s'imprégnait partout, même si son bureau était relégué au sous-sol.

Au bout de six mois, conformément à notre accord initial, je lui demande le paiement des commissions sur les contrats que j'avais signés. J'avais réussi à conclure des affaires exceptionnelles, au point que la compagnie avait dû adapter certains contrats pour obtenir les primes de commerçants en pleine ascension dans le Sentier, à Paris. Je passe ici les anecdotes surréalistes et le charme des rencontres faites au fil de ces ventes, comme celle d'une importante diamantaire qui, avec vingt ans de plus que moi, envisageait de me confier la gestion de sa fortune et bien plus encore.

J'avais calculé de mon côté la somme gagnée sur les six premiers mois, soit 18 % des primes annuelles de mes contrats. Un matin, à

6 h, j'arrive dans son bureau pour notre premier rendez-vous bisannuel. Il me donne son calcul, qui ne correspond en rien au mien. Il s'était contenté de me donner six mois de salaire, doublant simplement mon salaire de base, qui était le SMIC. C'était presque dix fois moins que ce que nous avions convenu.

Je me précipite alors vers le cahier de registre des mandats pour pouvoir prouver la paternité de tous les contrats, mais le registre a été modifié : mon nom n'y apparaît plus. Il essaie de me calmer, en me disant qu'il n'imagine pas pouvoir verser de tels revenus à un « gosse ».

Quelques minutes plus tard, après avoir claqué la porte, je me retrouve au comptoir du café à l'angle de l'avenue du Général de Gaulle, à cinquante mètres. Je me rends compte que je n'ai aucune preuve de ce qui me revient. Je décide de ne plus travailler pour les autres, mais pour moi.

La naissance d'un entrepreneur

Je suis passé prendre des affaires, puis j'ai conduit jusqu'au Touquet-Paris-Plage, sur la Côte d'Opale. Depuis des années, je m'y rendais régulièrement le week-end. Depuis mon plus jeune âge, j'y allais avec mes parents, souvent à Pâques ou en fin de vacances d'été, puis une fois, avec mes grands-parents maternels, que j'aimais tant. Il y avait une crêperie, qui existe toujours, côté mer dans la rue Saint-Jean, l'artère commerçante qui relie la forêt à la longue digue en béton. Cette digue, surélevée à deux mètres cinquante au-dessus du niveau de la plage, protège un vaste ruban de sable blanc et fin qui s'étend à perte de vue, encadré par des dunes couvertes d'oyats.

J'observais souvent cet établissement animé. On y entrait par une simple porte, située au centre de la devanture. D'un côté, les crêpes étaient préparées en vitrine, sous les yeux des passants, derrière une large fenêtre à guillotine d'où s'échappaient de délicieuses odeurs, portées à des dizaines de mètres dans la rue. Le crêpier, assisté par une personne, tournait les crêpes et les galettes, que ce soit pour la vente à emporter ou pour la petite salle toujours bondée à l'arrière de la crêperie. De l'autre côté de la vitrine, une autre personne s'affairait de la même manière, cuisant les gaufres et préparant les cornets ou les coupes de glaces maison. Les deux files d'attente, qui se formaient régulièrement jusqu'à tard dans les soirées d'été, pouvaient obstruer l'étroite rue à sens unique menant vers la mer.

J'ai passé des heures à admirer la dextérité des deux crêpiers, qui travaillaient à tour de rôle depuis des années : le patron et un employé, qui avait commencé très jeune. Pour tout le monde, c'était un véritable spectacle. Les crêpes volaient d'un billig à l'autre, séparés par plusieurs autres billigs, et retombaient toujours parfaitement.

En me promenant rue Saint-Jean, j'ai remarqué un local commercial à louer du côté de la forêt. L'idée m'est immédiatement venue d'y ouvrir une crêperie, à cet endroit de la rue qui n'en comptait encore aucune.

Sur la vitrine, une affiche mentionnait le numéro de téléphone du propriétaire. Il n'y avait pas d'agence en charge de la location de ce grand espace commercial vide et rectangulaire, doté d'un petit studio à l'étage sous les combles. Le local, anciennement occupé par un magasin de vêtements, se trouvait dans une petite maison encastrée entre deux immeubles blancs, légèrement plus hauts.

Pour entrer, il fallait monter trois marches, et l'on découvrait alors un magasin vétuste, avec tout à refaire, surtout pour en faire une crêperie. Les travaux ne me faisaient pas peur ; j'avais déjà l'expérience de plusieurs ouvertures de restaurants.

Le propriétaire, un homme sec rappelant Pierre Richard avec ses cheveux mêlés de roux et de blanc, était l'ancien commerçant devenu propriétaire des murs. Tout allait dépendre de ma capacité à le convaincre.

Il avait plusieurs candidats en lice et demandait une caution pour le bail commercial, avec un loyer trimestriel de 54 000 francs, payable d'avance, ainsi qu'un dépôt de garantie du même montant. Malgré mon absence de caution et de biens, j'ai réussi à le persuader de me faire confiance.

Trois mois plus tard, pour le week-end de l'Ascension, la première crêperie Pile et Face a ouvert, avec un ancien employé saisonnier de mon concurrent en tant que crêpier. Je n'avais pas encore maîtrisé l'art de tourner les crêpes comme le concurrent, mais en termes de spectacle et de qualité, nous étions à égalité, avec une recette identique à 98 %.

Les obstacles administratifs et sociaux

J'ai découvert toute la lourdeur administrative liée à la création d'un restaurant : les normes, les règlements, les demandes de dérogations, et enfin les banques, qui n'accordent aucun crédit sans caution. À cela s'ajoutaient les impôts et les charges, qui arrivaient avant même l'ouverture, sans un mot d'encouragement ou de félicitations.

De plus, dans cette petite station balnéaire, le Parisien venu « prendre l'argent des gens du coin » n'était pas toujours bien vu. C'était un parcours semé d'embûches dans un milieu souvent hostile.

La crêperie a rencontré un succès immédiat, au point de bloquer la rue comme jamais auparavant, avec des clients faisant la queue pour une crêpe ou une table. Pendant un an et demi, tout fonctionnait parfaitement, me permettant de mener une vie nocturne intense et d'ouvrir d'autres crêperies le long de la Côte d'Opale. Je ne voyais pas les nuages sombres approcher, et mon jeune comptable semblait fier d'avoir accès au « cœur du réacteur ».

Une vie à cent à l'heure

Je travaillais sans prendre un seul jour de repos et louais un petit studio en rez-de-chaussée, rue de Londres, auprès du responsable des agences du Crédit Agricole de la région, qui finançait désormais tout ce que je demandais, il était fier de me connaître. J'avais accepté cet appartement seulement pour lui rendre service ; il était vide, avec une fenêtre coulissante en alu donnant sur le parking, une cuisine non équipée, des murs blancs et un sol en carrelage froid assorti. J'y avais posé un simple matelas à même le sol, et c'était tout.

Je n'avais aucun autre meuble. Les seules choses que je faisais nettoyer étaient mes chaussures à la mode et mes jeans Armani. Pour le reste – t-shirts, chaussettes, sous-vêtements – je les achetais dans le magasin discount Texti, en face de la crêperie, et les jetais chaque jour. Bien sûr, je m'étais également offert une belle BMW 325 ix, que j'avais modifiée pour qu'elle se rapproche des performances d'une voiture de rallye.

Chaque soir, après la fermeture, je dînais aux Sports, une brasserie historique de la rue Saint-Jean au Touquet, réputée pour sa carte de classiques et son service à la parisienne, véritable institution locale. À force d'y passer mes soirées, j'avais fini par décrocher officieusement le titre de « meilleur client » : personne ne pouvait rivaliser.

Les jeunes qui travaillaient avec moi finissaient souvent par regrouper en fin de soirée leurs amis attirés par la perspective de profiter autour de moi sans limites de mes fonds jusqu'au petit matin. Nos nuits se terminaient fréquemment dans les boîtes de nuit à la fermeture des bars animés, où je me retrouvais parfois importuné par des homosexuels ou des « fils à papa » contrariés, héritiers de petites baronnies régionales. Et malgré ce rythme effréné, je n'ai jamais failli à l'ouverture de la crêperie, toujours à 9 h chaque jour de l'année.

Je flambais bêtement sans retenue, invitant tout le monde, espérant que ma générosité retiendrait ceux qui acceptaient de me suivre et m'empêcheraient de me retrouver seul. Je payais, persuadé que l'argent pouvait m'assurer leur présence et peut-être même un peu d'admiration, même si elle était éphémère et alcoolisée. C'est ainsi, au fil de ces nuits souvent démesurées, en forme de revanches sur une jeunesse empêchée, que j'ai fait les deux rencontres les plus marquantes de ma vie à cette époque : ma future femme, Sophie, et David, le garçon sensible, intelligent et libre, tragiquement décédé à l'arrière d'une voiture, dont j'ai déjà évoqué les circonstances.

La présence de David, précieuse et pas automatique, était un privilège qu'il fallait mériter. Il était animé d'une passion intense et indifférente aux privilèges matériels. Sa compagnie me rendait fier, comme s'il conférait une valeur particulière à ceux qu'il choisissait de fréquenter, un peu à la manière des chats, qui honorent de leur présence silencieuse et vous invitent à savourer.

Pourtant, Sophie et David étaient différents. Avec eux, tout semblait plus vrai, plus authentique. Sophie, par son regard lucide et sa douceur, a su voir au-delà de mes excès et de mon besoin d'attention. Elle est devenue une présence stabilisante, un point d'ancrage dans ce tourbillon de nuits folles. David, lui, m'a appris la force du silence, le respect des choses simples et sincères. Sa présence conférait à mes nuits un éclat particulier, une sorte de gravité qui me rappelait que la vie pouvait avoir un sens, au-delà des éclats de rire et des verres levés.

Aujourd'hui, en repensant à cette période, je réalise qu'en fait, je n'ai trouvé aucune solution à ma quête de sens. Toutes ces soirées, ces excès n'étaient que des tentatives vaines pour combler un vide intérieur. Finalement, le rôle que je cherchais à occuper n'était pas mon rêve, comme j'avais pu le croire, mais celui des autres. Je voyais bien qu'ils m'enviaient ; à ma place, ils auraient été heureux, même de manière plus raisonnable, moins fréquente. Ma recherche de sens va donc continuer, et être toujours au point de départ anime mes réveils encore fatigués par une agitation inutile.

Une reconnaissance paternelle fugace

Je me souviens d'un dimanche de juillet, quand mes parents ont fait le déplacement pour me voir au Touquet pour la première fois. Ils ne reviendront pas, même pour la naissance de Victor quelques mois plus tard, ni pour celle de Jules, trois ans après. Ce jour-là, ils étaient accompagnés de trois couples d'amis et se sont installés au milieu de la salle, sans réservation, attendant qu'une table se libère pendant que je travaillais.

À la fin du déjeuner, mon père s'est levé, m'a remercié pour la note allégée, et, en me glissant à l'oreille qu'il était fier de moi, m'a confié combien il était impressionné par la cohue que la crêperie attirait. C'est la première et sans doute la dernière fois qu'il m'a adressé des paroles aussi bienveillantes.

L'incendie qui a tout emporté

Le 31 décembre 1997 est une date qui a brisé une trajectoire : celle qui s'ouvrait pour moi, sans vraiment me combler, mais qui, jusqu'alors, me laissait libre. Ce jour-là a marqué la fin de mon autonomie, de ma capacité à entreprendre, et de l'espoir de trouver un jour l'apaisement, même à long terme.

Ce jour-là allait être différent des autres. Pour la première fois, j'avais décidé de fermer ma crêperie de la rue Saint-Jean du Touquet dès 17 h, pour prendre la route jusqu'à Lille, presque deux heures de trajet, et réveillonner chez la sœur et le beau-frère de Sophie. Je passerais la nuit sur place et, pour la première fois, je n'ouvrirais pas le lendemain, le 1er de l'an. Ma vie de couple commençait à influencer mon entreprise.

Le réveillon s'était déroulé paisiblement, bien plus calme que beaucoup de mes nuits passées. Nous sommes allés nous coucher aux alentours de 3 h du matin. Une demi-heure plus tard, le téléphone de Sophie a sonné, nous tirant brusquement du sommeil. Un de ses amis d'enfance du Touquet l'informait, alarmé, que ma crêperie était en feu, et que les flammes commençaient à atteindre les immeubles voisins. Il faisait un froid glacial cette nuit-là, avec des températures record de moins treize degrés.

Les pompiers étaient enfin en train d'intervenir. Il nous a assuré qu'il n'était ni prudent ni nécessaire de prendre la route en pleine nuit, que je devrais me rendre au commissariat le lendemain matin, et, heureusement, qu'il n'y avait aucun blessé.

L'incendie avait commencé bien plus tôt dans la soirée. L'alerte avait été donnée à 0 h 15, lorsqu'un passant avait remarqué un léger filet de fumée s'échappant de la réserve. Pourtant, en arrivant sur place, les pompiers ont dû faire face à plusieurs obstacles imprévus. Les trottoirs de la rue Saint-Jean venaient d'être refaits et réceptionnés par la mairie, équipés de nouvelles bouches d'incendie antigel que les pompiers n'avaient jamais testées. Celles-ci étaient malheureusement bloquées par du ciment résiduel, et les anciennes bouches, encore en place dans certaines parties de la rue, étaient complètement gelées.

Après de longues minutes d'efforts infructueux, ils ont dû se résoudre à connecter leurs tuyaux aux bouches antigel situées de l'autre côté de la rue, bien plus éloignées. Mais avec le froid extrême, l'eau gelait dans les tuyaux avant même d'atteindre les lances. À cela s'ajoutait une autre incertitude : ils ignoraient si les crêpières de l'établissement fonctionnaient au gaz de ville, ce qui aurait présenté un risque d'explosion. Sans pouvoir entrer dans la crêperie, ils ont dû attendre l'intervention de Gaz de France pour couper l'alimentation en gaz, ce qui, en cette nuit de fête, a pris des heures.

Impuissants, les pompiers n'ont eu d'autre choix que d'évacuer les habitants des immeubles voisins, regardant, démunis, les flammes dévorer la crêperie et commencer à grignoter les bâtiments contigus.

Face aux décombres

Une fois sur place, ce 1er janvier 1998, je réalisai que mon affaire principale n'était plus qu'un amas de décombres. Il ne restait rien. Cette odeur âcre, persistante, s'imprégna en moi, et, malheureusement, je la retrouverais trop souvent par la suite dans ma vie, marquée par d'autres incendies. Autour de moi, le chaos : des bouteilles en verre éclatées sur le sol et, plus haut, certaines qui avaient résisté aux flammes, mais étaient étrangement déformées, encore pleines, pliant sous leur propre poids, comme si la chaleur les avait fait s'incliner vers le bas. Les machines en plastique n'étaient plus que des masses molles et tordues, évoquant un tableau surréaliste à la Salvador Dalí.

J'avais tout perdu. Dans la rue, les passants curieux s'attroupaient, me dévisageant avec des regards pleins de suspicion, comme si le feu avait pu être de mon fait. Même mes voisins, des Touquettois avec qui j'entretenais pourtant des liens, semblaient soudainement distants, presque méfiants, balayant en ce premier jour de l'année le souvenir de notre amitié.

Cette nouvelle année, qui débutait dans un tel fracas, annonçait une période d'hostilité et de méfiance. Elle commença par une convocation impérieuse pour une audition au commissariat du Touquet, place de la Poste. Là, au premier étage, j'allais devoir répondre aux questions du commissaire. J'étais un suspect. Après des heures d'interrogatoire, ma culpabilité a finalement été écartée. Pourtant, pendant des années, j'ai continué à recevoir la visite d'inspecteurs de l'assureur, venus sous couvert d'anonymat, tentant de trouver un moyen de m'incriminer.

En relisant mon bail, j'ai compris que ma crêperie ne rouvrirait jamais ses portes. Le bail stipulait en effet qu'il serait résilié automatiquement en cas d'incendie grave, sans indemnisation, à l'exception de celle de l'assureur si elle était prévue au contrat. C'était mon cas.

L'assureur qui se dérobe

Le lendemain, je suis allé faire ma déclaration chez mon agent AXA à Montreuil-sur-Mer, puis à la banque pour prévenir mon conseiller d'éventuelles difficultés de trésorerie. Quelques jours plus tard, j'étais surpris qu'aucun expert ne se soit encore rendu sur les lieux du sinistre, alors que, de son côté, ma banque, le Crédit Agricole, m'avait déjà versé une première indemnité mensuelle de 15 000 francs. Cette somme, que je pouvais percevoir pendant un maximum de six mois, correspondait à un contrat souscrit auprès d'eux au début de mon activité.

De retour à Montreuil-sur-Mer, l'agent AXA est sorti de son bureau, situé au fond de cette agence bleue, étroite et en longueur sur la place principale. Il avançait vers moi, visiblement mal à l'aise, et s'est arrêté à une distance prudente. Nerveux, il m'a finalement annoncé, en reculant peu à peu :

— Désolé, monsieur Siesse, mais la direction a décidé de ne pas vous couvrir et d'aller jusqu'au bout. Faites ce que vous avez à faire. La position de la compagnie, c'est que c'est à vous de prouver l'existence du contrat et les garanties associées. Vous comprenez, vous êtes jeune et désormais sans ressources… C'est la ligne adoptée par la compagnie…

La conversation s'est mal terminée, et j'ai compris que je n'avais d'autre choix que de rouvrir mon affaire à Berck-sur-Mer en avance sur la saison, afin de pouvoir financer la procédure qui s'annonçait contre AXA.

Dans la foulée, l'assurance du Crédit Agricole a immédiatement cessé ses versements, récupérant la somme déjà versée, s'étaient-ils concertés ? De son côté, le propriétaire des murs de Berck-sur-Mer m'a assigné en référé au tribunal de commerce pour défaut de paiement du loyer de janvier. Il prétendait ne pas avoir reçu le chèque, qu'il avait en réalité choisi de ne pas encaisser, dans le but de provoquer la résiliation du bail. Quinze jours plus tard, il a obtenu gain de cause au tribunal de Boulogne-sur-Mer grâce à la complicité de l'huissier d'Étaples-sur-Mer, qui refusait de prendre les chèques que je lui remettais pour soutenir la version du propriétaire. La région se retournait contre « le parisien ».

J'ai réussi à sauver mon bail en me rendant de force chez le propriétaire, malgré son attitude digne d'un racket, et en négociant une solution : je lui ai versé un loyer majoré, payé d'avance pour une année complète. Il m'a alors avoué qu'il avait espéré récupérer les lieux maintenant rénovés et bien équipés, avec une clientèle établie, sans contrepartie, afin de les revendre avec profit.

La justice inaccessible

Tous les avocats de la région refusaient de prendre mon dossier, invoquant des conflits d'intérêts avec AXA. La compagnie avait en effet pour stratégie de confier de petits dossiers à des avocats locaux, souvent peu réputés, afin de se protéger de poursuites engagées par des clients aux ressources limitées. Il ne me restait qu'un recours : un avocat très renommé à Arras. Lors de notre rencontre, il n'a pas été surpris par mon récit.

Il connaît bien la stratégie d'AXA, qui compte sur mon jeune âge et mon épuisement financier. Ils m'imposaient une procédure longue et coûteuse, qui pouvait durer jusqu'à neuf ans après l'épuisement de tous les recours, dans le seul but de m'épuiser complètement et de me contraindre à abandonner.

J'ai versé une provision conséquente, réglé ensuite des honoraires importants, et engagé un huissier pour des sommations interpellatives, visant le siège régional d'AXA ainsi que la secrétaire de l'agent AXA de Montreuil-sur-Mer, espérant obtenir des paroles confirmant l'existence de mon contrat. Tout reposait sur le choix judicieux de la question posée et sur un peu de chance pour obtenir cette preuve essentielle. La procédure était en bonne voie.

En chemin, j'ai rencontré des personnes qui avaient tout perdu parce que les assureurs jouaient sur des détails pour éviter de payer. Par exemple, une femme ayant renversé un cycliste en pleine nuit, le blessant très grièvement, qui n'avait que sa carte verte à jour pour prouver l'existence de son contrat, mais qui n'a jamais pu retrouver les conditions particulières.

La faillite orchestrée

En avril, j'ai dû me déclarer personnellement en cessation de paiement auprès du tribunal de commerce de Boulogne-sur-Mer, car toutes mes affaires étaient exploitées en nom propre. Mon patrimoine et mes affaires étaient donc fusionnés avec mes éventuelles dettes, une grave erreur. Mais cela avait été nécessaire pour obtenir la confiance de mon premier bailleur, et je n'avais rien modifié par la suite.

J'ai été convoqué à l'étude Soinne à Boulogne-sur-Mer, un mandataire-liquidateur judiciaire dont les affaires familiales avaient une réputation sulfureuse, à Lille. Après avoir versé une belle provision, il m'a demandé l'ensemble de ma comptabilité pour me permettre de déposer une procédure de redressement. Une administratrice judiciaire a été nommée : maître Poulain.

À la fin de la saison, j'ai compris que je devais vendre l'affaire de Berck-sur-Mer pour financer la procédure judiciaire contre AXA, en accord avec l'administratrice judiciaire et Soinne. Malheureusement, ce dernier se rémunérait directement sur les comptes, réduisant ainsi drastiquement mes capacités financières. J'ai rapidement trouvé un couple intéressé par l'achat de la crêperie, mais ils sont revenus de leur rendez-vous avec l'administratrice judiciaire sans signer l'acte de vente, car elle leur avait demandé un paiement en espèces en échange des loyers que j'avais déjà réglés d'avance.

En juin, le tribunal de commerce m'avait accordé un délai jusqu'à septembre pour présenter un bilan permettant de proposer un plan de redressement de mon activité. Cependant, quelques semaines plus tard, je me retrouvais au tribunal de commerce, floué, sans avoir pu vendre mon affaire de Berck, et en fin de saison. J'ai alors sérieusement, un peu violemment, confronté Soinne sur ses mensonges, ses détournements et les accords qu'il avait passés dans mon dos pour favoriser ses relations, y compris des juges-commissaires. Ces derniers, souvent fils de riches entrepreneurs, agents immobiliers, assureurs, étaient complices du président du tribunal de commerce et du procureur de la République.

La Chute et ses Enseignements

La dernière convocation devant la chambre du conseil s'était révélée catastrophique. Seul et sans avocat depuis le début de cette procédure, j'ai dénoncé avec véhémence les malversations dont j'étais victime, rappelant également l'historique troublant de la famille Soinne. Ma frustration a atteint son paroxysme lorsque j'ai frappé du poing sur la longue table ovale du conseil, sous le regard médusé du président. À ce moment précis, je savais que je n'avais plus rien à perdre, ayant compris que tout m'échapperait bientôt. Quelques jours plus tard, comme je le redoutais, une liquidation judiciaire fut prononcée.

Plusieurs mois s'écoulèrent avant que je ne reçoive une convocation du procureur de la République. Je me suis alors retrouvé devant le tribunal de commerce, confronté à une double menace : une demande de mise en faillite personnelle et une requête visant à m'interdire de gérer toute entreprise à vie. La clique qui m'avait précipité vers la ruine cherchait maintenant à m'anéantir définitivement.

Mes dettes étaient essentiellement fiscales, et j'ai découvert avec stupeur que mon jeune comptable, Didier Karbowiak, employé ambitieux d'un cabinet comptable, était en grande partie responsable de cette situation. À l'époque, la pratique courante consistait à confier un chéquier à son comptable pour régler l'URSSAF et la TVA en fin de mois, ce que je faisais régulièrement, en toute confiance. Karbowiak, dépositaire de l'un de mes chéquiers, émettait effectivement des chèques correspondant au montant de la TVA, mais les déposait sur son propre compte, tout en inscrivant frauduleusement « Trésor Public » sur les talons. J'ignore encore comment il parvenait à intercepter les lettres de relance que j'aurais dû recevoir. Peu après l'incendie qui avait touché mon entreprise, il me quitta pour ouvrir un cabinet luxueux à son compte à Stella-Plage, non loin du Touquet.

Le procureur de la République m'adressait principalement deux reproches :

• Ne pas avoir demandé le redressement ou la liquidation judiciaire dans les 45 jours suivant la cessation des paiements, sans avoir parallèlement initié une procédure de conciliation.

• L'accumulation de dettes fiscales et sociales importantes, dont j'ignorais alors partiellement l'existence en raison des manœuvres de mon comptable.

Le verdict tomba sans attendre : j'ai été condamné à dix ans d'interdiction de gestion, échappant de justesse à la faillite personnelle. Dans ses attendus, le président du tribunal nota qu'« une forte animosité s'était installée entre Maître Soinne, le liquidateur, et le tribunal, rendant l'affaire particulièrement difficile à démêler. » Dans ce contexte trouble, la peine de dix ans me fut néanmoins infligée. En réalité, cette condamnation m'a marqué d'un sceau indélébile auprès du système bancaire : inscrit dans un fichier apparemment perpétuel, je me suis vu refuser définitivement tout accès au crédit, situation qui perdure encore aujourd'hui.

Ce parcours m'a révélé un paradoxe proprement français : notre société accorde sa confiance à ceux qui n'ont jamais entrepris ou à ceux qui n'ont jamais connu l'échec, mais rarement à ceux qui se relèvent avec détermination après une chute, pourtant riches d'une expérience inestimable. Cette attitude contraste fortement avec la culture entrepreneuriale américaine, où l'on reconnaît que les succès ne s'expliquent pas toujours rationnellement, tandis que les échecs constituent une source d'apprentissage considérable. Outre-Atlantique, on comprend que c'est à travers nos erreurs que nous apprenons à ne pas les répéter et à anticiper les difficultés. Cette capacité à surmonter l'adversité y est perçue comme le témoignage d'une détermination et d'une vitalité essentielles à la réussite future.

Il serait judicieux d'examiner en profondeur les règles et les mentalités qui nous empêchent d'adopter une telle approche, particulièrement à l'heure où nous traversons des défis économiques majeurs. Les mois à venir pourraient être l'occasion de repenser fondamentalement nos modes de pensée et nos comportements collectifs. En revalorisant l'échec comme une étape d'apprentissage plutôt qu'une condamnation définitive, nous ouvririons la voie à une société plus audacieuse, plus innovante et ultimement plus prospère.

Ce que cette expérience m'a enseigné, c'est que la confiance ne peut exister sans contrôle rigoureux, et que la corruption se manifeste à tous les échelons de la société, indépendamment du statut social. Ceux qui accumulent les richesses le font souvent par amour de l'argent, une passion qui, loin de s'atténuer avec le temps, s'intensifie comme une foi qui se renforce à l'approche de la fin de la vie.

J'ai également compris que l'administration et les détenteurs de pouvoirs, même modestes, se retranchent fréquemment derrière leur fonction, s'affranchissant de toute considération humaine avec une conscience étrangement sereine. Ils rejettent la responsabilité des souffrances qu'ils infligent sur « le système », ce même système qui, ironiquement, leur fournit leurs « clients » et leur raison d'être.

Cette réflexion n'est pas une simple critique amère, mais un appel à repenser notre rapport à l'échec entrepreneurial, à la résilience et à la valeur de l'expérience acquise dans l'adversité. C'est peut-être dans la remise en question de nos certitudes les plus ancrées que réside la clé pour libérer l'énergie créatrice et les investissements nécessaires à une innovation durable et à une réussite collective.

Ma lutte acharnée, marquée par mes accusations virulentes et ma détermination à m'opposer aux puissants corrompus, a permis de dénoncer ces abus et de susciter une prise de conscience. Le tribunal de commerce de Boulogne-sur-Mer, dirigé par des figures impliquées, fonctionnait au cœur d'un système gangréné par les abus de pouvoir, les conflits d'intérêts et les excès, rappelant tristement les dérives de l'affaire d'Outreau. Les soirées étaient rythmées par l'alcool et d'autres excès, révélant un environnement où éthique et justice semblaient reléguées au second plan.

Ces affaires répétées ont finalement poussé les institutions et les journalistes à démanteler cette « clique » d'influence, déclenchant un scandale d'envergure nationale. Bien que mon affaire ait contribué à ce réveil aux côtés d'autres cas majeurs, les décisions rendues contre moi n'ont jamais été révisées.

Je suis sorti de cette période avec un autre problème qui m'a poursuivi jusqu'à récemment, m'empêchant de devenir salarié, de me verser un salaire, de cotiser pour une retraite, d'avoir une épargne, ou de posséder un bien à mon nom.

En effet, le centre des impôts d'Écuires, près de Montreuil-sur-Mer, m'a infligé une taxation d'office massive incluant des majorations pour retard, en raison d'un défaut de déclaration de la TVA pour l'année suivant l'incendie. Ces déclarations devaient être envoyées par l'administratrice judiciaire, à qui je les transmettais chaque mois, mais elle ne les a jamais envoyées. Les montants déclarés étaient pourtant à zéro, puisque la crêperie n'existait plus. Malgré cela, les impôts ont retenu un chiffre exorbitant correspondant à près d'une année de chiffre d'affaires. Cela représentait plusieurs centaines de milliers d'euros, une somme qui n'a cessé d'augmenter au fil des années avec les intérêts de retard, les frais de relance et les visites d'huissiers à notre domicile trois fois par an.

Ils exigeaient une preuve de l'incendie et ma comptabilité pour recalculer et procéder au dégrèvement total auquel j'avais droit – ce qu'ils ne contestaient pas, mais qui nécessitait des preuves comptables. Or, tous ces documents étaient détenus par le liquidateur Soinne, qui refusait de transmettre les éléments, ni à moi ni aux impôts, même en réponse à leurs demandes, car il n'y était pas obligé.

J'ai donc dû vivre avec cette exclusion bancaire et sociale, payant en plus la somme due au titre de l'impôt sur le revenu de l'année précédente, alors même que je n'avais plus aucun revenu.

Cette dette indue oppressante m'a maintenu dans une situation où je ne pouvais rien posséder ni bâtir officiellement, subissant saisie après saisie pendant plus de dix ans, malgré mes colères mémorables dans tous les bureaux régionaux des impôts.

Ce n'est que le jour où le directeur du centre des impôts d'Écuires, le seul capable de prononcer le dégrèvement, m'a fait appeler pour un rendez-vous que les mâchoires froides de la puissante administration ont commencé à se desserrer.

J'ai pris ma Lotus et quitté Saint-Maur un lundi matin pour arriver à 14 h 30, devant ce bâtiment rectangulaire en béton, à la façade tristement austère, avec ses petites fenêtres démodées, toutes identiques et réparties de manière uniforme. Ce petit immeuble fatigué, tout comme les personnes qu'il abrite, semble figé dans le temps. J'en connais tous les bureaux, et même si cela fait peut-être quinze ans que je n'y suis pas revenu, certaines personnes me regardent encore, glacées, comme si l'ombre de mes visites précédentes planait sur eux, souvenirs d'après-midis tumultueux passés dans ces lieux.

Je me retrouve devant la porte grise en bois, à la vitre opaque au centre, celle du bureau individuel de Gérard Rivelon. Il me fait entrer à l'heure :

— Bonjour, Maxime, me dit-il calmement, avec un regard bienveillant, tout en m'invitant à m'asseoir pendant qu'il contournait son bureau.

— Bonjour...

— Voilà, je vous ai demandé de venir parce que je vais bientôt partir à la retraite, et je ne peux pas partir sans régler votre problème. Je sais que vous ne devez rien et que les documents nécessaires au dégrèvement sont bloqués chez Soinne – un sale type, je le reconnais –, mais je n'ai aucun pouvoir sur lui, et mes services ne peuvent rien faire sans ces pièces. C'est un véritable nœud.

— Et alors ? Tout ça, je le sais déjà ! m'exclamai-je, agacé. Mais vous ? Vous n'avez ni le courage ni la capacité d'indignation nécessaires pour vous opposer à une injustice. Face à un règlement incapable de prévoir un cas comme le mien, vous choisissez la facilité : celle d'écraser l'avenir d'un homme, un mari, un père, toute une famille, plutôt que de vous interroger, de changer quelque chose. Vous préférez rester un rouage docile plutôt que de mettre, pour une fois, votre intelligence au service de l'humanité. Et ça ne vous empêche pas de dormir, bien au contraire : vous trouvez la paix dans votre « bon droit », confortablement anesthésié par cette culture du « surtout pas de risque pour ma carrière ». Et si j'avais été fragile ? Qu'auraient été votre sommeil et celui de vos services qui regardent leurs chaussures quand je passe ? Et en quoi, jusqu'à présent, êtes-vous une meilleure personne que Soinne ?

— Je peux faire quelque chose pour vous, dit-il. Je n'ai pas le pouvoir, et je sais que vous allez dire que je n'ai pas cherché à l'obtenir. Mais tout le monde n'est pas comme vous, un révolté qui questionne les normes et les limites. Dans la mesure de mes moyens, sachant que vous êtes le dossier le plus particulier de ma carrière, je vous propose de stopper la progression de la somme due et de permettre un étalement de son remboursement sur la durée de votre choix, même si celle-ci excède le raisonnable, compte tenu de votre espérance de vie. Je signerai ce que vous me proposerez, et si, au bout d'un moment, vous arrêtez, il ne se passera rien.

Un dilemme me traversait : accepter cet accord, qui reviendrait implicitement à reconnaître la dette tout en l'étalant d'une façon presque insolente, ou me battre contre le principe d'un homme qui voulait acheter la paix de son esprit pour ses jours restants. J'ai finalement accepté un calendrier avec un paiement de 150 euros par mois. J'ai appris par la suite que cet homme est décédé en 2021. Au fond, c'était un homme de son époque, un serviteur de l'État, honnête, et c'était déjà beaucoup. Un bon père de famille, sûrement. J'ai perçu cette tendresse qu'il pouvait donner, dans son regard, quand je suis entré dans son bureau. Je n'avais jamais connu cela dans ma propre famille.

En traversant un service des impôts ou en observant nos hommes politiques de premier plan, les énarques comme Hollande et Macron, il est curieux de constater combien le physique et les gestes révèlent la véritable nature des individus, leur caractère, leur puissance, leur énergie vitale, sans qu'un seul mot soit nécessaire.

On ne peut excuser l'inaction d'un responsable politique. Chaque dépense mal calculée, chaque retard dans les réformes met en péril des vies, une enfance, une carrière, une existence entière. Chaque euro dépensé ou alloué par l'État provient des Français. Se soucier des plus fragiles est le seul véritable indicateur de bonne gouvernance : chaque euro gaspillé leur retire des ressources essentielles, que ce soit pour la cantine, le sport ou même un repas.

Il est urgent de cesser de percevoir les responsables politiques comme des célébrités. La reconnaissance publique importe peu face à l'impératif d'une méthode claire, pragmatique et fondée sur le bon sens.

Lorsqu'une personne accède au pouvoir, elle doit être prête à agir immédiatement et à surmonter les résistances, y compris celles de l'État profond ou d'une administration réfractaire. Si, après un an, elle échoue à s'imposer, elle prouve qu'elle n'était pas préparée ou qu'elle a cédé à des influences extérieures. Une telle incapacité n'est pas seulement une erreur : c'est une trahison envers ceux qui espéraient un changement.

Toute personne échouant dans l'exercice de ses responsabilités publiques devrait être définitivement disqualifiée, non seulement en raison de son incompétence, mais également pour avoir privé les citoyens d'un temps précieux de bonheur et d'espérance collective. Elle devrait présenter des excuses publiques et se retirer de manière irrévocable. La notion de honte doit être réhabilitée : un acteur public qui échoue gravement à remplir ses objectifs ou qui fait preuve d'un manque de probité doit immédiatement se retirer de la vie publique, sans possibilité de retour. Les médias, en outre, devraient jouer un rôle actif pour empêcher toute tentative de réhabilitation injustifiée.

Au service de la nation

Être un acteur public ne trouve son sens véritable que dans une vocation profondément désintéressée. Cette mission, qui exige une consécration totale au bien commun, ne saurait être réduite à un simple tremplin professionnel ou à l'assouvissement d'ambitions personnelles. Notre société offre déjà une multitude de carrières pour satisfaire ces aspirations.

La fonction publique impose un engagement sans réserve, où la responsabilité ne peut être ni assumée à la légère ni abandonnée face aux premières contrariétés. Les citoyens français méritent de connaître, dès l'investiture de leurs représentants, non seulement les projets envisagés durant leur mandat, mais également leur vision pour l'après-fonction.

Il doit être établi, sans ambiguïté, que cette noble mission ne doit pas devenir lucrative plus tard en fonction des réalisations ou des accords conclus pendant l'exercice du pouvoir. Ce n'est pas un métier destiné aux jeunes en quête d'une première expérience professionnelle, mais plutôt le couronnement d'un parcours déjà riche.

L'idéal serait que cette responsabilité soit confiée à des individus ayant déjà construit leur vie personnelle, fondé une famille, vu leurs enfants grandir. Car avoir des enfants, c'est inscrire naturellement sa pensée dans le temps long, au-delà de sa propre existence.

La fonction publique, dans sa conception la plus noble, devrait être incarnée par une personne qui se reconnaît redevable envers la France. Cette dette sacrée prend racine dans ce que la Nation a offert à chacun durant sa jeunesse : éducation, opportunités, protection, culture. C'est pourquoi le premier devoir de tout serviteur de l'État est de veiller à ce que la Nation continue d'aider les jeunes générations à réussir et à s'accomplir.

Lorsque cette mission est pleinement assumée, les jeunes devenus adultes éprouvent naturellement gratitude et reconnaissance envers leur pays. Ce sentiment les pousse, à leur tour, à servir la Nation et à perpétuer ce cercle vertueux. Ainsi s'établit une véritable chaîne de dette et de service entre les générations, chaque maillon transmettant au suivant ce sentiment d'endettement positif envers la patrie. C'est cette chaîne qui porte l'histoire de France à travers les siècles, incarnant une continuité qui transcende les individus et les époques, donnant tout son sens à l'engagement public.

Renaissance et nouveaux défis

Cinq mois après l'incendie du Touquet, en mai 1998, mon frère jumeau et moi avons décidé de nous associer pour ouvrir une crêperie à Lille. Nous recherchions un local stratégiquement situé dans les artères les plus fréquentées de la ville et avons repéré un emplacement idéal rue de Paris, au rez-de-chaussée d'un immeuble ancien. Le bâtiment entier, du rez-de-chaussée jusqu'aux combles, était abandonné. Le local commercial occupait toute la largeur de l'édifice, à l'exception d'une étroite porte donnant accès aux escaliers desservant les quatre étages supérieurs.

Ce local, anciennement une armurerie, était resté fermé pendant plus d'une décennie. Sur la façade vert foncé, deux lettres de l'enseigne en bois s'étaient détachées, témoignant de cet abandon. Un espace parfait pour notre projet, bien que chargé d'une histoire complexe. Nous avons appris ultérieurement que la propriétaire était une veuve héritière d'une lignée de notaires possédant un important patrimoine immobilier lillois. Depuis des années, elle refusait obstinément que quiconque pénètre dans ce lieu.

Son défunt mari avait géré l'armurerie jusqu'à sa fin tragique. L'inventaire avait été dispersé, mais l'espace était demeuré figé dans le temps. Les appartements des étages supérieurs avaient également été délaissés, déclarés insalubres.

Lors de notre première rencontre avec la propriétaire, elle nous est apparue comme une figure quasi spectrale. Corpulente, la peau luisante, elle portait invariablement le même loden vert élimé. Elle se déplaçait à bord d'une Citroën XM V6 essence, vert foncé, cabossée et nettoyée uniquement par les intempéries. Tout son être exsudait une mélancolie profonde mêlée d'effluves d'alcool. Ses cheveux d'un noir de jais, bien qu'ils semblassent imprégnés de graisse, suggéraient qu'elle était sensiblement plus jeune que son apparence ne le laissait supposer. Son attitude négligée reflétait une indifférence totale au monde, avançant sans considération pour les regards ou le sens de sa trajectoire.

Malgré cette première impression déroutante, j'ai réussi à gagner sa confiance. Je l'ai convaincue que son époux aurait été honoré de voir ce lieu renaître grâce à l'initiative de deux frères, déterminés à y écrire une nouvelle page d'histoire. Ce n'est que plus tard que nous avons découvert la vérité déchirante : son mari s'était pendu au plafond, au cœur même de l'armurerie, face à la verrière qui occupait la partie arrière du magasin. Pour cette femme, ce local n'était pas un simple bien immobilier, mais un sanctuaire figé dans la douleur du deuil.

Trois mois de travaux intensifs ont été nécessaires pour revitaliser cet espace. Nous avons réparé la verrière perchée à plus de quatre mètres de hauteur, bravant le vertige avec une témérité presque inconsciente. Les vitres ont été remplacées, les sections endommagées de la toiture restaurées, souvent en pleine nuit, soutenus par l'énergie procurée par des repas copieux à l'Hippopotamus, situé à proximité du chantier, près de l'hôtel Carlton. Rien ne semblait pouvoir entraver notre élan, malgré les imprévus qui jalonnaient notre quotidien : des passages aux urgences pour soigner des blessures de chantier, une imposante armoire forte impossible à déplacer, et même des nuits passées à dormir dans notre véhicule lorsque les hôtels affichaient complet. Parfois, nous devions affronter des sans-abri installés sur notre chantier, transformant notre fatigue en confrontations nocturnes. Finalement, après de nombreuses péripéties, la crêperie a ouvert ses portes. Fidèle à mon organisation habituelle, je préparais les crêpes et les galettes en vitrine, tandis que mon frère assurait le service en salle et en terrasse.

Notre concept novateur de crêpes et galettes à volonté attirait une clientèle bien au-delà de Lille. Le succès fut immédiat et considérable : deux à trois rotations complètes par service, aussi bien au déjeuner qu'au dîner.

Cependant, à la mi-juillet, un incident inattendu vint briser cet élan. Une rosace ornementale en béton, fixée au troisième étage de l'immeuble, se détacha soudainement et s'écrasa violemment en plein service du soir. Elle heurta l'épaule d'un jeune client, frôlant de justesse sa tête. Bien que sérieusement blessé, il échappa miraculeusement au pire.

Cet accident entraîna la publication d'un arrêté de péril, nous contraignant à fermer l'établissement pendant un mois. Cette interruption bouleversa tous nos projets : les vacances soigneusement planifiées furent reportées, et notre voyage californien annulé. Nous avions prévu de traverser la Californie jusqu'au Nevada en voiture, pour conclure notre périple par un mariage à Las Vegas, entourés de témoins locaux, des sosies excentriques.

En novembre, notre activité prospérait tellement que mon frère commençait à ressentir un profond épuisement, comme vidé de son humanité. Il avait l'impression d'être devenu un automate, prisonnier de sa fonction. Il n'avait plus l'opportunité d'être perçu pour sa véritable personnalité, drôle et attachante, et éprouvait parfois le sentiment de vivre en décalage avec le reste du monde.

Depuis quelques semaines, lors du service de midi, une table de personnes en costume attirait notre attention. Ce groupe, distinct de notre clientèle habituelle, s'attardait souvent devant la vitrine après leur repas pour converser avec moi. Pendant ce temps, je préparais des crêpes et galettes à un rythme effréné, gérant simultanément la salle et les commandes à emporter. Ils allaient jusqu'à me filmer, ce qui me flattait profondément. Cette reconnaissance compensait des années d'efforts acharnés et consolidait, à travers leurs éloges, l'idée que j'étais probablement le crêpier le plus rapide et spectaculaire de France. Certains me proposaient même de les former, contre rémunération, offres que j'ai systématiquement déclinées.

Peu après, ces mêmes personnes commencèrent à arriver avant le service du déjeuner et se présentèrent. Ils dirigeaient le développement du groupe Agapes Restauration, une filiale de la holding Mulliez, également propriétaire du groupe Auchan et de diverses enseignes internationales de restauration.

Ils m'expliquèrent qu'ils cherchaient à développer un concept au Canada et me proposèrent un poste salarié pour former leurs équipes, avec une participation au projet. J'ai refusé leur proposition, car ma situation financière ne me permettait pas de percevoir un salaire conventionnel : chaque mois, les huissiers vérifiaient si je possédais des biens saisissables, et le fisc procédait à une saisie automatique sur mes revenus, ne me laissant que le strict minimum vital.

À cette période, mon frère était gagné par la lassitude, et personnellement, je ressentais le besoin d'explorer de nouvelles voies. Faute de solutions bancaires pour développer mon propre réseau ou lancer une franchise, nous avons décidé de mettre la crêperie en vente. L'établissement fut cédé quelques mois plus tard, en 1999. Ce n'est que bien plus tard que j'ai découvert qu'à la même époque, Agapes Restauration avait acquis à Lille les enseignes Trois Brasseurs, qu'ils ont ensuite déployées au Canada, en France et à l'international.

J'ai donc quitté Lille pour retrouver Sophie et Victor sur la Côte d'Opale, laissant derrière moi mon frère jumeau et l'étrange présence bienveillante – peut-être l'âme du défunt mari de la propriétaire – qui semblait habiter les lieux. Nous avions tous perçu cette présence, à la fois réconfortante et troublante. Initialement, nous n'osions pas l'évoquer, gardant cette impression pour nous-mêmes. Mais, à force de nous retourner simultanément, comme si quelque chose se trouvait dans notre dos, nous avons fini par partager ce phénomène. Avant mon départ, je lui ai adressé un ultime adieu – à Dieu ?

De retour à Stella-Plage, j'ai choisi de me tourner vers une activité simple et physique. J'ai rejoint un couple de commerçants du Touquet qui sillonnaient cette année-là l'est de la France, des Ardennes aux Alpes, pour vendre leurs produits sur les marchés. Chaque matin, nous installions la camionnette dès 5 heures sur un emplacement réservé longtemps à l'avance. Après avoir déballé pour la journée entière, nous remballions tout le soir, avant de reprendre la route dans l'obscurité vers la prochaine destination. Nous dormions par roulement, quelques heures à l'hôtel, tandis que l'un de nous surveillait le vieux Renault Master allongé, épuisé par sa carrière dans le déménagement et rempli jusqu'au toit de vêtements chauds.

Une nuit dans le Jura, j'ai fait la connaissance de Philippe Legrand autour d'une longue table dans une brasserie animée. Ce lieu, bruyant, mais convivial, nous offrait un moment de répit bienvenu : l'occasion de nous réchauffer, d'échanger nos expériences et de reprendre des forces avant de repartir dans la nuit vers notre prochaine étape.

À cette époque, Philippe développait seul l'organisation des French Traditional Markets en Grande-Bretagne et en Écosse, des marchés célébrant l'excellence française. Il y emmenait des artisans de bouche, des exposants complémentaires du nord de la France, ainsi qu'un vigneron vendéen. Chacun possédait une expertise unique, évitant toute concurrence entre eux. Chaque jeudi soir, ils embarquaient sur le ferry pour s'installer durant trois jours dans différentes villes britanniques. Ce modèle garantissait une offre diversifiée, authentique et particulièrement appréciée.

Le bouche-à-oreille généré par ces premiers marchés suscitait rapidement l'intérêt de nouvelles municipalités, désireuses de les accueillir. C'est alors que j'ai proposé à Philippe de contribuer au développement du projet. Je me suis lancé sur les routes d'Angleterre et d'Écosse, obtenant de nouvelles dates, élargissant le réseau d'artisans et veillant à maintenir une qualité irréprochable, caractéristique des spécialités françaises. Le succès grandissant consolidait la réputation des exposants tout en attirant l'attention de nombreuses autres villes. Ces initiatives établissaient progressivement les fondements d'un modèle économique robuste et novateur, centré sur la valorisation de l'artisanat et de la culture française à l'international.

Le modèle économique, d'une simplicité redoutable, reposait sur une répartition claire des responsabilités. Les villes hôtes assumaient l'organisation logistique et la promotion locale, tandis que les commerçants couvraient leurs frais de transport et d'hébergement, tout en versant une redevance substantielle. Ce montant, calculé selon la superficie de leur stand, reflétait la qualité et l'exclusivité de leur participation : ils étaient uniques dans leur spécialité. Cette structure, équilibrée et ingénieuse, générait une rentabilité remarquable.

Fort de ce succès, j'ai décidé d'élargir le concept des French Traditional Markets au-delà du Royaume-Uni, en prospectant de nouvelles villes en Allemagne et en Autriche. Rapidement, les engagements se multipliaient, et l'enthousiasme croissant pour ces marchés nécessitait une adaptation du modèle. La distance et la logistique plus complexes exigeaient une approche renouvelée pour pérenniser cette expansion.

L'idée était audacieuse tout en restant simple : plutôt que d'imposer aux artisans ces longs déplacements hebdomadaires, j'achèterais directement leurs produits pour les commercialiser sur place. Tous les stands standardisés demeureraient dans les pays concernés, sous ma gestion intégrale, et le personnel effectuerait les trajets hebdomadaires pour assurer l'installation et la vente. Les stocks seraient reconstitués chaque semaine, garantissant la fraîcheur et la qualité des produits proposés.

Ce modèle, où je maîtrisais davantage l'organisation, permettait d'offrir une expérience homogène tout en valorisant les artisans régionaux et leur savoir-faire. Il offrait également une flexibilité logistique capable de répondre aux défis de cette nouvelle phase d'expansion. Cette évolution jetait les bases d'un développement durable, adapté à un marché en constante mutation, tout en préservant l'authenticité et l'esprit des marchés traditionnels français, et en établissant une marque forte et reconnaissable.

Tout semblait prêt pour que cette nouvelle formule prenne son essor, mais il me manquait encore quelques fonds pour la déployer pleinement. Ma stratégie s'appuyait sur le réinvestissement d'une partie des revenus générés par l'activité existante au Royaume-Uni. Ce marché, déjà bien implanté et lucratif, constituait la base financière idéale pour soutenir cette expansion ambitieuse.

Cependant, un obstacle se profilait. Depuis plusieurs semaines, l'embargo imposé en 1996 par l'Union européenne sur la viande bovine britannique, conséquence de la crise de l'encéphalopathie spongiforme bovine (ESB, ou « maladie de la vache folle »), provoquait une escalade des tensions entre agriculteurs français et britanniques. Ces frictions affectaient nos marchés : des manifestations de producteurs de viande perturbaient nos événements, et certaines dates furent même annulées sous la pression.

Pour apaiser ces tensions et restaurer notre crédibilité auprès de nos partenaires britanniques, j'ai conçu une initiative forte et symbolique. Cet événement devait non seulement renforcer notre popularité au Royaume-Uni, mais aussi offrir aux Britanniques une tribune pour défendre leur viande en France et en Europe. Les éleveurs britanniques, contraints d'abattre l'intégralité de leur cheptel, affirmaient désormais proposer une viande sûre et de qualité supérieure, grâce à la jeunesse des bêtes. J'avais moi-même passé des semaines à la déguster avec les exposants, sans constater le moindre problème, et la trouvais véritablement excellente.

En collaboration avec des députés européens britanniques rencontrés sur les marchés, j'ai organisé un événement audacieux : un déjeuner mettant à l'honneur la viande britannique, défiant l'embargo, préparé avec de la viande achetée chez Walmart, cuisinée par le meilleur restaurant d'Amiens, un établissement étoilé Michelin. J'ai convié la presse française et britannique et prévu la participation de tous les exposants.

Après avoir convaincu le restaurateur et tous les participants, et en présence des élus britanniques, j'ai rédigé un communiqué de presse, transmis aux médias français et britanniques par fax, suivi d'appels téléphoniques, trois jours avant l'événement, à la mi-octobre 1999.

La veille du déjeuner, aucun journaliste français n'avait confirmé sa présence, à l'exception de Gérard Leclerc, qui avait contacté l'organisation en fin de journée pour s'informer, sans préciser s'il dépêcherait un reporter. À cette époque, il occupait le poste de rédacteur en chef sur Antenne 2, responsable notamment des questions économiques.

Dans l'après-midi, j'ai emprunté l'autoroute A15 pour regagner Stella-Plage, près du Touquet, où nous louions une maison avec Sophie, qui s'occupait de Victor, alors âgé de deux ans. En fin de journée, mon téléphone a commencé à sonner sans interruption : des journalistes de RTL et d'Europe 1 me proposaient des interviews en direct concernant le déjeuner du lendemain.

Après une nuit écourtée et une dernière intervention radiophonique matinale, je me suis rendu au restaurant pour accueillir les députés européens britanniques. La viande anglaise, achetée sous vide deux jours auparavant, avait été livrée la veille.

Le restaurateur m'accueillit en m'informant que les douaniers s'étaient présentés à l'aube, avaient saisi la viande et m'attendaient pour m'infliger une verbalisation pour importation illégale d'un produit sous embargo, circonstance aggravée par leur constat qu'elle était « avariée ». Le restaurateur avait donc dû improviser, modifiant le menu pour proposer un plat à base de viande française.

À l'issue du repas, le restaurant était encerclé par des agriculteurs français mécontents, tandis qu'une nuée de journalistes de télévision, de radio et de presse écrite s'était massée devant l'établissement. Je suis sorti pour m'exprimer et expliciter les motivations de notre initiative, suivi d'un député britannique qui a également pris la parole. Néanmoins, l'élément qui a fait les gros titres était le changement de menu imposé par la saisie de la viande déclarée « avariée ». En réalité, la date indiquée sur l'emballage en Angleterre correspondait à la date de conditionnement, et non à une date limite de consommation comme en France. Les agents des douanes l'ignoraient.

Par la suite, j'ai été interrogé par des agents des renseignements, mais aucune procédure judiciaire n'a été engagée. Les répercussions médiatiques en France ont été considérables, à la télévision et dans la presse, mais souvent teintées d'ironie, évoquant le « fiasco de la viande avariée ». En revanche, au Royaume-Uni, nous étions sollicités par tous les médias comme des héros ; les gens nous reconnaissaient dans la rue et demandaient des photographies avec Philippe Legrand. Des articles, notamment sur le site du New York Times, témoignent encore de cet épisode.

Le retentissement médiatique de l'événement au Royaume-Uni a enivré certains commerçants, et j'ai quitté l'aventure, n'étant plus écouté ni soutenu dans ma volonté de maintenir des exposants de qualité, centrés sur les métiers de bouche et les savoir-faire traditionnels. Très rapidement, les villes ont commencé à se désengager, déçues par l'évolution de l'événement en foire hétéroclite. Les French Traditional Markets ont finalement périclité, se transformant en braderies reléguées en périphérie urbaine, sur des parkings désertés par la clientèle.

Je dois une grande part de la médiatisation de cet événement à Gérard Leclerc qui, plus curieux que ses confrères, a mobilisé l'attention médiatique. Sa disparition récente m'affecte profondément. Sa personnalité était si attachante, nourrie d'une vaste culture classique, d'un esprit ouvert et d'un rire sincère. Il incarnait un chef de famille rigoureux, passionné et travailleur.

Cette expérience m'a enseigné que la communication est un art de précision qui, sans bienveillance, peut aisément se retourner contre son initiateur en négligeant l'essentiel du message. Les journalistes relatent avant tout ce qui captive le lecteur, souvent une remarque incisive ou un aspect insolite, au détriment du fond du message qui pourrait pourtant profiter au plus grand nombre. La communication requiert donc finesse et prudence : le rôle des médias est de commercialiser du contenu, non d'informer exhaustivement, et cette logique marchande détermine ce qu'ils choisissent de transmettre. Comprendre cette réalité permet de mieux appréhender comment créer un lien direct et authentique avec le public, en restant conscient des divergences d'intérêts.

Au cours de cette aventure, j'ai côtoyé des personnes passionnantes : les forains et les gens du voyage, dépositaires d'une culture riche, à certains égards enviable, et dotés de qualités admirables. Ils suivent les routes au rythme des saisons, formant des communautés solidaires, unies par des liens profonds d'existence et de destinée.

En passant davantage de temps à domicile, je me suis rendu un matin au centre de Stella-Plage pour acheter la presse. C'est alors que j'ai remarqué une petite maison mitoyenne située sur l'artère commerçante principale, le boulevard Labrasse. Elle était proposée à la vente et comprenait un local de restaurant inoccupé au rez-de-chaussée ainsi qu'un appartement à l'étage.

J'ai décidé de constituer un dossier de crédit avec Sophie comme emprunteur principal auprès du CIC du Touquet. Je me suis présenté comme employé expérimenté, non associé au projet, mais garant du savoir-faire, afin d'acquérir un domicile en tant que propriétaire, quitte à devoir temporairement reprendre la confection de crêpes. La procédure d'obtention du crédit s'est avérée interminable et éprouvante, mais nous persévérions dans ce projet avec détermination.

Au terme d'une attente interminable, ponctuée de délibérations, de discussions dans les méandres administratifs, et de consultations quasi rituelles et douloureuses des fichiers bancaires, érigés en véritables objets de culte intouchables, notre demande fut rejetée.

Ces fichiers, manipulés par des personnes au statut assuré, protégées dans le confort feutré de leur agence et dépourvues d'expérience opérationnelle, dictaient leurs verdicts au niveau départemental, régional, voire national. Comme si un élément isolé d'un dossier suffisait à effacer définitivement toute une existence, reléguant une personne entreprenante au rang de criminel potentiel, coupable d'oser, une fois encore, vouloir construire quelque chose. Dans les établissements bancaires, j'étais jugé coupable :

« D'éclater une banque, de me crucifier le caissier, d'emporter tout l'or qui me manque et de disparaître en fumée. »
Comme le chantait Michel Sardou dans « Les Villes de Solitude ».

Aux États-Unis, l'échec est considéré comme une étape nécessaire, un apprentissage. Recommencer après une défaite est perçu comme un acte de courage et de détermination. En réalité, celui qui n'a jamais échoué progresse souvent avec une perception limitée des risques, tandis que celui qui a chuté apprend à les identifier et à les anticiper. L'échec développe une intuition qu'on ne trouve nulle part ailleurs.

Paradoxalement, on ignore généralement pourquoi on réussit, car il n'existe pas de formule universelle reproductible. En revanche, on comprend toujours les raisons d'un échec. C'est précisément là que réside le véritable enseignement : dans l'analyse lucide de ce qui a dysfonctionné.

Il est donc impératif de reconsidérer nos normes et nos règles, de transformer notre rapport à l'échec pour l'envisager comme un tremplin plutôt qu'un stigmate. C'est cette évolution que nous attendons. Jusqu'à présent, seule la sphère politique semble avoir élevé l'échec au rang d'expérience bénéfique – voire indispensable – pour acquérir de la crédibilité. Pourtant, les quatre dernières décennies ont démontré que ce recyclage permanent des mêmes personnalités, souvent marquées par des échecs successifs, ne conduit qu'à une détérioration de la situation. Rien ne s'améliore, tout se dégrade progressivement.

À l'inverse, dans l'univers économique, lorsqu'on a osé valoriser l'échec comme une phase d'apprentissage, les résultats ont fréquemment été couronnés de succès. C'est là toute la différence : dans le monde entrepreneurial, l'échec peut véritablement devenir un catalyseur d'innovation et de progrès. En politique, en revanche, il semble principalement servir à perpétuer l'immobilisme et à combler un vide égocentrique après l'exercice des fonctions les plus élevées.

Des beaux chantiers… pour *Cet été qui viendra*.

J'avais dans un recoin de mon esprit un projet de substitution, une idée qui ne demandait qu'à mûrir.

Au cours d'un de nos séjours en Irlande avec Sophie, nous avions poussé jusqu'en Irlande du Nord, passant un après-midi de janvier à explorer, au volant d'une Toyota Yaris de location, la majestueuse Chaussée des Géants. Après avoir parcouru des kilomètres à travers ces paysages de plages balayées par le vent, semblant nous conduire aux confins du monde face à l'immensité océanique, nous nous sommes retrouvés égarés dans les rues, désormais apaisées, de Londonderry, cette ville marquée par la guerre civile et la tragédie du Bloody Sunday de 1972.

Telle une sentinelle, l'Irlande se dresse face à l'immensité de l'Atlantique, fière et déterminée. En première ligne, les îles d'Aran – Inishmaan, Inisheer et Inishmore – dévoilent leur beauté brute et leurs interminables murets de pierres sèches. Cette dernière, avec sa falaise abrupte, offre un promontoire majestueux, témoin immuable de croyances millénaires, défiant sans relâche les forces indomptables de la nature. Face à ces paysages d'une intensité saisissante, deux forces antinomiques s'éveillent, comme un dialogue éternel entre les éléments et l'âme humaine.

D'un côté, une humilité profonde nous invite à célébrer la simplicité de l'existence. Ces îles nous rappellent la fragilité et la préciosité de notre passage terrestre. Elles murmurent : vivez pleinement l'instant présent, écoutez le chant du vent, observez la danse de la lumière, ressentez les signes que la nature offre généreusement. Elles enseignent l'art de savourer la plénitude des sens et la chaleur des relations humaines, dans une harmonie apaisante avec le monde.

De l'autre, un appel plus vaste s'élève, une quête qui transcende l'immédiateté pour toucher au sacré. Le vent, chargé de mémoires ancestrales, souffle une invitation à embrasser un destin plus grand que soi. Il chuchote une mission, une trajectoire gravée dans l'étoffe même de ces paysages, comme un écho des générations disparues. Ce souffle inspire à servir, à s'inscrire dans un mouvement universel, où la grandeur des lieux nourrit celle de l'âme.

Sur ces terres battues par les vents et les vagues, les esprits parlent avec une clarté rare. Et chacun y entend la voix qui résonne le plus profondément en lui : celle d'une vie à savourer ou celle d'une mission à accomplir.

En cette fin de journée douce et étonnamment sèche, nous avons arpenté les passages qui reliaient autrefois les deux parties de la ville, jadis divisées. C'est au détour d'une rue que nous avons découvert un lieu inattendu : lumineux, vibrant, animé par des éclairages de boîte de nuit qui invitaient à la danse, sur une musique mixée en direct et diffusée à plein volume.

L'espace, vaste et allongé, était parsemé de boules à facettes – des objets que je considère indispensables dans tout intérieur – et semblait naturellement conçu pour favoriser les rencontres, un verre à la main, à des tarifs de bar ordinaire.

Par choix délibéré, le lieu avait été aménagé pour maintenir les gens debout, comme une invitation tacite au mouvement et, peut-être, à finir par danser sur le parquet en pin clair. Les rares places assises, de profonds canapés adossés aux longs murs épurés, peints en jaune et bleu, étaient réduites au strict minimum, renforçant l'impression de se trouver chez un particulier qui aurait vidé son salon pour organiser une fête improvisée.

Le concept m'est apparu avec une évidence fulgurante : une ambiance de discothèque proposée dès la fin de journée, bien avant les heures tardives, dans un lieu à la fois lumineux, convivial et dynamique. Avec des tarifs attractifs, il promettait une atmosphère animée sans les contraintes réglementaires propres aux établissements de nuit. Ce lieu, pensé pour catalyser les rencontres grâce à son agencement judicieux, se voulait un antidote à la morosité : clair, joyeux, et parfaitement adapté aux régions souvent privées de lumière naturelle et d'occasions de socialisation en extérieur.

J'avais repéré depuis plusieurs mois un local à Boulogne-sur-Mer, face à Nausicaá, le Centre National de la Mer, et à proximité du débarcadère pour la liaison en ferry avec Folkestone. Ce local d'environ mille mètres carrés se trouve au rez-de-chaussée d'un immeuble considéré comme le premier bâtiment en béton de la région. Selon certaines légendes locales, cet édifice aurait servi d'infirmerie pendant la Seconde Guerre mondiale. Toutefois, bien que des récits évoquent la possibilité que la future reine Elizabeth II y ait séjourné, cette information reste non vérifiée. En réalité, la princesse Elizabeth demeura au Royaume-Uni pendant toute la durée du conflit, s'engageant en 1945 dans l'Auxiliary Territorial Service (ATS), où elle servit comme conductrice et mécanicienne.

L'établissement a ouvert ses portes en septembre 2000 avec une décoration inspirée du lieu découvert à Londonderry. J'avais cependant imaginé un concept novateur visant à créer des ambiances festives et chaleureuses. L'entrée était payante, et les consommations à l'intérieur étaient proposées à prix coûtant. Le succès fut rapidement au rendez-vous, mais j'ai pris la décision de rendre les clés du local au bout d'une année pour trois raisons majeures.

Deux mois avant l'inauguration, j'avais été impliqué dans un accident mortel fortement médiatisé, ce qui m'avait amené à redouter des représailles suite à des menaces de mort.

Les établissements concurrents s'ingéniaient à provoquer des troubles, me contraignant à engager un service de sécurité conséquent.

Des trafiquants exerçaient sur moi des pressions pour introduire dans l'établissement la vente de stupéfiants et des activités de prostitution, en échange d'une tranquillité garantie.

Dès le lancement, j'avais annoncé mon intention de cesser l'activité une fois les investissements amortis. Après une année d'exploitation, et malgré le succès indéniable du concept, je suis resté fidèle à ma résolution initiale.

Avant cette aventure, j'avais élaboré un concept pour lancer une plateforme Internet dédiée à la vente de produits à prix coûtant. Chaque jour, un article différent serait proposé, mis en valeur dans une publicité diffusée juste avant les journaux télévisés de 20 heures. Le modèle économique reposait exclusivement sur une commission fixe par transaction.

J'avais présenté ce projet avec un ami diplômé de l'École Centrale qui habitait en face de la crêperie de Lille. Grâce à son réseau, nous avions eu l'opportunité de rencontrer des investisseurs à Paris.

J'avais choisi de lui confier le leadership, car il était destiné à devenir mon futur associé. Malheureusement, il incarnait mal le concept et s'est rapidement désintéressé du projet, principalement en raison d'un autre engagement personnel en cours. Pourtant, les investisseurs manifestaient un enthousiasme certain et étaient disposés à développer le concept avec moi, véritable initiateur de l'idée.

Peu après, j'ai reçu une proposition pour rejoindre l'équipe des startups du groupe LVMH, nouvellement constituée. J'ai été reçu à

Paris, mais j'ai finalement décliné l'offre. Je ne me projetais pas dans cet environnement, entouré de personnes surdiplômées, très en vogue, mais avec lesquelles je n'avais aucune affinité, et je manquais alors de la force intérieure nécessaire.

Après l'abandon de ce projet, j'avais, parallèlement à la gestion de l'établissement de Boulogne-sur-Mer, développé un projet site de vente de vins en ligne, également fondé sur un modèle de commercialisation à prix coûtant avec une commission fixe par commande. Pour cette initiative, j'avais sollicité l'aide du frère de mon père, qui dirigeait une importante agence commerciale vinicole à Paris, afin de négocier des conditions avantageuses. Je découvrais alors un milieu extrêmement hermétique, et je n'étais plus dans la disposition psychologique de constituer un groupe d'investisseurs, suite au traumatisme de l'accident de voiture.

Pour échapper à un climat devenu oppressant dans ma région d'origine, tous mes amis m'ayant abandonné après l'accident, nous avons opté pour un déménagement à Saint-Maur-des-Fossés. J'ai alors intégré, en tant qu'indépendant, l'agence de mon oncle, spécialisée dans le commerce des vins, où ma mission consistait à développer une clientèle de restaurateurs et de cavistes.

L'agence était dirigée par mon oncle et ses deux associés. L'un d'eux, présent depuis des décennies, était chaleureux et doté d'une expérience considérable. L'autre, issu de l'aristocratie et arrivé récemment, semblait davantage rechercher une occupation agréable et valorisante qu'un véritable engagement dans les activités commerciales. Pour lui, ce poste représentait essentiellement un moyen de rehausser son image personnelle. Néanmoins, son carnet d'adresses lui permettait de réaliser un chiffre d'affaires substantiel.

J'anticipais la nécessité d'un repositionnement stratégique : intégrer des vignerons émergents, sécuriser des allocations privilégiées et obtenir des exclusivités territoriales. Cependant, au sein de l'agence, ces propositions ne suscitaient aucun intérêt.

Un matin, alors que je me dirigeais vers Paris pour une journée de prospection, mon attention fut attirée par un restaurant semi-gastronomique dans le quartier du Vieux Saint-Maur. Intrigué, j'ai franchi le seuil. Le chef, manifestement alcoolique, luttait pour préserver sa dignité, mais j'ai perçu en lui un professionnel compétent, spirituel et fondamentalement bienveillant. Le lieu m'a immédiatement séduit et, malgré les engagements que je m'étais fixés, ainsi qu'à Sophie, j'ai décidé d'explorer la possibilité de reprendre cet établissement pour y créer un bistrot à vins de chef.

Le concept était d'une simplicité limpide : proposer des vins à sélectionner soi-même en salle, à des prix compétitifs, accompagnés d'une carte concise inscrite sur une ardoise. En conversant avec le propriétaire, j'ai appris que son bail avait été résilié pour défaut de paiement, que les huissiers devaient intervenir sous trente jours, et qu'il traversait une procédure de divorce complexe.

J'ai négocié avec les propriétaires de l'immeuble, des héritiers de notaire, pour obtenir un nouveau contrat de location. Puis, j'ai transformé le lieu en un bistrot de village accueillant : des caisses en bois remplies de bouteilles disséminées dans tout l'espace, des tables anciennes sans nappes, et une ambiance conviviale. J'ai également embauché le chef dans des conditions favorables, réglé ses arriérés fiscaux et personnels, et l'ai aidé à négocier un divorce à l'amiable, évitant ainsi que le modeste patrimoine du couple ne soit consommé par les honoraires d'avocats.

Le succès fut immédiat et éclatant, et pendant douze années, le bistrot devint une référence incontournable. L'élite parisienne venait y prendre place, et l'établissement figurait dans la presse nationale et les guides gastronomiques. Le chef, désormais retraité, a pu acquérir une maison dans sa région natale.

Quant à moi, si cette aventure m'a permis de tisser de belles relations, toutes ces personnes ont fini par s'éloigner une fois le bistrot cédé. Néanmoins, l'empreinte de ce lieu demeure gravée dans l'histoire du quartier, contribuant à sa notoriété et attirant désormais d'autres établissements de restauration.

Durant ces années, j'ai conçu un projet innovant autour des marques de luxe, que j'ai décidé d'adresser directement à Bernard Arnault, au siège de LVMH. Quelques jours plus tard, Bernard Giroud, ancien vice-président d'Intel Corporation et désormais conseiller de Bernard Arnault ainsi que directeur général d'Europ@web, le fonds d'investissement du groupe Arnault – probablement le plus influent du marché – m'a contacté. Il était vivement intéressé par mon concept, qu'il jugeait unique au monde.

Il m'a proposé un entretien au siège du groupe, avenue Montaigne. Empli de fierté et d'enthousiasme, j'ai partagé cette nouvelle avec mon jeune frère. Il m'a persuadé qu'il serait préférable qu'il s'associe au projet, afin que nous nous présentions comme une équipe cohérente et que l'entretien soit préparé conformément aux standards d'une entreprise de cette envergure. Le week-end précédant le rendez-vous, il a élaboré une présentation détaillée, convaincu que mon approche personnelle serait disqualifiante.

Le jour convenu, nous avons accédé à l'étage de la direction générale, où une salle moderne, entièrement vitrée, nous attendait. Monsieur Giroud est apparu, les vitres se sont instantanément opacifiées, et nous nous sommes levés pour l'accueillir. Après une poignée de main ferme, il m'a regardé droit dans les yeux, légèrement déconcerté, et a déclaré d'un ton direct :

— Je pensais que vous viendriez seul, comme vous l'aviez indiqué dans votre courrier.

Un malaise palpable s'est installé. Mon frère, ignorant cette remarque, a déroulé un exposé méthodique, mais académique. Pendant ce temps, je percevais distinctement la déception de Monsieur Giroud. Il attendait autre chose : une personnalité singulière, une vision unique qu'il aurait pu découvrir et accompagner. Mon silence semblait alourdir l'échange.

Au moment de nous quitter, il m'a glissé à voix basse, presque avec regret :

— Nous aurions pu commencer avec Dior, parmi les marques du groupe.

Mais il ne m'a jamais recontacté. Plus tard, en repensant à cette rencontre, j'ai compris qu'il espérait une relation authentique, une rencontre sincère avec un créateur capable d'incarner sa vision.

Je conserve précieusement ce concept, qui demeure d'une pertinence intacte. Peut-être son heure viendra-t-elle un jour.

Durant ma période au bistrot, j'ai eu l'opportunité de rencontrer un architecte d'intérieur de réputation internationale, qui m'a suggéré de rénover l'établissement pour en faire l'élément fondateur d'une chaîne. Cependant, privé d'accès au crédit, l'obtention même d'un compte professionnel avait représenté un véritable parcours du combattant. Sophie occupait le poste de gérante pour simplifier les formalités administratives. Parallèlement, nous avons inauguré une épicerie fine, dérivée du bistrot, dans le quartier de la mairie.

La rencontre professionnelle la plus significative fut celle avec Louis Grondard, alors chef du restaurant Drouant, un établissement parisien prestigieux où le Prix Goncourt est décerné chaque année. Il résidait à Saint-Maur-des-Fossés.

Il venait régulièrement dîner en compagnie de son épouse. J'éprouvais une profonde affection pour ce couple, leur simplicité et leur bienveillance. Un jour, sollicité par le Journal du Dimanche pour recommander une table d'exception, il a choisi mon établissement. Sans ostentation, fidèle à sa discrétion coutumière, il m'a offert une demi-page dans ce journal influent.

Quelques semaines plus tard, il s'est présenté un matin avant le service pour m'inviter à déjeuner à Paris, chez l'un de ses amis chefs, Gérard Besson. À cette époque, j'ignorais tout de son influence considérable dans le milieu gastronomique, et à quel point de nombreux chefs triplement étoilés lui étaient redevables.

Le matin où il est venu me chercher, j'avais totalement omis ce rendez-vous, submergé par l'activité frénétique du bistrot. Finalement, nous avons reporté notre visite à la semaine suivante, cette fois sans faux bond.

Lors de ce déjeuner chez Gérard Besson, j'ai pris conscience qu'il croyait en mon potentiel et qu'il était disposé à me présenter aux personnalités influentes pour m'introduire dans les cercles les plus prestigieux. Cette révélation m'a profondément marqué, me dévoilant les possibilités qu'il entrevoyait pour moi. Pourtant, je n'ai pas donné suite à cette opportunité exceptionnelle.

À cette période, j'envisageais déjà de quitter le secteur de la restauration pour m'investir dans d'autres domaines. Je désirais explorer de nouvelles problématiques et y apporter un regard novateur, pour faire émerger des solutions disruptives.

C'est ainsi que j'ai finalement pris la décision de céder mon bistrot pour me consacrer à la création d'une startup, marquant un tournant décisif dans ma trajectoire professionnelle.

J'ai découvert avec enthousiasme l'univers des investisseurs, des présentations de projets et des incubateurs, tout en m'immergeant dans l'architecture des applications et des logiciels. Je me suis passionné pour des technologies émergentes comme la blockchain, les cryptomonnaies et les NFT. Cette exploration a ravivé mes souvenirs de jeunesse : à 13 ans, pour Noël 1984, j'avais sollicité un Amstrad CPC 464. Je consacrais alors des journées entières à la programmation, fasciné par cet univers où tout semblait réalisable.

En quelques années, j'ai développé des solutions innovantes dans divers secteurs. La première visait à révolutionner la traçabilité et l'authentification des objets de valeur. Par la suite, j'ai intégré l'incubateur de Rungis pour créer une plateforme dédiée aux crédits interentreprises, fondée sur un nouveau concept d'actif de réputation. Enfin, j'ai élaboré une approche disruptive des transactions immobilières, aboutissant in fine à des tarifications différenciées selon les profils d'acquéreurs, pour un même bien.

Pour chacune de ces entreprises, j'ai organisé des levées de fonds auprès d'investisseurs. Néanmoins, j'ai souvent pâti de ne pas posséder le curriculum vitae qui facilite l'accès aux instances décisionnelles, ni le réseau qui favorise les connexions stratégiques. Lorsque je parvenais malgré tout à progresser, grâce au soutien de mon jeune frère, associé à l'un de mes projets aboutis, les événements prenaient une tournure inattendue. Il a lui-même fini par approcher les autres associés pour diluer ma participation, s'appropriant mes concepts et ma vision, tout en proposant de me supplanter à la présidence.

Face à ces expériences douloureuses, j'ai choisi ces dernières années de me recentrer sur l'immobilier traditionnel, dans un marché en repli. Cette orientation m'a permis de reconquérir une certaine autonomie, mais aussi de dégager du temps pour l'observation et la réflexion, loin des turbulences entrepreneuriales.

Le syndrome de l'imposteur, je l'ai porté comme un fardeau pendant de longues années. S'il m'a permis de préserver une certaine sensibilité, il n'a plus d'emprise sur moi aujourd'hui. Durant cette période, il m'a incité à m'entourer de personnes conventionnelles, souvent dépourvues de véritable talent créatif, mais dont les diplômes semblaient renforcer ma légitimité professionnelle.

Cependant, après m'avoir sélectionné, ceux qui détenaient le pouvoir de concrétiser mes projets éprouvaient souvent une déception. Ils me voyaient arriver accompagné de profils ordinaires, interchangeables, qui n'apportaient rien que les ressources déjà disponibles ne pouvaient fournir. Ces individus, parfois parasites, n'avaient d'autre ambition que d'exploiter l'opportunité pour s'élever au-delà de leurs propres limitations, des frontières qu'ils n'auraient jamais franchies par leurs seuls moyens, faute de talent, de liberté ou de courage.

Et moi, par crainte de décevoir en avançant seul, je les avais autorisés à m'accompagner, au détriment de mes propres aspirations.

En réexaminant mon parcours professionnel, voire ces cinquante dernières années, je sais désormais que les seuls éléments véritablement déterminants sont les passions primordiales, celles qui s'éveillent naturellement durant l'enfance, sans influence extérieure, ainsi que les émotions premières. Avoir la chance de découvrir une passion représente un privilège inestimable. L'enfant privé de la possibilité de réaliser sa passion porte en lui un deuil silencieux, qui l'accompagne tout au long de son existence, souvent sans même en avoir pleinement conscience. Il peut être temporairement porté par l'optimisme inhérent à la jeunesse, trouvant un certain réconfort en s'intégrant dans un parcours conventionnel, celui que suit la majorité. Sa curiosité naturelle pourra occasionnellement l'amener à explorer de nouvelles expériences, mais la possibilité de retrouver cette sensation de plénitude, celle d'agir sans effort apparent et sans percevoir son activité comme un travail, demeure toujours latente.

Pour y parvenir, il suffit de prendre le temps d'interroger et de respecter l'enfant que nous avons été. Car tout, finalement, plonge ses racines dans l'enfance. C'est là que réside le potentiel d'accomplissement de l'adulte, une potentialité qui ne demande qu'à être ravivée pour permettre un épanouissement authentique.

Les enfants qui grandissent en cultivant leur passion d'enfance développent naturellement des aptitudes dans ces domaines. Ils s'y consacrent pleinement, sans effort ni souffrance, simplement parce qu'ils n'ont jamais perçu cette activité comme un labeur. Leur mérite n'est pas supérieur à celui des autres, car ce qui peut sembler être une corvée pour certains constitue, pour eux, une source inépuisable de satisfaction.

Dans mon cas personnel, l'automobile et la voile représentaient mes seules véritables passions, profondes et intimes. Puis est venu un intérêt pour l'entrepreneuriat et les marchés financiers, des passions de façade, des expériences existentielles probablement destinées à assouvir ma curiosité et à attirer l'attention paternelle… tout en m'offrant la possibilité d'acquérir des voitures et de louer des voiliers. Tout ce qui relève de la passion trouve son origine dans l'enfance. J'ai mis en sommeil mes passions juvéniles et pourtant, c'est bien de cette période que peut émerger une autre forme d'engagement, un combat plus mûr, mais qui demeure fidèle à l'enfant que j'ai été. C'est en constatant le déclin de la France que cette nouvelle vocation s'est imposée à moi.

Il s'agit d'un combat pour préserver la France de mon enfance, celle qui suscitait ma fierté et me promettait un avenir sans appréhension. Depuis que je suis devenu père, ma seule motivation est de recréer pour mes enfants les parfums, les atmosphères, les saveurs, les sonorités et les paysages qui ont façonné ma mémoire affective. Ces éléments constituent le fondement d'un bonheur possible, enraciné dans une France magnifique, insouciante, douce et protectrice, dont on peut arborer l'identité avec fierté.

Aujourd'hui, cette identité est menacée. L'immigration incontrôlée, l'insécurité grandissante, l'islamisme radical, l'endettement qui nous étouffe et le rejet de notre histoire et de ses grandes figures ébranlent les fondements mêmes de ce qui faisait la grandeur de notre nation. Pourtant, la France s'est toujours distinguée par sa capacité à se démarquer, à oser là où d'autres se contentaient de suivre. Mais nos élites, qu'elles soient politiques, médiatiques ou économiques, persistent à nous comparer aux autres nations pour nous évaluer, affirmant que certaines initiatives ne sont plus envisageables parce que « les autres » ne les entreprennent pas. Cette mentalité d'alignement nous affaiblit considérablement. Il est temps que la France redécouvre l'audace d'être ce qu'elle a toujours été : singulière, courageuse et fière de sa spécificité. Mon engagement consiste à préserver cette singularité, afin que mes enfants et les générations futures puissent s'épanouir dans une France qui assume son identité et incarne pleinement ses valeurs.

Au fond, j'ai toujours pressenti que mes activités avant la cinquantaine ne constituaient qu'une phase préparatoire, et que ma véritable existence commencerait ultérieurement. J'ai souvent minimisé mes propres succès, comme si je les négligeais délibérément, refusant d'être prisonnier d'un destin dicté par la routine d'une réussite matérielle, une quête qui, à elle seule, n'aurait jamais pu compenser l'absence d'une authentique passion et m'aurait enfermé dans une dépendance à l'argent. J'aurais pu me satisfaire de lire l'approbation de ma réussite matérielle dans le regard d'autrui. Cela m'aurait permis de dissimuler que mes activités étouffaient l'enfant que j'étais, sans nécessiter de talent particulier, masquant ainsi un complexe face à ceux qui s'épanouissent pleinement et rayonnent, illuminant leur entourage de leur accomplissement. Ce sont la liberté et la curiosité qui ont guidé mes pas, me maintenant constamment disponible, prêt à répondre à l'appel lorsque viendrait le moment de m'engager dans la lutte passionnante qui m'attendait. Quelque chose d'essentiel, aussi puissant qu'une passion juvénile, qui balaie tout sur son passage.

Je me demande si, après avoir fait le deuil des passions de jeunesse et de la quête hédoniste du bonheur, on ne devient pas mieux armé pour mener un combat d'envergure, car une fois l'illusion du plaisir dissipée, seul l'accomplissement revêt une véritable importance. Dans cette perspective, il est fascinant d'observer à quel point la société voue une admiration aux sportifs d'élite, aux acteurs ou aux artistes consacrés, à tous ceux qui incarnent la réalisation d'une passion née dans l'enfance et menée à son aboutissement. Pour beaucoup, ils représentent une forme de rêve éveillé, une projection idéalisée de ce qu'ils auraient pu vivre, s'ils avaient eux-mêmes découvert une passion qui les anime dès leurs premières années.

Ces personnalités sont souvent élevées au rang d'icônes non pas uniquement pour leurs talents, mais parce qu'elles incarnent ce que tant d'individus recherchent désespérément : une trajectoire limpide et singulière, où l'épanouissement personnel converge avec l'activité professionnelle, où l'effort devient source de plaisir plutôt que contrainte. Ceux qui n'ont pas bénéficié de cette opportunité se retrouvent à admirer cette aisance apparente, ce destin fluide qui semble baigné de lumière.

Cependant, pour ceux qui, dans leur enfance, ont ressenti cette passion ardente, mais n'ont pu la concrétiser, le regard porté sur ces célébrités diffère sensiblement.

Ils ne les idolâtrent pas, car ils reconnaissent intimement que ce succès leur était également accessible. Il ne s'agit pas d'une question de mérite intrinsèque, mais de circonstances. Ils identifient en ces figures la possibilité d'une existence qu'ils auraient pu mener, et comprennent que la frontière les séparant de ces personnalités reconnues est bien plus ténue qu'il n'y paraît.

La vie ne leur a simplement pas permis d'épanouir cette passion originelle, mais ils demeurent conscients qu'ils en portaient le potentiel. Ce sentiment engendre moins d'admiration que de compréhension lucide, voire une forme de sérénité résignée : la réalisation d'une passion d'enfance ne représente pas pour eux une étoile inaccessible, mais un chemin qu'ils ont dû abandonner, parfois à contrecœur, mais dont ils connaissent intimement la direction.

Le 27 juillet 2024
Jour de la cérémonie d'ouverture
des Jeux Olympiques de Paris 2024

Paris est redevenue Paris, ou bien Paris n'est-elle plus Paris ? Que s'est-il passé ces derniers jours ? Où sont passés les invisibles que l'on ne voit plus ? Nous manquent-ils, et la province les considère-t-elle comme une chance ?

Comme pour les finances du pays et la plupart des politiques publiques, nos acteurs politiques nous cachent la vérité. Mais cette fois, c'est au monde entier que l'on offre un spectacle trompeur, un véritable village Potemkine.

Comment un Parisien doit-il vivre et interpréter ce changement ? Les politiques savaient ce qui se passait, et ils en ont honte.

Vont-ils expliquer que tout cela est simplement dû à un manque de moyens, qu'avec plus de policiers sur le terrain tout irait bien ? Eh bien, non. Ils ont en réalité expulsé en province les personnes considérées comme problématiques, et les policiers n'ont rien d'autre à faire que de rassurer la population.

Alors, puisque le problème est identifié et qu'un geste d'expulsion a été fait, comme un échauffement avant un geste sans retour possible, quel été sera celui qui arrêtera sa progression et amorcera une véritable résolution ? *Cet été qui viendra ?*

Pendant la cérémonie, des sujets sociétaux ont été abordés, soigneusement décryptés par la speakerine pour ceux jugés trop simples pour en saisir pleinement le sens. On affiche un courage facile, sans jamais s'attaquer à ce qui constitue le véritable talon d'Achille de la France : la question de l'islam. En détournant l'attention par des moqueries contre la religion chrétienne, la cérémonie reflète la peur des politiques face à une certaine « rue française » ou la compromission électorale.

Cela aurait eu de l'allure de prendre la défense de toutes ces femmes tenues sous le joug des hommes et dissimulées derrière des voiles. Surprendre l'assistance en abordant de manière inattendue ce sujet tabou aurait marqué les esprits, en imaginant des femmes interpellées aux côtés de leurs maris stupéfaits, partout dans le monde.

Cette prise de position aurait pu démontrer au monde que la France n'a pas peur de s'attaquer aux vrais défis, même lorsque cela implique de franchir des lignes rouges et d'affronter des tabous. Au lieu de cela, la cérémonie a préféré s'en tenir à des messages plus anodins, laissant planer la question de savoir si, finalement, c'est la peur des représailles ou des voix perdues qui guident réellement les choix politiques.

Combien de nos anciens présidents ou Premiers ministres ont-ils offert des avantages à des pays étrangers ou entretenu des intérêts financiers avec certains d'entre eux après avoir quitté leurs fonctions ? Les responsables actuels ont-ils véritablement la liberté d'action nécessaire, celle qui leur permettrait de privilégier l'avenir de la France plutôt que leurs propres intérêts à venir ?

<h1 style="text-align:center">28 juillet 2024
Romainville</h1>

Le son de mon iPhone 14 traverse suffisamment mon oreiller, comme chaque nuit. Sophie dort paisiblement à mes côtés en ce dimanche matin, tandis qu'Europe 1 diffuse l'émission estivale de Frédéric Taddeï : « C'est arrivé à… ».

L'invité, Michel Onfray, va être interrogé sur ce qu'il était à différents âges de sa vie : 15, 20, 30 ans, et ainsi de suite. Dès l'introduction, il précise qu'il a du mal à se souvenir de l'âge des gens et qu'il doit systématiquement refaire le calcul.

Frédéric Taddeï commence par évoquer les quinze ans de Mozart, Einstein, de Gaulle, Vanessa Paradis, Bach, et d'autres figures emblématiques.

Le premier moment de la matinée qui résonne profondément en moi survient après la première pause publicitaire, lorsqu'on aborde les 24 ans de Michel Onfray. J'apprends qu'à cet âge, le Général de Gaulle a été nommé capitaine sur le front de Champagne pendant la Première Guerre mondiale, et que c'est également à 24 ans que Lee Harvey Oswald a assassiné le président Kennedy.

Michel Onfray révèle qu'à cette période de sa vie, il avait déjà rédigé un nombre considérable d'ouvrages, aujourd'hui conservés dans son grenier, car jamais acceptés par les éditeurs ; il a d'ailleurs précieusement conservé les lettres de refus des maisons d'édition.

— Mais rétrospectivement, est-ce parce que ces livres étaient mauvais ? s'enquiert Frédéric Taddeï.

— Eh bien, écoutez, le seul qui m'ait véritablement accueilli et invité à Paris pour en discuter, c'était Roland Jacquard, explique Michel Onfray. Il m'avait fait cette amitié de me dire : « Venez, ça m'intéresse, mais en même temps, ce que vous écrivez n'est pas très neuf. C'est toute la pensée pessimiste, déjà présente chez Schopenhauer, chez Leopardi... » Et je lui ai répondu : « Oui, vous avez raison. » Et il m'a dit : « Ce qui sauve un texte quand il n'y a pas d'idée neuve, c'est le style. Votre style est bien, mais il n'est pas encore reconnaissable. Travaillez, et peut-être qu'on pourra se revoir, etc. » C'était un refus très élégant.

Eh bien, heureusement, je commence à pressentir, à la fin de ce livre, l'émergence d'un contenu véritablement novateur, avec *Cet été qui viendra*.

Frédéric Taddeï, après avoir évoqué les 24 ans de Foucault et de Nietzsche, en vient à Proudhon, le futur théoricien de l'anarchisme, dont Michel Onfray parle abondamment.

Michel Onfray raconte :

— Lorsqu'il a fallu dresser l'obélisque de la place de la Concorde, deux cents grenadiers ont dû tirer pendant une heure pour permettre son érection. Si un ouvrier avait travaillé deux cents heures seul, il n'aurait jamais réussi à ériger l'obélisque. Il y a donc quelque chose qui devient possible avec deux cents personnes travaillant une heure, et qui n'est pas équivalent au travail d'une seule personne pendant deux cents heures. Cela s'appelle la force de travail, et elle n'est jamais entièrement payée aux prolétaires. Le prolétaire est spolié, volé : la propriété est une accumulation de richesses prélevées sur cette force de travail qui n'est ni reconnue ni rémunérée. Cela s'appelle du vol. Évidemment, on a immédiatement crié au scandale : « Ce type veut voler les maisons, les propriétés les plus privées, les plus modestes ». Ce que Proudhon n'a jamais affirmé, car il considérait justement que la propriété constituait un rempart contre le communisme et le marxisme. Il était parfaitement conscient que la dictature du prolétariat ne pouvait conduire qu'à un totalitarisme. Donc, la conception de la propriété chez Proudhon n'a rien à voir avec les interprétations qu'on lui attribue aujourd'hui.

L'émission se poursuit après une chanson de Michael Jackson, né la même année que Michel Onfray.

Depuis toujours, Jackson a représenté pour moi l'unique véritable star, et j'aurais tout sacrifié pour le rencontrer.

La vie d'une personne, avec sa sensibilité particulière, sa folie créatrice et sa liberté assumée, peut elle-même devenir une authentique œuvre d'art, sans qu'il soit nécessaire de produire un objet tangible, un texte élaboré, un film ou une composition musicale. Pour certains individus, se préserver d'une intégration durable dans la société constitue une nécessité vitale, car ils y éprouvent une souffrance excessive, incapables d'y discerner un sens véritable. Ces artistes singuliers ne créent pas d'œuvres matérielles ; leur art réside dans leur regard analytique et leur perspective décalée sur le monde. Ce qu'ils apportent à leurs contemporains, c'est une vision unique de l'avenir et une mise en perspective du présent, une forme d'éclairage qui révèle des possibilités insoupçonnées et des significations nouvelles.

Ce sont des artistes essentiels, des penseurs irremplaçables qui, malgré l'absence de mécènes encore aveugles à cet art non exposable mais potentiellement convertible en valeur financière, enrichissent silencieusement le monde par leur seule existence.

Michel Onfray évoque ensuite l'infarctus qu'il a subi à l'âge de 28 ans. Il confie avoir réellement frôlé la mort :

— Un hélicoptère devait m'amener d'Argentan à Caen, mais les conditions météorologiques étaient défavorables, l'hélicoptère n'a pas pu décoller et un jeune médecin a déclaré : « On peut prendre le risque, il est jeune, en bonne santé, malgré l'infarctus. » Il existait à l'époque la possibilité d'administrer une injection assez problématique dont l'efficacité n'était pas garantie. Il m'a demandé : « On fait ou on fait pas ? », et j'ai répondu : « On fait. » Cette injection a été réalisée et, à mon arrivée à l'hôpital, j'y ai séjourné un mois, perdant dix kilos, mais j'ai véritablement frôlé la mort. Et quand je suis rentré chez moi, j'ai retrouvé tout en place : les chaussures, les chaussons, les vêtements, la brosse à dents... Je me suis alors dit que si j'étais mort, j'aurais laissé cette maison dans cet état. Je crois qu'il s'est produit une sorte d'accélération de la vie en moi. Même si mon père était déjà relativement âgé lors de ma naissance – il avait trente-huit ans, ce qui à l'époque était considérable –, j'ai toujours redouté qu'il disparaisse, et cette préoccupation... J'ai très tôt pris conscience du temps qui s'écoule, de la mort inévitable, de la précarité de l'existence, et là, brutalement, physiologiquement, je découvre... Je réalise que tout ne tient qu'à un fil. J'ai véritablement l'impression de vivre avec un bonheur de survivant, qui me pousse à écrire comme un forcené, à lire avec la même intensité, à vivre pleinement, dans la mesure où mon âge me le permet encore.

Les bourreaux de travail prennent-ils jamais le temps de lever la tête de leur ouvrage ? Ne sont-ils pas prisonniers d'une doctrine ou d'une idéologie rigide ? Conservent-ils encore la capacité de s'adapter aux fluctuations de la réalité ? Préservent-ils leur agilité intellectuelle ? Un président qui travaille mécaniquement parvient-il encore à respirer véritablement ? Dispose-t-il du temps nécessaire pour permettre à son esprit d'explorer des territoires inédits ? Une certaine forme d'oisiveté créatrice n'est-elle pas indispensable à l'exercice optimal des plus hautes fonctions ?

Demain, je retournerai à l'hôpital Cochin. Je traverserai Paris à l'aube, transportant mon bidon d'urines matinales, moins encombrant que la première fois, la collecte n'ayant duré qu'une heure. Mon sac à dos diffusera donc moins de chaleur aux voyageurs voisins dans le métro, un détail presque réconfortant dans cette étrange routine médicale.

Sophie émerge doucement de son sommeil. Elle se tourne vers moi, les paupières encore closes, ses bras s'étendant dans ma direction. Je pivote à mon tour, comprenant intuitivement ce qu'elle attend, ce qui a traversé ses pensées dans son demi-sommeil. Demain, je m'absenterai. Nos corps, immaculés en ce matin dominical, s'enlacent dans une ultime étreinte sensuelle et amoureuse, dépourvue de pansements et de diagnostics cliniques, avant d'affronter l'inconnu qui nous attend.

J'envisage la possibilité d'une nécrose tissulaire, annonçant une dégradation inéluctable, mais pour l'instant, je demeure dans l'ignorance. Éprouvera-t-elle encore le désir de toucher un corps générant sa propre destruction ?

30 juillet 2024
Hôpital Cochin, Pavillon Copernic,
étage 2, chambre 209
Paris

Rose, l'infirmière de nuit, vient retirer le plateau du dîner ; il est 19 h 30.

Je n'ai pas touché à la Danette caramel, qui reste sur le bord avec le descriptif du menu :

Le Service Restauration vous souhaite un bon appétit.

Normal :
• Émietté de colin cocktail ;
• Omelette fines herbes ;
• Poêlée bretonne ;
• 2 suisses + sucre ;
• Pastèque ;
• Pain blanc label rouge.

SIESSE Maxime.
Copernic 2 sud

Je suis arrivé hier à 14 h pour mon admission, avec des urines recueillies depuis mon lever, transportées dans mon sac à dos. La secrétaire coordinatrice du service d'endocrinologie m'attendait avec un sourire accueillant et protecteur, me recevant comme un invité privilégié au sein de son service.

La chambre individuelle, numérotée 209, est spacieuse et lumineuse. La douche, l'évier et les toilettes sont disposés sur la droite, regroupés en un seul ensemble en plastique, formant une salle de bain-WC monobloc. Le couloir est remarquablement silencieux et aucun bruit ne transperce des chambres voisines.

Depuis hier, les prélèvements sanguins et les contrôles de tension artérielle se succèdent à intervalles réguliers, m'imposant parfois de demeurer immobile pendant plusieurs heures. À gauche de l'entrée de la chambre, un tableau d'information présente l'offre de télévision. Je m'y suis abonné sans hésitation hier pour ne rien manquer des Jeux Olympiques ; une occasion unique d'échapper à la programmation estivale habituelle des chaînes télévisées.

L'hôpital Cochin s'abandonne progressivement à la nuit chaude de cet été olympique parisien. Dans ma chambre, deux événements vont encore survenir avant la veille nocturne des infirmières et des machines silencieuses : une prise de tension, de température et d'oxygénation sanguine, puis le regard bienveillant de l'infirmière de nuit dans l'entrebâillement de la porte donnant sur le couloir.

Dans les étages supérieurs se trouve le service de cancérologie. J'ai croisé dans l'ascenseur des malades considérablement affaiblis et amaigris, et depuis les fenêtres de ma chambre, j'observe des visiteurs se rendant au chevet de patients.

Mes pensées s'égarent vers cette réalité sombre : à quelques mètres à peine, des êtres humains s'éteignent quotidiennement dans ces chambres aseptisées. Le jour suivant, un nouveau malade prendra leur place. Certains entrent dans ces lieux pour n'en jamais ressortir vivants, d'autres effectuent des séjours répétés, tandis que d'autres encore ne reviennent plus jamais. Je m'interroge sur mon propre destin. Appartiendrai-je à la catégorie de ceux qui quittent définitivement ces lieux pour retrouver le monde extérieur, ou à celle des patients qui achèvent leur existence ici, dans une chambre similaire de cet établissement ? Peut-être que le décor de ma fin de vie se situe à quelques étages seulement.

J'imagine que, pour de nombreux patients, peut-être pour moi également un jour, ces murs immaculés constitueront le dernier contact avec ce qui incarne la beauté de l'existence : l'art, les plaisirs élémentaires du quotidien, la saveur des repas partagés.

Je songe aux infirmières, ces femmes d'un courage exemplaire qui, jour et nuit, veillent attentivement sur les patients confiés à leurs soins. Pour beaucoup de malades, elles représentent les dernières présences humaines à partager des moments d'intimité, à insuffler une chaleur humaine irremplaçable dans les ultimes instants de vie. Elles ont appris à apprivoiser la mort, à préparer avec dignité les corps devenus sans vie pour le dernier hommage des familles. Douces et profondément dévouées, elles savent instaurer une atmosphère de confiance et d'appartenance à une communauté bienveillante.

Ces infirmières résident souvent en banlieue parisienne. Elles doivent parcourir quotidiennement la région, sacrifiant des heures précieuses à chaque trajet, s'éloignant de leurs propres proches pour veiller sur les malades des autres familles. Elles offrent le plus précieux d'elles-mêmes, tant dans leur foyer qu'à l'hôpital ; elles incarnent des figures essentielles, véritables héroïnes discrètes des services hospitaliers.

Elles accompagneront certains d'entre nous dans nos derniers moments, et il faudra impérativement prendre soin d'elles lors de *Cet été qui viendra*.

31 juillet 2024
Hôpital Cochin, Pavillon Copernic,
étage 2, chambre 209
Paris

Il est 20 h. Une télévision sans marque, de 80 cm de diagonale, est fixée au mur, le son réglé à un volume élevé pour capturer pleinement mon attention. Je me tiens debout face à l'écran, dans l'espace étroit entre l'extrémité du lit médicalisé et la paroi immaculée. France 2 diffuse la soirée consacrée aux épreuves olympiques de natation ; Léon Marchand, alliant grâce et puissance extraordinaires, captive l'audience mondiale. Ce soir marque la veille de l'examen que je redoute par-dessus tout, le PET-Scan du nodule et des surrénales. C'est à ce sujet que j'interroge inlassablement les internes et les médecins qui franchissent quotidiennement le seuil de ma chambre.

— Un PET-Scan sert à déterminer quoi exactement ? Que recherchez-vous dans mon cas spécifique ? Un cancer ? ai-je demandé ce matin à Louise, une interne.

— C'est un examen que nous pratiquons pour mieux caractériser le nodule et comprendre son interaction avec les surrénales, pour déterminer s'il contribue à l'excès d'aldostérone et écarter certaines hypothèses, répondait notamment Louise, l'interne qui m'a accueilli lundi après mon admission.

— Je comprends, mais selon vous, existe-t-il un risque de malignité ?

— À votre âge, ce n'est pas la situation la plus fréquente. L'hypothèse la plus probable est qu'il sécrète des hormones comme l'aldostérone tout en conservant un caractère bénin.

— Et dans cette éventualité ?

— Après concertation pluridisciplinaire du service, nous pourrons vous proposer soit une intervention chirurgicale, soit un traitement médicamenteux. Nous en rediscuterons ultérieurement.

— Bien, nous verrons demain, concluais-je, comme pour limiter les informations supplémentaires et préserver un espace de réflexion : devrais-je privilégier l'option chirurgicale ou le traitement médicamenteux ?

Léon Marchand vient de s'adjuger deux titres olympiques. Je saisis mon smartphone pour consulter une intelligence artificielle, ChatGPT. Je formule ma question en intégrant la synthèse de mes résultats médicaux, et la réponse s'affiche presque instantanément. J'affine mes interrogations, sollicite des avis et un pronostic.

L'IA confirme mes appréhensions concernant le PET-Scan. Cet examen n'est programmé que dans le cadre d'une suspicion de cancer ; le pronostic vital associé à une telle pathologie dans cette localisation anatomique est particulièrement sombre.

En fin d'après-midi, un médecin que je n'avais jamais rencontré auparavant a fait irruption dans ma chambre, accompagné d'une constellation de jeunes praticiens en blouses blanches, tous attentifs à prendre des notes. Il s'est adressé à moi avec une condescendance manifeste, comme si mon intelligence était celle d'un enfant – après tout, c'est lui le détenteur du savoir médical.

Il m'a interrogé abruptement sur ma compréhension des raisons de ma présence ici et des examens auxquels j'étais soumis. Sa manière de communiquer, combinant langue des signes et lecture labiale, m'a instantanément rappelé Pierre-Gilles ; il souffre probablement de déficience auditive.

J'ai rapidement compris que ces intrusions soudaines visaient à me déstabiliser, alors que j'occupais une position physiquement inférieure, assis ou allongé, vêtu d'une tenue hospitalière qui accentue ma vulnérabilité. Ce médecin semble inculquer à ses étudiants l'art de la domination hiérarchique, de l'interrogatoire clinique, des réponses calibrées, et de la distance émotionnelle à maintenir envers les patients. À chaque visite, j'ai éprouvé la sensation d'être un simple sujet d'étude, un élément dans cet exercice pédagogique certainement nécessaire, mais profondément perturbant.

Cette relation infantilisante évoque douloureusement celle que ma mère a endurée durant les mois précédant son décès. J'en avais été profondément choqué, et je peinais à concevoir comment mon père pouvait tolérer cette situation, alors que ma mère refusait catégoriquement d'être enfermée dans un discours aseptisé, dépourvu de sincérité et de clarté.

Les médecins apprennent à déchiffrer au-delà des mots explicites, percevant les signaux subconscients du patient qui peuvent parfois contredire ses déclarations. Ils ne se limitent pas à répondre aux questions formellement exprimées, mais interprètent également les émotions sous-jacentes et les non-dits pour ajuster leur discours. Selon leur interprétation, ils peuvent choisir de dévoiler des vérités difficiles, ou au contraire, de les atténuer, afin de préserver le patient d'une réalité qu'il n'est peut-être pas encore préparé à affronter. Cette approche nuancée permet d'accompagner chaque personne à son rythme propre, en naviguant entre la transparence nécessaire et la bienveillance indispensable.

Le médecin m'a demandé si je prévoyais de partir en vacances après le PET-Scan, ses mains accompagnant invariablement son discours.

— Oui, j'envisage de me rendre dès le lendemain dans le sud de la France, mais je peux annuler si nécessaire, ai-je répondu.

— Non, c'est parfait, aucune raison de modifier vos projets de vacances, a-t-il affirmé.

— Existe-t-il des contre-indications particulières ?

— Non, aucune. Avez-vous d'autres questions ? a-t-il conclu, comme s'il n'en souhaitait guère.

Ils m'observent tous, debout, immobiles ; je suis assis dans le fauteuil en skaï, avec le plateau de la table roulante au-dessus de mes cuisses, le torse dénudé. Cette interrogation concernant mes projets d'août ne cesse de tournoyer dans mon esprit ; s'agit-il d'une simple courtoisie pour conclure sur un sujet léger et circonstanciel, ou bien d'un élément recueilli dans la perspective d'un protocole thérapeutique imminent ?

Dois-je profiter pleinement de cette période estivale, exempt de traitements contraignants et dans une insouciance momentanée ? La situation médicale est-elle suffisamment stable pour permettre ce délai d'un mois ? Et si ces vacances constituaient les dernières avec mon corps dans sa configuration actuelle ?

— Non, je vous remercie et vous souhaite également un excellent mois d'août, ai-je conclu.

Après son départ, j'ai contacté Sophie, lui recommandant de rester à domicile. J'aspirais à la solitude, préférant ne pas partager mes inquiétudes avant la fin du mois d'août au minimum.

Je suis demeuré seul avec mes réflexions. Le crépuscule descendait doucement à l'extérieur, parant le ciel de teintes rosées et orangées. Dans l'enceinte de cette chambre hospitalière, j'ai ressenti simultanément un profond isolement et une conscience aiguë de chaque pulsation cardiaque, de chaque cycle respiratoire.

Pour la première fois, j'éprouvais une connexion intime avec mon propre organisme. Je le redécouvrais, développant une forme d'attachement presque amoureux envers mes organes, envers leur fonctionnement silencieux et ininterrompu depuis ma venue au monde. J'avais négligé ce corps, l'avais soumis à rude épreuve, persuadé à tort qu'il pouvait endurer indéfiniment mes excès. Et maintenant, confronté à cette menace indéterminée, je me promettais d'être plus attentif, de respecter davantage les signaux qu'il m'adresserait. Je choisissais enfin d'accorder ma confiance à la science médicale, à la sagesse des praticiens, plutôt que de succomber à la fascination pour ces personnalités qui prétendent défier les pronostics au prix de comportements excessifs.

Mais ce qui résonnait le plus intensément en moi était la conviction que ce moment si souvent décrit par ceux qui ont côtoyé la mort – cet instant de lucidité absolue et de vérité existentielle – venait enfin de survenir dans ma propre vie. Si seulement cette prise de conscience était intervenue plus tôt, peut-être ma situation actuelle serait-elle différente.

Les jours à venir s'annonçaient déterminants, mais j'avais l'intime conviction que, quelle que soit l'issue, j'avais déjà entamé une transformation profonde. Je m'étonnais moi-même à nourrir l'espoir, à envisager un avenir où je pourrais vivre en harmonie avec mon être véritable. Peut-être la réponse surviendrait-elle demain ou après cette parenthèse estivale. Mais en cet instant précis, je me sentais disposé à accueillir ce que le destin me réservait.

Je ne peux m'empêcher d'analyser rétrospectivement mon parcours. J'ai consacré d'innombrables heures à rechercher des informations sur Internet, à réexaminer chaque réponse qui m'a été fournie, chaque tentative de réassurance m'assurant qu'il existe invariablement une explication favorable à toute situation.

Je médite sur la condition privilégiée des artistes et des créateurs. Ils laissent derrière eux une empreinte qui transcende largement un simple rôle économique transitoire. Leur œuvre constitue un legs inestimable pour leurs enfants, les accompagnant et se révélant sous des aspects nouveaux tout au long de leur existence. Elle permet de revivre les instants partagés avec l'être disparu, de redécouvrir sa personnalité sous des angles différents à mesure que l'enfant évolue.

Contrairement à ceux qui ne représentent qu'un rouage anonyme dans un système plus vaste, dont l'héritage matériel s'estompe rapidement, une création artistique persiste telle une fragrance ou une saveur qui ravive instantanément des souvenirs. Elle devient la clé qui ouvre l'accès à des moments révolus, permettant de ressentir la présence de son créateur bien au-delà de sa disparition physique. Je prends alors conscience que ce texte que je rédige constituera pour mes enfants précisément cette trace indélébile.

1er août 2024
Hôpital Cochin, Pavillon Copernic,
étage 2, chambre 209
Paris

L'infirmière ouvre la large porte de la chambre avec autorité, il est 6 h du matin. Les néons illuminent le couloir et la femme robuste se présente en silhouette à contre-jour.

— Bonjour monsieur, tout va bien, pas de douleurs ? me demande-t-elle mécaniquement. Restez allongé, je vais effectuer une prise de sang.

— Bonjour madame, non, aucune douleur, tout va bien.

Cette matinée va dévoiler une vérité enfouie. C'est déconcertant, je n'éprouve aucune sensation particulière dans l'abdomen, aucune souffrance où que ce soit, je ne ressens pas d'épuisement et mon poids demeure constant. Pourtant, la technologie a identifié une anomalie. Aujourd'hui, la science va mobiliser son instrument le plus sophistiqué, le PET-Scan. Une réalité imperceptible va se matérialiser sur des écrans ; j'imagine que les anomalies graves s'imposent au regard en teintes éclatantes.

Je suis de retour dans ma chambre, assis sur le lit, face à la porte close. Mon sac est préparé, disposé à ma droite. Le PET-Scan a duré vingt minutes, précédé d'une perfusion de cinquante minutes. Les autres patients présents pour le même examen venaient de toute l'Île-

244

de-France et de province, tous engagés dans un combat contre le cancer ou en ayant déjà fait l'expérience.

Louise, l'interne qui s'était entretenue avec moi hier, pénètre dans la chambre, juste avant l'heure de distribution des plateaux du déjeuner. Elle avance avec une certaine hésitation et s'immobilise près du mur, les jambes croisées. Elle presse le dossier contre sa poitrine, et son regard, encore empreint de jeunesse, semble peiner à assumer le poids de sa responsabilité face à moi, le patient.

— Bonjour monsieur Siesse, prononce-t-elle doucement. Comment vous sentez-vous ? Voilà, vous pouvez regagner votre domicile.

Louise me remet un dossier administratif et une ordonnance de médicaments renouvelée, à laquelle elle ajoute de l'Hyperium pour traiter ma tension artérielle encore excessive, ainsi que du potassium à prendre trois fois quotidiennement. Elle y joint également une prescription pour une analyse sanguine à réaliser dans une semaine, afin de vérifier si mon taux de potassium s'améliore.

— Disposez-vous des résultats du PET-Scan et des analyses ? je l'interroge, cherchant une réponse dans son regard.
— Non, le résultat du PET-Scan ne sera disponible qu'en fin de journée ou demain, répond Louise avec une légère hésitation perceptible. Quant aux analyses, le docteur Bouys les aura toutes la semaine prochaine. Il recevra également le résultat de votre prise de sang dans sept jours et prendra contact avec vous une fois qu'il disposera de l'ensemble des éléments. Je suis navrée, mais pour l'instant, je ne peux vous communiquer davantage d'informations.

Louise quitte la chambre sans ajouter un mot. Je saisis mon téléphone et envoie un message à Sophie, indiquant simplement que je rentre à la maison. Demain, dans l'après-midi, je partirai pour la Drôme avec Sophie, à bord de la Yaris, comme initialement prévu.

19 août 2024
Près de Beaufort-sur-Gervanne
Parc naturel régional du Vercors, Drôme

Dix-septième jour de vacances.

Plein Soleil.

Je suis allongé, savourant une musique italienne, sous un soleil au zénith. Le déjeuner vient de s'achever, et Sophie, une fois encore, a réussi l'exploit d'installer la vieille chaise longue en plastique blanc grâce à un secret qu'elle seule possède.

Hier, Alain Delon s'est éteint à l'âge de 88 ans, dans son domaine de La Brûlerie, à Douchy-Montcorbon, dans le Loiret, à la frontière de l'Yonne. Nous avons pris la Yaris GR en fin de matinée, comme chaque année, pour explorer les brocantes environnantes. Cette fois, notre destination était Marsanne, en passant par Saou et sa majestueuse forêt.

La Yaris, dérivée de la voiture de rallye WRC, a trouvé son terrain de prédilection sur la RD 70, unique voie qui pénètre l'immense forêt de Saou. Ce lieu, propriété du département de la Drôme depuis 2003, est un site classé, célèbre pour sa beauté sauvage. Son synclinal perché évoque souvent une coque de navire, tant le massif est presque entièrement clos. Les parois calcaires escarpées qui l'encerclent constituent une forteresse naturelle, isolant cet écrin de verdure du monde extérieur. Seules deux brèches permettent d'y accéder en voiture, dont celle que nous avons empruntée au nord, par le Pas de Lauzens, situé à 416 mètres d'altitude.

À Marsanne, curieusement, à l'instar de l'année précédente, nous avons découvert deux colliers : un en malachite et un autre en verre de Murano pour Sophie ; pour moi, deux petits éléphants, trois bronzes africains, et un vieux couteau de boucher. La fréquentation des brocantes semble moins importante cette année dans la région.

Sur le chemin du retour, nous avons visité le petit village perché, fortifié au Moyen Âge, de La Laupie, laissant Marsanne derrière nous avant de traverser à nouveau Saou. Le Pas de Lauzens nous attendait, mais cette fois dans la direction inverse. Le soleil baignait les montagnes formant un cirque naturel, jalonnant notre parcours jusqu'à la vallée opposée. Des demeures isolées bénéficiaient encore de la lumière en cette longue fin de journée, tandis que l'autoradio, réglé sur France Info, l'une des rares stations captables, diffusait des témoignages consécutifs au décès d'Alain Delon. Chacun partageait son commentaire, mais les propos manquaient d'originalité pour ceux qui ont traversé avec lui une époque de la France qu'il chérissait tant.

Pour les générations plus jeunes, ses films demeurent accessibles.

La route étroite s'enfonçait, virage après virage, dans les replis de la forêt qui tapisse les pentes rocheuses moins abruptes de ce chaînon montagneux. La luminosité déclinait, et les phares de la Yaris s'illuminèrent, perçant l'obscurité grandissante de la forêt dense.

France Info s'apprêtait à rediffuser une conversation, alors en direct sur l'antenne de France Bleu Auxerre. Cet échange, survenu il y a une vingtaine d'années, faisait suite à un appel reçu par la station un matin.

Paroles et paroles…

— Allô ? avait dit Sandrine, ce matin-là, présentatrice sur France Bleu Auxerre.

— Oui, avait répondu l'auditeur au téléphone.

— Oui.

— Oui.

— Bonjour !

— Bonjour.

— Vous vous appelez comment ? demanda Sandrine, déjà intimidée, sans comprendre pourquoi cet appel la déstabilisait.

— Vous êtes Sandrine ?

— Oui.

— Allô, Sandrine, je suis Alain Delon, répondit l'homme au bout du fil d'un ton péremptoire.

— Alain Delon ? Ah bon.

— Oui.

— Ah bon, et vous nous appelez d'où ?

— Eh bien, je vous appelle du Loiret. Vous êtes en Yonne, et je vous appelle du Loiret. Alors, je voudrais d'abord vous dire ceci : je voudrais vous souhaiter une bonne année à vous, Sandrine, à toute l'équipe que je n'ai pas le plaisir de connaître, à toute Radio Auxerre.

— Merci beaucoup !

— Et je voulais surtout vous dire, parce que je pense qu'elle est à l'écoute, que je voudrais remercier cette personne que j'ai entendue tout à l'heure, qui m'a rendu cet hommage, qui m'a beaucoup bouleversé. J'étais en train de prendre mon petit déjeuner, et j'ai effectivement écouté Radio Auxerre, et je voulais lui dire que c'était le plus beau cadeau de ce début d'année qu'on pouvait me faire, les propos qu'elle a tenus à mon égard. Voilà. Parce que c'était spontané, parce que ça venait du cœur. Je ne sais pas quoi vous dire. Je sais que vous doutez, je sais que vous ne me croyez pas.

— Humm, moi non plus, dit-elle en souriant, mais loin du micro, probablement en tournant la tête vers une personne du studio pour attirer son attention.

— Vous ne doutez plus ?

— Non, je dis moi non plus, je ne sais pas quoi vous dire.

— Dites ce que vous pensez, ce que vous voulez. Dites-moi simplement que vous me croyez et que vous pensez que c'est moi.

— Je pense que si effectivement…

L'extrait s'achève ainsi. Ultérieurement, Christiane, l'auteur de l'hommage, a été conviée par Alain Delon dans sa propriété de Douchy, pour partager un thé.

Toujours des mots, encore des mots…

Plus tard dans la soirée, j'ai visionné à nouveau une vidéo en ligne, un segment d'une émission de CNews. Pascal Praud, fervent admirateur d'Alain Delon et grand connaisseur du cinéma français, avait eu le privilège d'accueillir et de rencontrer sur son plateau en 2019 celui qu'il désignait comme « l'anomalie génétique » en raison de sa beauté exceptionnelle.

La table transparente du studio sépare la célébrité de l'animateur. Pascal Praud, sans dissimuler son admiration, affiche un regard presque enfantin, visiblement ému par la présence de son idole. Dès le début de l'émission, Alain Delon, avec l'assurance qui le caractérise, interrompt l'introduction :

— Et puis, je peux vous interrompre deux minutes ?

Pascal Praud demeure immobile, la tête légèrement inclinée vers la gauche, du côté du cœur, oubliant momentanément de répondre.

— Oui ? insiste l'acteur.

— Oui, bien sûr, répond Pascal Praud, comme si cela allait de soi.

— Ah bah, vous ne m'avez pas dit oui, non ? Pourquoi je suis là aujourd'hui, moi ?

— Parce que je vous l'ai demandé ?

— Bah, c'est pas tout à fait ça, rétorque-t-il en écartant l'affront d'un geste de la main.

Alain Delon, évidemment, ne se déplace pas sur simple demande.

— Parce que je vous ai appelé de nombreuses fois ? tente l'animateur, s'efforçant de trouver la réponse appropriée.

— C'est pas tout à fait ça. Je voulais simplement vous dire que si je suis là aujourd'hui pour vous, pour vous, tout seul. Et avant Cannes, je vous ai bien dit que je ne verrais personne, et personne ne me verra avant Cannes que vous. Pourquoi ? Parce qu'il y a quelques années, j'ai beaucoup souffert d'une situation délicate, où les gens étaient terribles avec moi, et un monsieur s'est dressé, que je ne connaissais pas, et que je ne connais toujours pas. Je le vois ce soir pour la première fois, c'est Pascal Praud. Il s'est mis à hurler « on ne touche pas à Alain Delon ». Ça m'a bouleversé. Je me suis dit : mais qui c'est celui-là ? On s'est parlé au téléphone avec lui, mais c'est la première fois, disons-le aux gens qui nous regardent, c'est la première fois qu'on se rencontre, Pascal. À cause de ça, et je voulais vous le dire, merci, parce que souvent dans ma vie, on m'a attaqué, on a fait beaucoup de choses, mais personne n'a fait comme vous en disant « on ne fait pas ça, on ne dit pas ça à cet homme-là ». Pourquoi ? C'est vous. Merci, Pascal.

— Écoutez, je suis très touché, dit Pascal Praud ému, mais c'est vrai qu'on ne touche pas, pour le coup, à Alain Delon !

Les vacances, inaugurées sur les plages méditerranéennes, se poursuivent dans la Drôme avec de magnifiques promenades, matinales ou vespérales. Les heures les plus chaudes se passent au bord de la rivière dont la fraîcheur procure un délicieux répit. Les apéritifs partagés avec les voisins se prolongent tard dans la nuit, et le tournoi de fléchettes anime la dernière soirée estivale, comme chaque année, avec les habitants les plus proches.

Depuis notre arrivée, aucune communication de l'hôpital Cochin.

Sur la route des vacances, l'obscurité nous avait enveloppés tandis que Sophie sommeillait paisiblement à mes côtés. Je m'interrogeais : allais-je passer ces vacances à guetter des résultats, à interpréter chaque silence, à m'inquiéter… ou pourrais-je, à l'instar des autres estivants, savourer cette parenthèse sans songer à la rentrée imminente ?

Dès le premier matin, j'ai compris que mon esprit avait choisi de nous offrir, à Sophie et à moi, une véritable trêve.

1er septembre 2024
Romainville

« La France a tué mon mari… »

A déclaré Harmonie Comyn, la veuve d'Éric Comyn, gendarme tué à Mougins, quelques jours après un refus d'obtempérer. Cette phrase résonne comme un cri d'accusation, une interpellation directe de l'État et de la société.

C'est le cri de la dernière ligne.

Je pense qu'un État véritablement fort n'a pas besoin d'une multiplication de lois. Il lui suffit de faire respecter celles qui existent, en incarnant l'exemple de l'ordre et de la justice. Chaque nouvelle loi semble n'être qu'un écran de fumée pour dissimuler les défaillances dans l'application de celles qui l'ont précédée. Alors, qu'est-ce qui se cache derrière cette inapplication des lois ? Quelles failles sociétales et institutionnelles cela révèle-t-il ?

Le conducteur, Luis Antonio Mendez Vaz, est un récidiviste bien connu des services de police. Violences en 2006, outrages en 2009, violences en 2010, délit de fuite en 2012, conduite sans permis en 2014, violences et outrages envers les forces de l'ordre en 2016, rébellion et nouvelles violences la même année, sans oublier une conduite en état d'ivresse en 2023. Ce profil soulève des questions évidentes sur la prévention de la récidive et la gestion des individus représentant un danger pour la société.

Cet homme de 39 ans, né à Santa Catarina au Cap-Vert, est titulaire d'une carte de séjour temporaire, sans cesse renouvelée, valide jusqu'en janvier 2026.

La question posée par Harmonie Comyn est légitime :

Qui porte la responsabilité du décès de son mari ?

Son mari lui-même ? *Cet été qui viendra* devra y répondre.
La gendarmerie ? *Cet été qui viendra* devra y répondre.
La législation ? *Cet été qui viendra* devra y répondre.
La magistrature ? *Cet été qui viendra* devra y répondre.
Les députés ? *Cet été qui viendra* devra y répondre.
Les Français ? *Cet été qui viendra* devra y répondre.
La France ? *Cet été qui viendra* devra y répondre.
L'Europe ? *Cet été qui viendra* devra y répondre.
Luis Antonio Mendez Vaz, le Cap-Vert et les Cap-Verdiens ? *Cet été qui viendra* devra y répondre.
La nature humaine ? *Cet été qui viendra* devra y répondre.
Le destin, ici encore une fois de plus ? *Cet été qui viendra* devra y répondre.

Finalement, moi ? *Cet été qui viendra* devra y répondre.

Harmonie Comyn, en interpellant la France, met en lumière les failles d'un système où chaque acteur porte peut-être sa part de responsabilité.

***

Depuis notre retour de vacances, je perçois un changement dans ma façon d'appréhender l'écoulement du temps et de savourer chaque instant ordinaire des journées qui se succèdent.

Mes sens sont en éveil : je porte attention à l'air qui m'environne, à celui qui pénètre mes poumons, à la manière dont mes muscles les animent et au rythme des pulsations de mon cœur. J'observe mon corps, cette mécanique humaine qui m'a tant offert, et je m'engage à l'accompagner dans sa fonction. Enfin, peut-être !

Je parviens désormais à apprécier ces moments entre les événements attendus, sans que l'impatience ne vienne submerger ces interstices. Tout devient agréable lorsqu'on s'accorde le temps de mesurer la chance d'exister, de contempler et de ressentir, en solitaire ou entouré d'autrui.

Je regrette ces années écoulées, ainsi que les épisodes douloureux et marquants qui les ont jalonnées. Pourtant, il m'a sans doute fallu traverser toutes ces épreuves pour me reconstruire, depuis ma prime enfance, et peut-être même depuis ces mois partagés dans le ventre maternel avec mon frère. Le véritable malheur réside probablement dans l'incapacité à emprunter le chemin de la guérison, celui qui nous conduit vers une période plus apaisée avant que notre existence ne s'achève.

La chance authentique, c'est d'éprouver, au moins une fois dans sa vie, avant qu'il ne soit trop tard, cette conviction profonde que la vie mérite d'être vécue. C'est alors que nous pouvons enfin observer, découvrir et aimer autrui véritablement, car nos tourments personnels ne monopolisent plus notre conscience.

Je repense à la façon dont les chaînes de télévision couvrent les Jeux Olympiques. Elles privilégient systématiquement les disciplines où les athlètes français nourrissent un espoir de médaille. Ce sont des sports déjà bien implantés, avec un fort potentiel de réussite. Pourtant, les disciplines moins médiatisées, celles où la France n'a pas encore brillé, demeurent dans l'obscurité, condamnées à ne jamais susciter l'enthousiasme du public, ni même l'intérêt des jeunes talents. C'est précisément là que réside un immense potentiel inexploité, là où il faudrait investir pour former les champions de demain.

Pourquoi ne pas présenter ces disciplines « invisibles » ?
Pourquoi ne pas valoriser l'esthétique des mouvements et l'excellence des performances, même lorsque les compétiteurs sont étrangers ?

Cela pourrait inspirer des vocations, éveiller la curiosité et peut-être, à terme, enrichir le palmarès français. Mais cette vision à court terme, cette obsession du succès immédiat, semble gouverner les décisions. On privilégie quelques triomphes éphémères, le temps d'un mandat ministériel ou d'une période administrative. La quête d'audience prévaut sur toute autre considération.

Ce raisonnement est aberrant. L'intérêt du public ne devrait pas se limiter aux statistiques d'audience. Il convient de voir plus loin, d'offrir une pluralité d'expériences et de permettre aux téléspectateurs de s'ouvrir à d'autres univers sportifs. Mais dans ce milieu, nombreux sont les décideurs qui préfèrent la reconnaissance immédiate. Ils se targuent de scores d'audience élevés, flattant des ego souvent démesurés, tout en menant des combats dépourvus de vision à long terme.

J'ai aperçu Emmanuel Macron aux JO, mais sa présence semble incongrue. Ces moments appartiennent aux athlètes, véritables sources d'inspiration. Ils évoluent dans un univers où la dissimulation n'a pas sa place. Durant une ou deux semaines, ils transforment l'existence des spectateurs, les emplissent de fierté, forgent une cohésion nationale. Les Français soutiennent leurs sportifs, quelle que soit leur origine, dès lors qu'ils représentent leur nation. Mais il est frappant de constater que les athlètes victorieux sont souvent rattrapés par une forme de communautarisme, comme s'ils recherchaient une cause supérieure pour se transcender. L'appartenance ethnique semble parfois prévaloir sur les origines sociales.

Il est fascinant d'observer comment les Français se mobilisent derrière une équipe, célébrant l'engagement autant que les victoires. Florent Manaudou l'a justement exprimé : l'essentiel réside dans l'investissement total, indépendamment du résultat. Les athlètes perçoivent cette énergie collective, ils sont portés par l'enthousiasme du public. Cette communion transcende les simples performances sportives.

Le processus électoral s'apparente à un combat de boxe. Il désigne des vainqueurs et des vaincus, mais l'affrontement doit invariablement respecter des règles précises et équitables. Pourtant, en politique, ces règles sont parfois modifiées en cours de jeu, comme avec les désistements stratégiques de candidats et les appels au front républicain entre les deux tours des scrutins. Imaginez un match de boxe où, à mi-parcours, on annoncerait soudainement qu'un des pugilistes ne remontera pas sur le ring et que le public devrait reporter son soutien sur un autre. Ce genre de bouleversement anéantit l'équité de la compétition.

Dans le domaine sportif, les règles demeurent immuables pendant l'épreuve, et le dopage est proscrit. Mais en politique, nos élections sont fréquemment « dopées » par des promesses formulées au détriment des finances publiques. La dette constitue notre équivalent du dopage sportif : elle autorise des engagements disproportionnés et irréalistes qui seraient autrement intenables. Tel un athlète dopé dissimulant ses faiblesses derrière des substances interdites, les candidats masquent la réalité économique par des promesses financées par l'endettement. Le problème, c'est que tôt ou tard, cette forme de supercherie finit par être dévoilée, et ses conséquences pèsent sur la collectivité, épargnant ceux qui l'ont orchestrée.

Accéder à un ministère, enrichir son curriculum vitae de cette expérience, et constituer un réseau d'influence garantissent une carrière durable. Les échecs dans l'exercice de la fonction, tout comme les mensonges, n'altèrent nullement l'avenir des responsables. En vérité, ils ne sont ni supérieurs ni inférieurs à leurs prédécesseurs ou successeurs. Ils disposeront invariablement d'une justification :

« J'ai découvert une situation bien plus préoccupante que prévu », ou encore :
« Le pouvoir réel m'échappait, j'ai rencontré des oppositions multiples ».

Ils concluront immanquablement par cette affirmation :
« Si j'étais Président de la République, alors, je pourrais véritablement agir. »

Si les principes régissant la politique étaient aussi rigoureux que ceux du sport, sans recours à des « ajustements » tactiques pendant le processus électoral ni à des engagements gonflés par la dette, nos scrutins seraient plus équitables. La victoire en politique devrait reposer sur des propositions solides, soutenues par un financement responsable. Or, trop souvent, elle s'appuie sur l'endettement, qui n'est rien d'autre qu'un emprunt dont le fardeau est transféré aux générations futures. Ce mécanisme restreint considérablement toute latitude d'action, les seuls intérêts de la dette représentant aujourd'hui le premier poste budgétaire de la nation, avec un coût annuel de 50 milliards d'euros.

Un jour, *Cet été qui viendra*, la politique devra se montrer aussi rigoureuse que la boxe, où le triomphe ne peut être acquis qu'à la force des poings, dans le strict respect des règles. C'est là que réside la véritable grandeur.

19 septembre 2024
Romainville

Depuis ma sortie de l'hôpital Cochin et les vacances qui ont suivi, j'ai commencé à négliger certaines obligations. Je savais pertinemment que je devais reprendre contact avec l'hôpital, mais mon attention se portait davantage sur mes sensations physiques, et je n'éprouvais pas l'impression d'être malade. En vérité, je préférais éluder cette réalité, car pour l'instant tout semblait aller bien. Sophie me rappelait régulièrement qu'il fallait que je prenne l'initiative, mais je différais systématiquement ce moment.

Ce matin, à 8 h 30, l'hôpital Cochin m'a finalement contacté. Ils m'ont fixé un rendez-vous pour le 27 septembre à 14 h 40 avec le docteur Bouys.

En consultant mon espace santé en ligne, j'ai constaté qu'un nouveau document avait été intégré à mon dossier. J'ai rassemblé mon courage et je l'ai consulté.

Voici le résumé de l'imagerie :
L'imagerie TEP/TDM au 18F-FDG révèle un nodule surrénalien droit discrètement hypermétabolique (SUVmax 3.3) avec des foyers de nécrose. Un renforcement est observé au niveau du bras interne de la surrénale droite (SUVmax 3.6), mais la distinction entre le nodule et le reste de la glande surrénalienne reste difficile à établir. Quant aux autres organes explorés (cerveau, thyroïde, poumons, ganglions,

foie, rate, pancréas, surrénale gauche et structures musculo-squelettiques), aucun foyer hypermétabolique suspect de malignité n'a été détecté.

Sur le plan oncologique, l'absence d'hypermétabolisme significatif ailleurs et le SUV relativement bas du nodule surrénalien laissent penser à une faible suspicion de cancer, car les lésions malignes tendent à présenter des valeurs SUV plus élevées.

Cependant, le renforcement observé au niveau du bras interne, ainsi que la difficulté à déterminer si la masse est indépendante de la glande pourraient justifier une surveillance ou des examens complémentaires afin d'écarter tout risque de malignité.

En conclusion, bien que le risque de cancer semble faible d'après cet examen, la présence de foyers nécrotiques dans le nodule, combinée à la complexité de l'interprétation, nécessite un suivi clinique et radiologique attentif.

Je comprends qu'il est nécessaire de réaliser des investigations supplémentaires pour distinguer entre une tumeur bénigne, une inflammation ou un cancer peu agressif.

Depuis deux mois, les éditorialistes et les journalistes prolongent et recyclent une sorte de chronique mondaine du milieu politique, à l'image des hommes politiques eux-mêmes. Ils n'ont pas saisi, ou ne peuvent percevoir, le message que les Français tentent de faire entendre.

Leur mode de pensée est trop formaté, confiné dans un cadre de réflexion étroit et politisé, incapable d'envisager des solutions en dehors des schémas conventionnels. Et même si des approches novatrices existaient, ils seraient les premiers à les rejeter sous prétexte que cela n'a jamais été expérimenté, que l'Histoire n'en offre aucun précédent. On tenait des propos similaires avant l'arrivée d'Emmanuel Macron ou celle de Donald Trump, jugées impossibles, avant que ces événements ne s'inscrivent dans la réalité.

Depuis les élections législatives, les commentateurs affirment fréquemment que « les Français ont exprimé ceci » ou « les Français ont manifesté cela ». En réalité, les électeurs ne constituent pas une entité monolithique ; chaque suffrage exprime une opinion individuelle, rendant toute interprétation généralisante réductrice et fallacieuse.

Le seul groupe qui semble transmettre un message collectif explicite, ce sont les abstentionnistes, près de 40 % des citoyens en âge de voter. Leur silence pourrait être interprété comme un désaveu manifeste :

« Nous avons perdu confiance en vous, nous rejetons vos propositions. »

Ce même refus se retrouve dans les suffrages accordés aux formations politiques extrêmes, dénonçant ceux qui gouvernent le pays depuis plusieurs décennies.

Quant aux autres électeurs, ils semblent encore captifs des jeux d'alliances politiques et des manœuvres tactiques, alimentant la téléréalité politique française. Pourtant, considérant l'état du pays – l'endettement abyssal, l'insécurité croissante, la fragilité institutionnelle – ces comportements apparaissent de plus en plus aberrants. Il serait honorable que ces responsables politiques, discrédités par leurs propres échecs, aient la dignité de se retirer et d'exercer d'autres activités, plutôt que de persister dans ce théâtre dérisoire.

Certains continuent de revendiquer l'héritage gaulliste, mais le gaullisme appartient désormais à l'histoire. La France nécessite aujourd'hui une nouvelle figure visionnaire, même modeste, résolument tournée vers l'avenir. Nous ne pouvons demeurer prisonniers de l'héritage du général de Gaulle, car même lui, dans le contexte contemporain, aurait certainement adopté une approche différente. Ce que le pays attend, c'est un modèle innovant, une espérance fondée sur les réalités actuelles, et non une nostalgie des figures historiques.

Un ancien président devrait être évalué exclusivement sur son bilan, sur les résultats tangibles qu'il a obtenus. Qu'il retire des avantages personnels après son mandat – en participant à des conférences ou en publiant des ouvrages – est légitime, mais uniquement si sa gestion de la « maison France » a effectivement amélioré la situation collective.

La dette nationale a-t-elle diminué ? Les revenus des citoyens ont-ils progressé ? Les Français se sentent-ils plus épanouis et en sécurité ? Les critères objectifs, tels que l'état des finances publiques, la réduction de l'endettement, l'amélioration des services collectifs ou le bien-être global, devraient constituer les seuls éléments déterminant la légitimité du succès d'un président après son mandat. Si sa gouvernance a au contraire aggravé la situation nationale, sa réputation devrait logiquement en pâtir.

Il est incompréhensible que des privilèges à vie continuent d'être accordés à d'anciens présidents ou Premiers ministres, alors même que leur gestion s'est soldée par un échec. Cette prérogative semble en décalage complet avec la responsabilité et l'obligation de résultat qu'ils devraient assumer envers la nation. Au lieu d'être gratifiés, ceux qui ont précipité la France dans des difficultés majeures devraient voir leur légitimité contestée, et les avantages qui leur sont octroyés devraient être reconsidérés à l'aune de leurs insuccès.

Cependant, la responsabilité des échecs ne repose pas uniquement sur les présidents et les dirigeants politiques. Les Français eux-mêmes ont été complices de cette situation, en considérant trop longtemps la politique comme un simple divertissement télévisuel, un spectacle lointain dont ils estimaient qu'il n'affecterait pas concrètement leur existence. Aujourd'hui, ils commencent à réaliser que chaque décision politique impacte directement leur quotidien : les retraites compromises, les services publics qui périclitent, la détérioration des systèmes de santé et d'éducation.

Nous sommes l'une des nations où les citoyens s'acquittent des prélèvements obligatoires les plus conséquents, sans véritable contrôle ni contestation. Pourtant, nos services publics fondamentaux, comme la santé, l'éducation ou la sécurité, connaissent une dégradation alarmante. Cela met en lumière une contradiction majeure : nous disposons manifestement des ressources financières suffisantes pour restaurer ces systèmes, d'autant plus que d'autres pays, avec une pression fiscale légèrement inférieure, parviennent à exceller dans ces domaines. Leur exemple démontre que l'efficacité des services publics ne dépend pas exclusivement du niveau d'imposition, mais également de la gestion et de l'allocation judicieuse des ressources.

Les citoyens ont accordé leur confiance à ceux qui leur affirmaient que tout allait bien, qu'aucun effort n'était requis. Mais la réalité les rattrape inexorablement. La France atteint un point critique, où le déni n'est plus viable.

Un président ne devrait pas se contenter d'être un communicant habile, mais incarner un véritable leadership, capable de prendre de la hauteur et de définir une trajectoire claire pour le pays. Sa fonction n'est pas de s'immiscer dans les détails quotidiens, mais de conduire des réformes structurelles, en expliquant aux citoyens les sacrifices nécessaires. Son mandat doit constituer une feuille de route précise vers un objectif défini.

Ce n'est qu'au terme de son mandat que le bilan doit être établi, non pas par ses propres déclarations, mais par l'examen des résultats concrets. Il ne s'agit pas d'une appréciation subjective, mais d'une évaluation factuelle : la réduction de la dette, l'augmentation du pouvoir d'achat, l'amélioration du bien-être collectif.

Un président efficace ne se distingue pas par son éloquence séductrice, mais par l'impact réel de ses actions.

Aujourd'hui, nous n'avons plus besoin de présidents-célébrités, mais de dirigeants efficaces, concentrés sur les résultats.

Les Français ne doivent plus être fascinés par l'image médiatique d'un président, mais par ses réalisations concrètes.

La politique ne doit plus se réduire à un exercice de communication, mais représenter un travail substantiel, produisant des résultats mesurables. Un président devrait agir avec discrétion, n'apparaissant publiquement que pour rendre compte des accomplissements effectifs.

Ce n'est que lorsqu'il a véritablement honoré ses engagements qu'il mérite la reconnaissance collective. Ni plus ni moins.

22 septembre 2024
Enghien-les-Bains et Montmorency, Val d'Oise

La nomination de Michel Barnier a porté un coup très sévère à une jeunesse politique ambitieuse et hyper communicante.

Lors de la passation de pouvoir, avec trois phrases seulement, le nouveau Premier ministre a relégué son jeune prédécesseur au rang de vestige d'une époque Instagram, soudainement révolue. Ce dernier, hâlé et légèrement plus corpulent qu'à son arrivée, paraissait à l'étroit dans son costume tendance gris et sa cravate signature.

Il a encaissé la rebuffade avec le sourire embarrassé d'un enfant pris en flagrant délit après avoir voulu jouer dans la cour des grands, tel un jeune conducteur à qui l'on retire les clés d'une voiture de sport après des comportements imprudents et ostentatoires.

Dans une allocution excessivement longue, le Premier ministre sortant a involontairement dévoilé l'envers du décor : une politique superficielle, articulée autour de jeunes figures charismatiques, habilement mises en valeur par les médias. Ces personnalités, sélectionnées pour leur aptitude à capter l'attention et stimuler les audiences, ont occulté la gravité des problèmes structurels et aggravé les déficits.

En un instant, tout est devenu limpide pour les Français : cette politique issue de notre feuilleton médiatique national, où l'on privilégie les protagonistes séduisants au détriment de la rigueur, touche à sa fin.

L'heure est venue de revenir à des choix responsables, loin des mirages médiatiques.

Depuis cette passation de pouvoir dans la cour de Matignon, du Président de la République aux députés vedettes des plateaux télévisés, en passant par les journalistes, la France découvre un homme au discours juste et sobre, un anti-star, éloigné des excès du spectacle politique conventionnel.

La France conserve sa dette et l'état de son droit.

Aujourd'hui, c'était la Journée du Patrimoine, et nous avons franchi deux frontières invisibles, à seulement une vingtaine de kilomètres de notre domicile.

L'an dernier, nous avions visité le Mobilier National et le ministère de la Justice. Cette année, profitant de conditions météorologiques clémentes, nous avons décidé de nous promener à Montmorency et Enghien-les-Bains, après un déjeuner en terrasse.

La terrasse, baignée de soleil sur la place principale de Montmorency, a pleinement satisfait nos attentes. Montmorency et davantage encore Enghien-les-Bains sont des petites villes bourgeoises pleines de charme, nichées dans un département qui l'est sensiblement moins.

Depuis notre agréable poste d'observation, Sophie et moi avons découvert un lieu où règne un authentique art de vivre : les habitants se reconnaissent, se saluent, conversent en promenant leurs animaux de compagnie. L'ambiance y est conviviale. À l'exception du vrombissement régulier des avions en direction de l'aéroport Charles de Gaulle, nous avons pleinement savouré cette journée dominicale paisible, comme transportés en province.

Pour cela, nous avons traversé une première « frontière », simplement en tournant à gauche au feu tricolore sur la Route de Calais, la D301, à hauteur de Sarcelles (Val-d'Oise).

La seconde démarcation, nous l'avons franchie en fin de journée, à quelques encablures du lac d'Enghien-les-Bains, en pénétrant dans Épinay-sur-Seine. Là, la sensation était celle d'une transition brutale, d'un univers à l'autre : des municipalités impeccables avec leurs façades soigneusement entretenues et leurs immeubles de standing, à des quartiers désordonnés, où l'architecture est négligée et la propreté compromise, caractérisés par une présence immigrée significative.

Au cours de notre déambulation, nous sommes arrivés à la collégiale Saint-Martin, juste à temps pour participer à une visite guidée du clocher.

Nous nous sommes joints au groupe et avons gravi les marches de l'étroite tourelle conduisant au sommet. C'était fascinant de franchir ces petites portes habituellement inaccessibles au public. L'escalier en pierre de taille, d'une blancheur immaculée, nous a permis d'entrevoir la charpente en bois ancien à travers une modeste ouverture. Ces structures en bois, à la fois majestueuses et vulnérables, nous ont rappelé la précieuse fragilité de notre patrimoine. Impossible de ne pas évoquer la « forêt » qui a été consumée à Notre-Dame de Paris.

Parvenus au faîte, nous avons contemplé un panorama à 360° sur l'agglomération parisienne. En contrebas, Enghien-les-Bains s'étendait avec son lac miroitant.

Après avoir admiré cette perspective qui révélait l'étendue des massifs forestiers ceinturant Paris, nous avons résolu de redescendre vers Enghien-les-Bains. Nous avons stationné la Lotus sous le théâtre, puis flâné autour du lac, découvrant des ruelles pittoresques, des demeures élégantes et des commerces haut de gamme. La cité respire la distinction, avec ses boutiques raffinées, ses agences immobilières, et sa population aisée.

Cependant, en atteignant une artère commerçante reliant la gare RER d'Enghien à Épinay-sur-Seine, nous avons observé une mutation dans le flux humain. Les passants présentaient un profil différent, créant un contraste saisissant, une sorte de « cicatrice » au sein de cette ville prospère.

La région parisienne est constituée d'enclaves, où certaines administrations municipales tolèrent des façades disgracieuses et des constructions dépourvues de style ou d'entretien. Cette négligence s'oppose à des secteurs où « le beau » est valorisé et rarement dégradé, conformément à la théorie des fenêtres brisées (Broken Windows).

Introduite par les criminologues James Q. Wilson et George Kelling en 1982, cette théorie suggère que lorsqu'un environnement est correctement entretenu et esthétiquement agréable, les comportements déviants, tels que le vandalisme, sont moins fréquents. À l'inverse, dans des espaces négligés ou dégradés, les comportements antisociaux tendent à proliférer.

Des expérimentations psychologiques et sociologiques, comme celles conduites dans les années 1990 par l'équipe de Kees Keizer aux Pays-Bas, ont corroboré ces postulats. Leurs recherches ont démontré que des environnements visuellement harmonieux favorisent un comportement plus respectueux des lieux. Une autre étude, réalisée par l'université de Stanford en 2010, a révélé que des espaces bien entretenus suscitent moins d'actes de vandalisme et de désordre, consolidant ainsi la conception selon laquelle beauté et ordre sont indissociables du respect.

Sur le plan économique, il est impératif de ne consentir aucune concession dans l'attribution des autorisations et des permis de construire, tout comme dans l'application rigoureuse des normes d'entretien des voiries. Des environnements soigneusement entretenus et esthétiquement cohérents favorisent non seulement un cadre de vie supérieur, mais également une dynamique économique vertueuse.

Ce soir, France 2 diffuse son émission Quelle Époque !, présentée par Léa Salamé, figure emblématique des matinales de France Inter.

Parmi les invités se trouve Sonia Mabrouk, journaliste franco-tunisienne œuvrant sur CNews et jeune mère. Malgré son rôle prépondérant sur cette chaîne du groupe Bolloré, elle est l'invitée ce soir du service public à l'occasion de la parution de son ouvrage *Et si demain tout s'inversait ?*.

Dans son ouvrage provocateur, Sonia Mabrouk bâtit un monde où l'Europe s'effondre sous les bombes, forçant les Européens à traverser la Méditerranée pour mendier l'asile dans une nation musulmane imaginaire. Le prix de ce refuge ? Une conversion à l'islam et l'adoption sans réserve des coutumes locales.

Cette fable inversée nous confronte brutalement à la question cruciale de l'assimilation : que signifie véritablement être accepté dans une culture diamétralement opposée à la sienne ? Mais le scénario lui-même repose sur une faille conceptuelle béante que personne, ni sur le plateau télévisé ni ailleurs, ne semble relever.

Car l'Histoire nous enseigne une vérité implacable : quand un pays possède une identité, des valeurs et une culture dignes d'être défendues, ses enfants restent et se battent. L'Ukraine contemporaine en offre l'illustration éclatante – ses hommes demeurent, les armes à la main, tandis que femmes et enfants ne cherchent qu'un refuge temporaire, sans convoiter une nouvelle citoyenneté.

La question dérangeante surgit alors : comment croire à l'amour sincère pour une patrie d'adoption quand on a abandonné la sienne au premier péril ? Comment ne pas voir le paradoxe de ceux qui, ayant fui leur terre natale, s'efforcent avec acharnement de recréer ailleurs les mêmes structures communautaires, les mêmes mœurs, jusqu'à tenter de convertir leur société d'accueil au mode de vie qu'ils prétendent avoir voulu quitter ?

Cette dynamique rappelle douloureusement ce qui saigne l'Afrique depuis des décennies : face aux crises, ses forces vives s'exilent, laissant derrière elles des nations exsangues sous la coupe de dictatures et d'oligarchies. Ces départs affaiblissent précisément les pays qui auraient besoin de leurs talents pour se réformer de l'intérieur.

Et si demain la France sombrait dans une crise existentielle, écrasée par le poids d'une dette insoutenable – dette en partie gonflée par l'intégration coûteuse de populations venues d'ailleurs ?
Que feraient alors ceux qui jonglent avec leur double allégeance ou qui affichent leur ressentiment à la moindre occasion ? Ne choisiraient-ils pas massivement de « remigrer » vers leur pays d'origine, abandonnant une France à genoux, exsangue et trahie, après avoir absorbé ses savoirs, ses formations, ses ressources ?

Plus troublant encore : ces « retournants » seraient-ils vraiment bienvenus dans leur patrie ancestrale ? N'y seraient-ils pas perçus comme des étrangers, marqués à jamais par leur passage en Occident ? Condamnés à l'entre-deux, n'appartenant pleinement nulle part, ni tout à fait d'ici, ni complètement de là-bas – tragédie silencieuse d'une identité fracturée que masquent les discours convenus sur le multiculturalisme.

Mais cette situation n'est pas une fatalité. La France, dans sa grandeur, a toujours su se relever face à ses crises. Elle n'a jamais cessé de se réinventer, et elle peut encore le faire aujourd'hui. Ce qui manque, ce n'est pas la capacité de changer, mais la vision d'un avenir commun.

Si demain, la France retrouvait sa fierté, ses racines et sa confiance, elle offrirait un avenir où chacun, peu importe ses origines, pourrait enfin se sentir pleinement légitime. Une France qui reconnaît ses enfants dans leur diversité, mais qui les unit autour d'une même histoire, d'une même culture, d'un même destin.

C'est dans cette France-là que les jeunes issus de la diversité n'auraient plus à jongler avec leur identité fragmentée. Ils pourraient se dire : « Je suis ici, et ici c'est mon pays, tout autant que celui de ceux qui sont venus avant moi. » Une France où l'intégration ne serait plus un défi à surmonter, mais une fierté partagée, car les racines de chacun seraient respectées dans un projet collectif ambitieux et unifié.

Ce soir pourtant, sur le plateau comme dans tant d'autres arènes du débat public, ces questions essentielles resteront murées dans le silence assourdissant du politiquement acceptable.

27 septembre 2024
Paris, Hôpital Cochin

Depuis plus d'une heure, une foule anonyme s'était rassemblée devant la cathédrale Saint-Louis de Versailles, à quelques pas du château. À 13 heures précises, les funérailles de la jeune Philippine ont débuté.

Une fois encore, beaucoup de Français espèrent que ce drame bouleversera enfin le scénario des prochains mois. Mais dans notre réalité, celle où nous luttons et souffrons, rien ne changera fondamentalement. Les acteurs continueront de réciter leurs dialogues de circonstance, préservant leur programme, tandis que nos existences, bien réelles, resteront hors du script, toujours plus vulnérables.

Mais combien d'étés encore avant *Cet été qui viendra* ?

Cet homme, le meurtrier de Philippine, est un ressortissant marocain. Arrivé en France comme mineur isolé, il avait été condamné pour viol avant sa majorité. Placé sous le coup d'une obligation de quitter le territoire français (OQTF) après avoir purgé sa peine, il a été remis en liberté quelques jours seulement avant de violer, tuer et ensevelir partiellement notre Philippine, à la pioche, dans le bois de Boulogne.

J'ai entendu des figures politiques et des commentateurs expliquer que la problématique concerne les violences faites aux femmes et la récidive, pas l'inexécution de l'OQTF ou la remise en liberté de cet individu.

Un journaliste interroge une députée médiatisée, qui livre un discours de sauvetage parfaitement rodé :

—Pensez-vous qu'il faille reconsidérer les conditions d'exécution des OQTF pour les étrangers condamnés ?

—Non, l'enjeu n'est pas là, répond-elle, sanglée dans son tailleur gris. La question essentielle est de mieux prévenir la récidive concernant les violences infligées aux femmes. Si nous avions renvoyé cet homme au Maroc, une femme là-bas aurait été exposée à un viol. C'est à notre société de prendre en charge ces personnes.

—Effectivement, et quelles mesures proposez-vous… ?

—…

Soudainement, Philippine n'est plus qu'une victime d'agression sexuelle, sans évocation de sa fin atroce et de son ensevelissement. Tout cela, par notre responsabilité collective ?

Peut-être que oui !

Les paroles d'Harmonie Comyn, "La France a tué mon mari", résonnent dans mon esprit. Cet homme avait déjà perpétré un viol, pour lequel il avait été condamné à 7 ans d'incarcération. Naturellement, il a bénéficié d'une libération anticipée grâce à une réduction automatique de peine.

Mais a-t-on véritablement considéré le témoignage de sa première victime, qui explique avoir survécu uniquement grâce à une négociation d'une heure ? Ce criminel ciblait-il spécifiquement des jeunes femmes d'apparence française ? L'administration n'aurait-elle pas dû organiser son expulsion avant même sa sortie de détention ?

L'État ne devrait-il pas agir à l'image d'un père de famille : protéger les siens en gérant judicieusement ses ressources ? Car, comme on l'entend souvent dans la France populaire, "c'est rapport à l'argent".

"C'est rapport à l'argent" que des détenus sont libérés prématurément.

"C'est rapport à l'argent" que la justice incarcère insuffisamment.

"C'est rapport à l'argent" qu'on ne déploie pas les efforts nécessaires pour obtenir les documents indispensables aux expulsions.

"C'est rapport à l'argent" qu'il manque d'effectifs policiers.

"C'est rapport à l'argent" que l'immigration, même incontrôlée, est parfois encouragée.

À chaque crise, des discours mobilisant de nobles principes dissimulent le fait que, concrètement, nous manquons simplement de ressources financières. L'argent ne fait peut-être pas le bonheur, mais il constitue une source essentielle de puissance et d'indépendance pour un État souverain. Notre endettement compromet nos libertés fondamentales.

***

Voilà presque une heure que j'attends dans la salle d'endocrinologie. Sophie m'accompagne, elle a insisté pour être présente lors de cette consultation. Depuis mon hospitalisation en juillet et l'examen PET-Scan, je n'ai reçu aucune information.

Si les mois à venir de mon existence – de notre existence commune – doivent se transformer en lutte acharnée, nous en serons informés d'ici peu. Depuis début août, je m'accroche à une conviction que m'a transmise Sylvie, notre voisine dans le Vercors, pharmacienne à la retraite :

—Si les résultats avaient été préoccupants, ils t'auraient contacté immédiatement, dès les premiers jours d'août.

Sylvie et son époux Yves me manquent tout au long de l'année. Leur amitié revêt un caractère exceptionnel. Leur analyse de la situation politique est invariablement pertinente ; en quelques mots choisis, ils décryptent ce que j'assimile souvent à une téléréalité nationale, avec ses dialogues prévisibles et son scénario convenu.

Le docteur Bouys pénètre enfin dans la salle.

De la tête aux pieds, rien d'anormal. Le PET-Scan n'a identifié aucune cellule anormalement avide de glucose. Absence de cancer, tant au niveau thyroïdien que testiculaire, ou de tout autre organe.

Le seul aspect problématique demeure l'origine indéterminée de mon hypertension résistante au traitement. Une discussion collégiale est prévue pour apporter des éclaircissements. Les résultats ne permettent pas d'établir si le nodule en est la cause.

La consultation s'achève par un prélèvement sanguin, puis nous nous installons dans un café du quartier, profondément soulagés.

Je songe aux praticiens contraints d'annoncer des diagnostics défavorables, tout comme aux patients dont l'existence peut basculer entre le moment où ils franchissent le seuil du cabinet et celui où ils la rouvriront avec la sensation d'avoir été heurtés par une locomotive.

Je mesure pleinement combien l'allègement et la libération peuvent métamorphoser la démarche et l'amplitude respiratoire.

Mon traitement demeure inchangé pour l'instant.

Je ressens un désir impérieux de relever des défis, de vivre avec intensité. Ma santé m'y autorise désormais.

J'aspire à parcourir la France à la rencontre de ses habitants, de ses sites remarquables et de ses paysages, puis à contribuer à suspendre temporairement cette série télévisée nationale, le temps de redresser le pays avant que son scénario ne reprenne son cours, si toutefois les Français le souhaitent encore.

Un temps considérable sera nécessaire pour que les fondations, une fois consolidées, ne soient pas à nouveau fragilisées.

La réinitialisation est peut-être promise pour *Cet été qui viendra ?*

<h1 style="text-align:center">1er octobre 2024
Romainville</h1>

Le nouveau Premier ministre, Michel Barnier, prononce son discours de politique générale devant les députés, depuis 15 h.

Imperturbable malgré le chahut dans l'hémicycle, son discours, centré sur le redressement des finances publiques et la réduction d'une dette « colossale », a détaillé cinq chantiers prioritaires : niveau de vie, services publics, sécurité, immigration et fraternité.

Premier engagement concret : ramener le déficit à 5 % du PIB en 2025 et sous 3 % d'ici 2029. Parmi les autres annonces : revalorisation du SMIC, projet de loi agricole, et reprise du débat sur la fin de vie.

La dette est colossale, et chacun comprend que la France est paralysée. Face à Michel Barnier, ce ne sont que des ambitions personnelles de petites personnes, assises sur les sièges rouges étroits du Palais Bourbon, bien trop larges pour elles. Certains préparent déjà leur réélection en cas de nouvelle dissolution en 2025, tandis que d'autres calculent en vue de la prochaine présidentielle.

Il règne une ambiance crépusculaire, comme si la France était sur le point de s'éteindre sans qu'aucun médecin n'ait été appelé à son chevet. Personne ne veille sur elle. Aveugles aux réalités, tous sont tournés vers les places avantageuses à prendre, sans se rendre compte que bientôt, la France ne pourra plus leur offrir ces privilèges :

voitures avec chauffeur, parfois à vie, beaux bureaux, retraites dorées… Ce sont des enfants irresponsables que le Premier ministre va rapidement remettre à leur place après les allocutions des chefs de groupe. Il a le calme des vieilles troupes, mais il est déjà trop tard. Il n'avait pas le talent nécessaire pour redresser le pays à temps. Ce n'est pas un bon communicant, il est droit et, surtout, il ne correspond pas au style de notre série télé.

Les politiques et les journalistes se délectent d'utiliser le dernier terme à la mode ; un simulacre de conviction pour des personnages sans colonne vertébrale : leurs fameuses « lignes rouges ». Ils évoquent l'« État de droit » et la « dette » uniquement pour justifier des positions purement tactiques.

La question de la professionnalisation de la classe politique ne se pose pas vraiment. Être politique aujourd'hui, c'est devenu un métier à part entière : s'exprimer sur les plateaux, répondre, convaincre. Cela implique aussi, par choix, d'accepter une exposition médiatique constante, non seulement pour soi, mais aussi pour ses proches. Cette visibilité peut même entraîner des risques physiques ou des atteintes à sa liberté pour des raisons de sécurité.

En ce qui concerne la compétence, c'est une question différente. L'administration détient la compétence, tandis que les hommes politiques sont souvent interchangeables aux postes qu'ils occupent successivement.

Le politique, en tant que citoyen lui-même, doit être animé par une passion authentique pour ses concitoyens, pour la France et son histoire. Il doit savoir trouver des solutions simples et efficaces, de bon sens et toujours dans l'intérêt général. C'est ainsi qu'il pourra être suivi. L'intelligence, avec le doute qu'elle suscite, et le désir de plaire ou de poursuivre des ambitions personnelles nous ont menés à la situation actuelle. Seules une évaluation constante et une véritable agilité doivent servir de leviers pour ajuster le projet présenté aux suffrages des Français.

7 octobre 2024
Romainville

Ce matin, exactement un an après le pogrom, à 6 h 29, sur le site du festival Nova, en Israël, à Réïm, une voix s'est élevée, déchirant le silence.

Elle a alerté, réveillé, bouleversé. C'était celle d'une mère.

Son cri poignant a rompu la minute de recueillement, là où de modestes mâts, surmontés de drapeaux, étaient plantés en hommage aux âmes innocentes, fauchées à l'aube, après une ultime nuit de danse insouciante.

Si l'on écoute attentivement les femmes, si l'on prend le temps de les observer, elles révèlent l'intégralité des dérives des hommes et des sociétés.

Elles possèdent un courage que les hommes ne manifestent pas toujours : celui d'affronter la vérité sans détour, avec l'urgence qu'impose notre commune humanité. Pour elles, les relations humaines priment sur toute autre considération. Elles donnent la vie et n'hésitent pas à risquer la leur pour préserver celle d'un enfant.

Et nous ? Nous regardons sans réellement percevoir. Nous détournons le regard, incapables de saisir ce qui se produit dans notre propre pays. Pourtant, pendant ce temps, nos églises continuent de se consumer.

Depuis janvier, Poitiers est le théâtre d'une succession d'incendies affectant plusieurs édifices religieux. Le plus récent a ravagé l'église Saint-Hilaire-le-Grand, un monument inscrit au patrimoine mondial de l'UNESCO, occasionnant des dégradations considérables. La population exprime une inquiétude croissante, tandis qu'une enquête s'amorce pour élucider les causes de ces actes.

Après Paris, Nantes, Chartres, Saint-Omer… combien d'autres cités seront encore touchées ?

Pendant ce temps, nos jeunes périssent égorgés.

Dimanche 29 septembre, après Thomas à Crépol (Drôme) et tant d'autres victimes, c'est Kilian, un jeune boxeur de 17 ans, originaire de Saint-Lô, qui a perdu la vie lors d'une soirée en discothèque.

À l'Octavia, près de Bayeux, une altercation a éclaté vers 6 h du matin entre Kilian et un autre individu. Ce dernier, après être retourné à son véhicule, s'est emparé d'une arme blanche et a poignardé Kilian au cou. Le personnel de sécurité est intervenu promptement et a maîtrisé l'agresseur jusqu'à l'arrivée des forces de l'ordre. L'assaillant, un jeune homme d'origine algérienne, a été appréhendé et placé en garde à vue.

Au-delà de la tragédie, une interrogation troublante émerge : l'alcool et la musique, omniprésents cette nuit-là, ont-ils constitué les facteurs déclencheurs de cet acte pour des motifs religieux ? En France contemporaine, on peut désormais perdre la vie simplement en cherchant à se divertir, alors que l'ombre de l'intolérance semble s'étendre progressivement sur ces espaces festifs.

Hier, à Fontainebleau, face au château, installés à la terrasse du restaurant Le Mansart avec Sophie, nous avons savouré un samedi baigné de soleil parmi les Bellifontains.

Nous sommes fréquemment attirés par les premiers et derniers rayons solaires de l'année. À bord de la Lotus, nous avons traversé la forêt avec délicatesse, le vent aussi léger que notre allure modérée, caressant nos cheveux tandis que les rayons tièdes réchauffaient nos visages, en direction de cette charmante ville paisible et encore préservée.

À chaque retour, une évidence s'impose à nous : peut-on véritablement s'éprendre de la France sans connaître ses villages et ses petites agglomérations, où subsiste encore l'âme authentique de ce pays ?

Ce sont ces lieux qui incarnent l'héritage religieux, la culture, l'esprit français et les conventions tacites bien davantage que les grandes métropoles.

Dans les grandes villes et leurs périphéries, véritables « villes-monde », c'est souvent la loi du plus fort qui prévaut. On y trouve sa place sans nécessairement devoir être accepté par la communauté d'origine. Mais en province, pour être reconnu et prospérer, il est impératif de s'assimiler, de s'intégrer au tissu social local, de se fondre dans cette collectivité où l'histoire, les traditions et l'art de vivre se transmettent encore. C'est là que l'on découvre la France véritable, éloignée du tumulte des grands centres urbains.

Dans la Lotus Elise, Sophie est positionnée plus bas que moi. Ce véhicule se distingue par sa légèreté, débarrassé de tout élément superflu. Le siège passager ne permet aucun réglage, ni en hauteur ni en profondeur ; seul le siège conducteur offre cette possibilité d'ajustement.

La voiture incarne fidèlement le principe fondamental énoncé par Colin Chapman, fondateur de Lotus : « Light is right ». La légèreté constitue la clé de l'efficacité. En y réfléchissant, je ne peux m'empêcher d'établir un parallèle avec l'État français, son endettement considérable, son administration pesante, rigide et génératrice de normes.

Ce que j'apprécie dans l'automobile, et finalement dans tout ce qui revêt une importance véritable, c'est l'efficience. L'efficience, c'est freiner avec précision, négocier les virages avec agilité pour accélérer rapidement ensuite. C'est un système fluide, réactif, capable de s'adapter aux circonstances imprévues sans jamais compromettre ses performances.

En observant l'appareil étatique français et, plus largement, toute organisation où les dirigeants élaborent eux-mêmes les règles, on constate une propension marquée à complexifier et alourdir inutilement les structures. Cette complexité ne vise pas l'amélioration du système, mais l'érection d'une barrière invisible entre les initiés et les exclus. Les élites y trouvent un moyen de consolider leur emprise et de préserver des privilèges associés à des fonctions nominatives.

Politiciens et législateurs perpétuent ce système, non seulement pour protéger leurs intérêts particuliers, mais également parce qu'ils y discernent un filet de sécurité en cas d'échec électoral ou de retrait de l'exécutif.

La bureaucratie leur procure un environnement stable où ils peuvent être réintégrés, garantissant ainsi une continuité professionnelle. La prolifération des réglementations et des procédures complexes leur permet de restreindre l'accès aux positions influentes, tout en renforçant leur propre ascendant par la maîtrise des nominations.

Cependant, en maintenant et en accentuant année après année cette bureaucratie, le pouvoir politique, paradoxalement, renonce progressivement à toute autorité effective. À mesure que l'administration se fait plus imposante, plus inerte et plus complexe, elle supplante la capacité d'action des dirigeants.

L'État, paralysé par son propre fonctionnement, devient une forteresse administrative où le pouvoir glisse insensiblement des mains des responsables politiques vers celles de l'institution elle-même.

Ainsi, en optant pour la préservation de cette complexité afin de sécuriser leurs trajectoires personnelles, les politiciens consentent à céder du terrain, perdant toute possibilité d'exercer un contrôle véritable sur les rouages de l'État, au profit d'une inertie administrative qui échappe à leur influence directe.

Les dirigeants politiques, incapables d'assumer les dérives des finances publiques et les réformes qu'elles nécessitent impérativement, semblent attendre que des organismes internationaux comme le FMI imposent ces mesures en leur nom, comme ce fut le cas pour la Grèce. Cette situation leur offrirait l'opportunité de se dédouaner et d'imputer la responsabilité à une autorité extérieure ou à leurs adversaires.

Tous les partis, sans exception, y compris des personnalités comme Philippe de Villiers, pourtant réputé pour son patriotisme, mais toujours affecté par l'ambition politique, souhaitent ardemment la chute du gouvernement actuel. Leur motivation profonde ? Empêcher qu'un ministre compétent ou un proche collaborateur ne gagne en notoriété et ne capitalise sur une réussite potentielle. Cette appréhension déforme leur perception de l'intérêt national, qu'ils sacrifient délibérément au profit de leurs calculs électoraux à court terme.

Les acteurs politiques transforment l'avenir de la France en un feuilleton télévisé aux accents tragiques. Les médias, complices tacites, laissent ce spectacle se déployer, au lieu d'alerter les citoyens sur l'imminence d'une catastrophe annoncée. Pourtant, chacun doit prendre conscience que le dernier épisode approche inexorablement : celui où tout sera emporté, les protagonistes, le système et, conséquence bien plus grave, la stabilité fondamentale du pays.

Si le gouvernement venait à être renversé sans qu'un budget n'ait été préalablement adopté, la France serait précipitée dans une crise majeure du financement de sa dette. Ce chaos affecterait directement les pensions de retraite, les rémunérations des fonctionnaires, l'épargne populaire, et plus dramatiquement encore, les populations les plus vulnérables. Face à cette perspective alarmante, les politiciens qui jouent avec l'instabilité institutionnelle ne méritent assurément pas de se prévaloir du qualificatif de patriotes.

La censure parlementaire : un mécanisme dévoyé

Aujourd'hui, on peut légitimement s'interroger : la classe politique n'a-t-elle pas détourné l'esprit fondamental de la Constitution pour servir des ambitions personnelles ? Les rédacteurs de ce texte fondamental n'avaient certainement pas anticipé qu'une classe politique entière, toutes tendances idéologiques confondues, pourrait un jour privilégier à ce point la conservation ou la conquête de positions de pouvoir, au détriment manifeste de l'intérêt supérieur de la nation. Cette observation appelle une réévaluation profonde de l'utilisation de la motion de censure, tant elle fait parfois l'objet d'un usage irresponsable.

En effet, lorsqu'un groupe parlementaire décide de voter favorablement une motion de censure, en ayant pleinement conscience de son aboutissement probable, il ne devrait pouvoir s'engager dans cette voie qu'après avoir méticuleusement préparé une nouvelle configuration majoritaire, immédiatement opérationnelle pour gouverner. En l'absence de cette préparation indispensable, ce vote ne fait qu'intensifier la paralysie institutionnelle et affaiblir considérablement la position française dans des périodes où elle nécessiterait, au contraire, stabilité et leadership affirmé.

Dans une telle configuration, ces parlementaires commettent une erreur d'appréciation quant à l'instrument constitutionnel approprié. Si leur objectif véritable consiste à démontrer l'ingouvernabilité de la France sous la direction actuelle, c'est une procédure de destitution présidentielle qu'ils devraient initier. Ce mécanisme exige une préparation rigoureuse : identifier un leader crédible, rassembler les parrainages nécessaires, et se tenir prêts à affronter une élection présidentielle anticipée dans un délai maximal de trente jours.

Ce processus mettrait à l'épreuve leur capacité effective à proposer une alternative crédible et responsable. Il contraindrait les parlementaires à se positionner comme une force gouvernementale potentielle, et non simplement comme une opposition dépourvue de propositions constructives. Une telle réforme contribuerait à garantir aux citoyens français un débat politique plus digne et plus élevé, tout en consolidant la gouvernabilité de la nation, y compris dans les périodes de turbulences institutionnelles.

Si aucune prise de conscience collective d'envergure ne se manifeste rapidement, l'unique issue consistera à attendre que des instances supranationales, telles que le Fonds Monétaire International, imposent autoritairement les réformes structurelles indispensables. Cette perspective signifierait une perte humiliante de souveraineté nationale et engendrerait un coût social considérable. Elle constituerait, sans conteste, une trahison historique envers le peuple français.

Mais ce scénario catastrophique n'est nullement inéluctable. Il appartient aux citoyens de mettre un terme à cette dérive collective avant qu'il ne soit définitivement trop tard, en exigeant fermement des solutions concrètes et un sursaut patriotique authentique de la part des responsables politiques et des acteurs médiatiques.

Partie II
La Transition Républicaine en action

Préambule

Le verdict est tombé : pas de cancer, pas de limite. Ce jour-là, tout a basculé. Après des mois d'angoisse et d'introspection, la vie m'offrait une seconde chance que je ne pouvais ignorer. Cette libération a éveillé en moi une nouvelle urgence : je ne pouvais plus attendre que d'autres agissent à ma place. Le temps m'était offert, et avec cette chance inespérée naissait un besoin impérieux : donner un sens à cette vie retrouvée.

Dans cette clarté, une évidence s'est imposée : tout comme moi, la France a besoin d'une renaissance. J'avais frôlé la mort à plusieurs reprises, mais sans que cela déclenche en moi ce sentiment d'urgence vitale. Cette fois, quelque chose avait changé. Cette expérience avait fait naître en moi la nécessité d'agir, non seulement pour moi, mais pour cette France qui se trouve elle aussi à un tournant.

C'est ici que mon journal intime se termine. Initialement intitulé *Cet été qui viendra*, il symbolisait une saison de renouveau pour la France après des élections où les citoyens voteraient pour un changement profond. À l'origine, cet « été » se projetait en 2027, comme un moment clé pour tourner la page.

Cependant, au fil de ma réflexion, il m'est devenu évident que cet « été de 2027 » ne serait pas celui du renouveau. Au contraire, il nous mènerait à une impasse : une assemblée paralysée par une dette insoutenable, un État de droit rigidifié sous le poids des institutions françaises et européennes, une constitution qui entrave toute avancée significative.

Les médias et les oppositions partisanes dressent tant d'obstacles qu'aucun gouvernement ne peut réaliser le programme pour lequel il a été élu. C'est alors que j'ai compris que le véritable renouveau ne viendrait pas en 2027, mais nécessiterait une année de transition pour éclore pleinement en 2028.

Ce sera cet été-là, *Cet été qui viendra* véritablement, qui marquera le vrai virage, celui où la France, enfin libérée des chaînes de l'immobilisme, pourra réellement se réinventer.

Les élections seules ne suffiront jamais à créer les conditions du changement nécessaire pour dépasser ces blocages. Cette prise de conscience m'a conduit à concevoir un autre chemin : La Transition Républicaine. Ce projet n'ambitionne pas de bouleverser nos institutions, mais de les alléger temporairement pour libérer la France de ses entraves.

La France est notre patrimoine commun. Aujourd'hui, elle vacille, mais nous connaissons les moyens de la redresser. J'ai saisi l'urgence d'un sursaut qui dépasse la simple alternance politique. Notre pays a besoin d'une transition fondamentale pour restaurer la puissance et l'efficacité de ses institutions.

Tout comme j'ai dû faire face à la réalité de ma santé sans faux-semblants, la France doit maintenant regarder ses maux en face, sans le filtre déformant des idéologies partisanes. Comme un organisme affaibli, elle est paralysée par des lourdeurs administratives et des compromis incessants. Elle s'est immobilisée sous le poids des renoncements accumulés. Pourtant, elle peut retrouver sa vigueur, mais cela exige un acte courageux : une réinitialisation profonde pour restaurer un État souverain et agile.

La Transition Républicaine incarne cette conviction. Son ambition repose sur une idée centrale : la France traverse une épreuve, mais nous avons les moyens de la sauver.

Le temps de l'observation est révolu. Passons à l'action. Passons à la méthode.

La Transition Républicaine
Une méthode pour l'intérêt national, hors des partis

Comment réinitialiser la France et relancer l'Avenir ?

Nous vivons un moment critique de notre histoire, où les partis politiques traditionnels, enfermés dans des logiques partisanes et des intérêts étroits, ont démontré leur incapacité à relever les défis de notre époque. La série télévisée politique que j'évoquais dans mon journal, celle où les mêmes acteurs jouent les mêmes rôles depuis des décennies, doit marquer une pause. Le prochain épisode n'est plus financé, à moins qu'il ne traite enfin du crépuscule de la France.

Il est temps de redonner la parole aux Français, de puiser dans leur bon sens et leur expérience pour tracer un nouvel horizon. Ensemble, nous pouvons insuffler un élan d'espoir, de croissance et de justice pour notre pays.

La Transition Républicaine est un projet inédit et résolument apolitique. Elle propose des réformes de fond, attendues par plus de 70 % des Français depuis des années, mais trop souvent instrumentalisées pour diviser plutôt que rassembler. Ces réformes touchent aux sujets essentiels sur lesquels le consensus national est évident, mais qui, dans le champ partisan, deviennent des objets de blocage et d'immobilisme.

Notre démarche repose sur une méthode claire et pragmatique, libérée des idéologies. En retirant des thèmes majeurs des querelles partisanes, nous pourrons les replacer au cœur de l'action publique, là où ils doivent être pour servir l'intérêt général.

L'exemple de la reconstruction de Notre-Dame de Paris : un modèle pour la France.

La France, comme Notre-Dame, n'est plus à bâtir, mais à rebâtir.

À l'image de cette cathédrale emblématique, notre nation doit se reconstruire non pas en inventant quelque chose de nouveau, mais en retrouvant l'essence même de sa grandeur. Ce n'est pas une révolution que nous proposons, mais une restauration fidèle de ce qui fait la force et l'identité de notre pays.

Le défi de la reconstruction de Notre-Dame, au cœur de Paris, a été relevé grâce à trois éléments clés que la Transition Républicaine entend reproduire à l'échelle nationale : une mobilisation exceptionnelle autour d'un projet commun, un délai court imposé dès le départ, et une prise de décision audacieuse affranchie des blocages habituels.

En un temps record, des mesures dérogatoires ont été adoptées pour simplifier les processus administratifs et accélérer les décisions, permettant ainsi le lancement des travaux dans des délais inédits. Ce consensus autour d'un objectif urgent a permis d'assouplir certaines normes, notamment en matière d'urbanisme et de patrimoine, tout en maintenant des standards élevés de qualité et de sécurité.

Grâce à cette flexibilité temporaire, les travaux ont avancé à une vitesse exceptionnelle sans compromettre l'excellence du résultat. Cela démontre qu'il est possible de réformer rapidement et efficacement lorsqu'un objectif clair et l'intérêt général priment sur les logiques partisanes et les pesanteurs administratives.

Pendant cette période, les médias ont joué un rôle constructif en adoptant une approche positive et pédagogique. Ils ont mis en lumière les enjeux de la reconstruction et valorisé l'expertise nationale, plutôt que d'amplifier les voix discordantes. Cette unité nationale, nourrie par la confiance collective, a été le moteur d'une avancée déterminée et cohérente.

La Transition Républicaine s'inspire directement de cette capacité à transcender les obstacles et à agir avec célérité quand l'intérêt commun devient la priorité absolue. Tout comme pour Notre-Dame, il s'agit de mobiliser les meilleures compétences du pays pendant une période limitée, avec des règles temporairement allégées pour atteindre un objectif précis : redonner à la France sa souveraineté et son efficacité.

Notre-Dame et la France : un destin parallèle

Au fond, Notre-Dame, par son épreuve et sa renaissance, a tracé la voie que la France doit suivre pour son propre renouveau.

Lorsque la cathédrale était au bord de l'effondrement, elle a été sauvée in extremis par les pompiers, incarnation d'un service public dévoué et exemplaire. De même, la France peut s'appuyer sur ses forces vives essentielles – comme ses élus locaux – pour éviter le pire et amorcer son redressement.

L'incendie a suscité un élan national sans précédent, mobilisant tous les Français, des milliardaires aux plus modestes, et captant l'attention du monde entier. C'est cette même unité que la Transition Républicaine cherche à susciter : rassembler toutes les énergies au-delà des clivages partisans pour faire de la France un modèle admiré.

Pour Notre-Dame, un président a fixé un objectif jugé impossible – cinq ans – et s'est entouré des meilleurs talents pour l'atteindre. De la même façon, la réinitialisation de la France nécessite une vision claire, portée par une assemblée de transition composée non pas de politiciens professionnels, mais d'élus du terrain prêts à réformer en profondeur.

La restauration de la cathédrale a été confiée à l'expertise d'un général de l'armée, garant de l'organisation et de la discipline. Pour la France, la Transition Républicaine propose cette même rigueur dans l'exécution des réformes, en s'appuyant sur des femmes et des hommes habitués à résoudre des problèmes concrets.

Des lois d'exception et une simplification des normes ont permis d'accélérer la renaissance de Notre-Dame. De même, alléger temporairement le cadre réglementaire et réorganiser l'État sont au cœur de notre projet pour libérer les énergies créatives du pays.

Quand la cathédrale a rouvert ses portes, la fierté nationale a ressurgi, et le monde entier a célébré l'événement. De même, une France redressée par la Transition Républicaine, renouant avec ses valeurs fondamentales, deviendra à nouveau une nation respectée et enviée.

Enfin, la flèche de Notre-Dame, surmontée de son coq, s'élève désormais plus haut que jamais, portant son héritage millénaire et brillant comme un phare pour l'Europe et le monde. La France, en retrouvant son audace et sa grandeur grâce à cette année de transition, montrera à son tour le chemin aux autres nations.

Notre-Dame nous l'a prouvé : quand les Français s'unissent autour d'un projet essentiel et que les obstacles administratifs sont temporairement levés, notre pays peut accomplir l'impossible. La Transition Républicaine n'est rien d'autre que l'application de cette leçon à l'échelle de la nation tout entière.

Un projet pour sortir de l'impasse politique

La Transition Républicaine

Réarmer la France : l'équilibre budgétaire et la souveraineté retrouvée

1. L'équilibre budgétaire en un an : possible et nécessaire

Pendant des décennies, on nous a expliqué que rétablir un budget à l'équilibre était un vœu pieux. Que le social coûtait trop cher. Que la réforme était douloureuse, qu'elle prendrait dix ans, et qu'il fallait s'habituer à la dette.

Ces discours ne sont plus recevables. La situation de la France n'est plus tenable. Et pourtant, nous pouvons rétablir un budget équilibré en une seule année, sans sacrifier le social, sans augmenter les impôts, et même en réduisant les charges sur le travail. Cela suppose une méthode simple : tout reprendre, ligne à ligne.

Voici comment :

a) Supprimer temporairement les niches fiscales : pour mieux les reconstruire

La France compte plus de 470 niches fiscales pour un coût annuel estimé entre 90 et 110 milliards d'euros. Certaines sont utiles, d'autres absurdes, d'autres encore captées par les plus riches. Nous proposons de suspendre toutes les niches fiscales pendant un an, sauf celles strictement nécessaires au bon fonctionnement de l'économie réelle. Pendant cette période, chaque niche sera auditée publiquement. Seules les plus efficaces seront réintroduites.

L'objectif n'est pas de supprimer définitivement, mais de tout reprendre à zéro. Aujourd'hui, la France ne peut plus réformer ses systèmes fiscaux et normatifs : chaque modification se heurte à des milliers d'exceptions et de contre-exceptions. Il faut donc enlever pour pouvoir refaire, reposer les bases pour rebâtir sur du solide.

Des économies nouvelles pour préserver les niches utiles

Pour autant, dès les premières semaines de cette réinitialisation, de nombreuses niches socialement utiles pourront être rétablies grâce aux économies découvertes ailleurs dans l'État. Un exemple concret illustre cette méthode : en 2024, l'Inspection générale des finances a identifié que l'État pourrait économiser 5 milliards d'euros par an simplement en optimisant ses achats publics. Un stylo BIC coûte 2,26 euros à l'État quand il est vendu 1,99 euro dans le commerce. En multipliant ces écarts sur l'ensemble des achats publics, des économies massives deviennent possibles.

Ces 5 milliards d'euros d'économies sur les fournitures et achats publics permettront dès le début de préserver des niches fiscales essentielles, comme :

- La niche pour l'emploi à domicile et les aides à la personne (6 milliards d'euros, maintenant plus d'un million d'emplois)
- Le crédit d'impôt recherche pour les PME innovantes
- Les dispositifs d'aide au handicap
- Les incitations à l'investissement locatif en zones tendues

Chaque économie réellement identifiée dans les dépenses non essentielles de l'État servira à compenser le maintien temporaire de certaines niches fiscales utiles. Ce mécanisme permettra de préserver l'équilibre social tout en amorçant une remise à plat progressive, méthodique et juste des dépenses fiscales.

C'est ainsi, par la méthode et par le détail, que s'ouvrira la Transition Républicaine : rigueur sur le superflu, générosité sur l'essentiel.

Gain estimé : 90 milliards d'euros.

b) Mettre un moratoire sur les dépenses liées à la transition verte bureaucratique

La transition écologique est une nécessité, mais elle ne peut plus être le prétexte à des dépenses absurdes ou inefficaces. Nous suspendrons les subventions inutiles ou sans impact démontré, comme certaines aides à l'éolien offshore, les voitures électriques de luxe, ou les plans de communication verte.

Gain estimé : 15 milliards d'euros.

c) Réduire les dépenses publiques de fonctionnement

La dépense publique française dépasse les 1300 milliards d'euros. Nous n'avons pas un problème de dépense sociale, mais de dépense structurelle inefficace. L'objectif est clair : réduire de 10 % les dépenses de fonctionnement de l'État dès la première année, par des économies sur l'immobilier, l'informatique, les cabinets de conseil, la multiplication des agences.

Gain estimé : 25 milliards d'euros dès l'année 1.

d) Lutter sérieusement contre la fraude fiscale et sociale

Avec des moyens, du courage et une volonté politique, il est possible de récupérer 15 à 25 milliards d'euros par an. Cela implique d'agir sur la fraude des très riches comme sur les abus de certaines prestations.

e) Geler temporairement les grands projets d'infrastructure non prioritaires

Certaines infrastructures coûteuses peuvent attendre. Tout projet inutile ou démesuré sera reporté.

Gain estimé : 8 à 10 milliards d'euros.

f) Hausses du pouvoir d'achat immédiat pour les bas et moyens salaires avec une baisse des charges sociales

En contrepartie de ces efforts, nous proposerons une baisse des charges salariales pour ceux qui travaillent, pour que **le travail paie davantage**. Cette mesure sera financée par les économies citées.

Coût estimé : 15 milliards d'euros.

2. Reprendre le contrôle juridique : restaurer la primauté de la loi française

Réformer les comptes ne suffit pas. Nous devons aussi reprendre le contrôle sur notre droit. Aujourd'hui, les lois votées par notre Parlement sont souvent subordonnées à des normes extérieures : traités européens, jurisprudences d'organismes supranationaux, accords commerciaux.

Cela crée une démocratie entravée : même quand le peuple décide, le droit l'empêche.

Nous proposons donc une réforme fondamentale : rétablir la primauté de la loi française sur tous les autres textes.

a) Modifier la Constitution (articles 55 et 88-1)

Actuellement : L'article 55 reconnaît la supériorité des traités sur les lois. L'article 88-1 consacre la primauté du droit européen.

Nous proposons de réécrire ces deux articles :

Nouvel article 55 : « Les traités et accords internationaux régulièrement ratifiés ont une autorité inférieure à celle de la loi française. »

Nouvel article 88-1 : « La République participe à l'Union européenne dans le respect de sa souveraineté nationale. La Constitution, la loi et les décisions du peuple priment sur tout acte ou norme européenne. »

b) Organiser un référendum

Cette réforme sera soumise au peuple par référendum, selon l'article 11 ou 89 de la Constitution. Elle sera pleinement légitime, transparente, démocratique.

c) Notifier l'Union européenne

Une fois la réforme adoptée, nous informerons l'UE que la France n'accepte plus la primauté automatique du droit communautaire sur ses lois nationales.
La France restera membre de l'Union, mais à égalité, pas en vassalité.

d) Redonner au Conseil constitutionnel un rôle souverain

Le Conseil constitutionnel devra protéger la loi française, pas l'interprétation des textes étrangers. Le peuple français est souverain.

3. Une hiérarchie restaurée : peuple > Constitution > loi > traités

Ce principe simple guidera l'ensemble de la refondation :

- Une loi votée par le Parlement ou adoptée par référendum prime sur tout texte international.
- En cas de contradiction, c'est la loi française qui s'applique.
- Une clause de désobéissance légitime permettra à la France de ne pas appliquer un traité ou une norme si l'intérêt national est en jeu.

4. Reprendre le contrôle de notre électricité : un levier de souveraineté et de pouvoir d'achat

Sortie du marché européen de l'électricité et retour à une énergie pilotable, stable et bon marché

Parmi les réformes structurelles capables de produire des effets économiques massifs sans sacrifier notre modèle social, la reprise en main de notre politique énergétique figure en tête de liste. Aujourd'hui, la France ne fixe plus librement le prix de l'électricité qu'elle produit pourtant majoritairement. En intégrant le marché européen de l'électricité, notre pays a accepté une logique aberrante : le prix payé par les Français est indexé sur la source la plus chère utilisée en Europe, souvent le gaz ou le charbon, et non sur notre coût réel de production, pourtant très bas grâce au nucléaire.

Ce système a fait exploser les factures : alors que le coût réel de production de l'électricité nucléaire reste autour de 42 €/MWh, les ménages et les entreprises paient souvent plus de 100 €/MWh, voire 250 €/MWh TTC pour les particuliers. Cette absurdité affaiblit notre compétitivité, étrangle notre industrie, et appauvrit des millions de foyers.

La solution est claire :

1. **Sortir du marché européen de l'électricité** pour reprendre le contrôle total de nos prix
2. **Relancer immédiatement la production à pleine puissance du parc nucléaire existant**, en levant les contraintes bureaucratiques et les calendriers de fermeture idéologiques
3. **Stopper toutes les aides publiques aux énergies intermittentes non pilotables** (éolien et solaire), sauf dans les cas d'autoproduction locale pertinente

Un gain direct de compétitivité :

- **Pour les entreprises :** la baisse de la facture énergétique permettra un gain de 30 à 40 milliards d'euros, réinjectés en emploi, investissement ou baisse des prix
- **Pour les ménages :** la baisse représentera une hausse immédiate de pouvoir d'achat de 500 à 800 € par foyer et par an
- **Pour l'industrie française :** c'est un levier massif de réindustrialisation, en rendant nos coûts de production compétitifs

Cette réforme permettra une baisse du coût réel de l'électricité de 35 % à 40 % pour les entreprises et les particuliers en trois ans, libérant ainsi près de 45 à 50 milliards d'euros chaque année au profit de l'économie réelle.

5. Remplacer l'inaction par l'innovation : du principe de précaution au principe de responsabilité

Un principe d'innovation et de responsabilité : Le principe de précaution, devenu dans la pratique un principe d'inaction et de paralysie, sera remplacé par un **principe d'innovation et de responsabilité**. Cela signifie que l'on pourra expérimenter, tester, produire, entreprendre, sous la condition d'une responsabilité claire, y compris juridique. Cela redonnera un avantage compétitif aux entreprises françaises dans tous les secteurs soumis à la concurrence mondiale : santé, agriculture, énergie, tech, industrie.

6. Moderniser l'État par l'intelligence artificielle

Remplacement des fonctionnaires par l'intelligence artificielle:

Dans les secteurs où l'IA peut effectuer des tâches standardisées (traitement de formulaires, réponse aux usagers, génération de rapports, suivi administratif…), **le non-remplacement des départs à la retraite sera systématique**. Avec 150 000 départs prévus par an dans la fonction publique d'État, et environ **30 % de postes substituables dès aujourd'hui par des outils numériques fiables**, on peut dégager une **économie progressive de 6 à 8 milliards d'euros par an** sans perte de service, au contraire : avec des services plus rapides et accessibles.

7. Construire l'infrastructure carcérale nécessaire à l'application des lois

Construction rapide de prisons pour les courtes et moyennes peines

L'État de droit exige que les peines prononcées soient effectivement exécutées. Aujourd'hui, par manque de places, de nombreuses peines d'emprisonnement ferme ne sont pas appliquées, ce qui affaiblit l'autorité de la justice et le sentiment de sécurité des citoyens.

Nous lancerons immédiatement un plan d'urgence pénitentiaire :

- Construction en un an de prisons pour les courtes et moyennes peines, plus légères et moins coûteuses que les centrales pour criminels dangereux
- Conception adaptée aux besoins : structures modulaires, sécurisées mais non fortifiées, optimisées pour les séjours temporaires
- Gestion confiée au secteur privé pour les services support (restauration, entretien, surveillance de base), permettant une mise en œuvre rapide et efficace
- Objectif : créer 20 000 à 30 000 places d'ici la fin de la première année

Cette mesure permet d'appliquer enfin les peines telles que la loi les prévoit, de désengorger les centres de détention existants, et de restaurer l'effectivité de la justice. Elle s'inscrit dans la logique de réparation technique du système, sans préjuger des orientations pénales futures qui relèveront des choix politiques de l'après-2028.

Coût estimé : 3 à 4 milliards d'euros, financés par les économies budgétaires dégagées.

Bilan:

Mesure : Impact (milliards €)
Suppression temporaire des niches : + 90
Moratoire transition verte : + 15
Réduction dépenses publiques : + 25
Lutte contre la fraude : + 20
Mise en pause des grands projets : + 8
Sortie du marché européen de l'électricité : + 25
Modernisation de l'État par l'IA : + 7

Total des gains : ≈ + 190 milliards

Baisse des charges salariales : - 15
Construction prisons courtes peines : - 4

Solde net : ≈ +171 milliards

Résultat : un budget équilibré, sans austérité, sans casse sociale, et avec un signal de confiance fort envoyé à toute la Nation.

Conclusion : la France en ordre de marche

Avec un budget équilibré, une loi respectée, une souveraineté restaurée, la France peut retrouver sa force. Nous n'avons pas besoin de tout casser, seulement de tout remettre dans le bon ordre.

Le peuple décide. La loi traduit sa volonté. Les traités s'appliquent tant qu'ils ne la contredisent pas. Et l'avenir se reconstruit à partir de là.

Libérer la France : le grand nettoyage normatif

Rééquilibrer le budget. Restaurer la souveraineté du droit français. Ces deux étapes sont essentielles, mais elles n'ont de sens que si elles permettent une troisième : nettoyer le pays de l'amas de règles, de normes, de formulaires et de blocages qui paralysent les services publics, les entreprises et les citoyens.

Un pays qui doute de lui-même produit des normes à la place du courage. La France en est là. Il faut maintenant l'en libérer.

Grâce au rétablissement de la primauté de la loi française, nous serons en mesure de désactiver des milliers de normes absurdes ou héritées de logiques étrangères, qui empêchent de soigner, d'enseigner, de cultiver, de produire ou de protéger.

Nous mettrons en place une grande mission interministérielle de libération normative, chargée de réécrire l'essentiel et de supprimer l'accessoire.

La philosophie de notre démarche : construire le cadre, non imposer le contenu

Cette Transition Républicaine a une vocation précise : réparer les outils démocratiques et économiques de la France, non décider du contenu politique à venir. C'est pourquoi nous distinguons clairement:

Ce dont nous nous occupons pendant l'année de transition :

- L'équilibre budgétaire
- La souveraineté juridique
- Le nettoyage normatif
- La réparation des institutions

Ce dont nous ne parlons pas - mais qui doit être au cœur de la campagne et des propositions des partis politiques :

- L'insécurité
- L'immigration
- Le logement
- L'écologie
- L'école
- La santé
- La politique étrangère
- La défense
- ...

Cependant, nos réformes techniques produiront des effets concrets sur ces sujets, dès 2027.

Prenons le logement : en supprimant les normes inutiles, nous libérons des terrains constructibles et réduirons les coûts, permettant de bâtir plus de logements, plus vite, à des prix abordables. Ces changements simples doperont le pouvoir d'achat des ménages, sans choix idéologique.

Sur la sécurité, l'efficacité viendra d'une chaîne pénale remise en ordre. En réduisant de 50 % les tâches administratives des policiers, grâce à la numérisation et à la suppression des doublons, nous renforcerons leur présence dans nos quartiers, notamment les plus sensibles. Des procédures judiciaires simplifiées accéléreront les jugements. La construction de 25 000 places de prison en bâtiments modulaires, sur des terrains publics, débutera immédiatement, complétée par l'utilisation temporaire de places disponibles dans d'autres pays européens, comme l'accord Belgique-Pays-Bas. Ces mesures, sans changer une loi, garantiront l'exécution immédiate de toutes les peines, restaurant la confiance en la justice dès la première année.

Sur l'immigration, nous appliquerons les lois existantes avec rigueur. Des guichets uniques dans chaque préfecture simplifieront les expulsions des personnes en situation irrégulière. En doublant les moyens des préfectures, les délais d'asile passeront de 18 à 6 mois, apaisant les tensions dans nos villes et assurant une gestion plus humaine, conformément aux recommandations de la Cour des comptes (2021).

Pour l'équité des ressources, un contrôle automatisé des données sociales, comme le dispositif « DataMatchs » (Urssaf/DGFiP), économisera jusqu'à 2 milliards d'euros par an. Ces fonds, visant les fraudeurs et non les Français honnêtes, seront réinvestis dans nos écoles, hôpitaux et commissariats.

L'optimisation des achats publics de l'État, qui représentent environ 45,6 milliards d'euros en 2023, offre un potentiel d'économies significatif. En rationalisant ces dépenses, nous pourrions dégager jusqu'à 5 milliards d'euros par an, selon les objectifs fixés par le gouvernement en 2024. Ces marges permettraient de financer, par exemple, 10 000 enseignants ou la rénovation de 500 écoles, sans recourir à l'austérité ni augmenter les impôts.

La technique au service du politique : voilà l'esprit de cette Transition.

J'ai mes idées et mes convictions sur tous ces sujets. Bien sûr, pendant la campagne présidentielle, je ne pourrai pas éviter de répondre aux questions qui me seront posées sur ces thèmes. Il serait irréaliste d'imaginer que les journalistes et les citoyens n'aborderont jamais l'insécurité, l'immigration ou l'écologie.

Mais je m'engage solennellement : **ma voix ne comptera pas plus que celle de n'importe quel autre Français**. Mes opinions se mêleront à toutes les autres dans les urnes. Je ne profiterai pas de ma position présidentielle pour imposer mes visions sur ces questions de société. L'objectif de la Transition est justement de créer les conditions pour que chaque Français puisse faire ses choix en toute connaissance de cause, dans un cadre institutionnel qui fonctionne.

Il n'appartient pas au Président de la Transition d'imposer ses visions politiques : son rôle est de créer les conditions pour que les choix démocratiques futurs puissent s'exprimer et se réaliser sans entrave. C'est bien le résultat des élections législatives de 2028 qui décidera de la politique qui sera conduite à partir de cette nouvelle assemblée.

La contrainte budgétaire comme boussole démocratique

Il ne s'agit pas de détruire pour détruire, mais de faire table rase pour mieux reconstruire. Là où l'on a trop enlevé, il faudra refaire, mais il n'était plus possible de réparer et d'ajuster : il fallait tout enlever pour pouvoir évaluer et rebâtir avec la contrainte salutaire du budget à l'équilibre.

J'ai la conviction que cette contrainte est notre planche de salut pour que les bons choix soient à notre portée. Un budget équilibré oblige à hiérarchiser, à choisir, à justifier. Il révèle les vraies priorités et empêche les fausses promesses. C'est dans ce cadre assaini que la politique pourra recommencer.

Voici ce que cela signifie, secteur par secteur.

1. Santé : rendre la médecine aux soignants

Supprimer les normes administratives absurdes imposées aux hôpitaux, notamment les objectifs comptables de rentabilité à l'acte (T2A), qui transforment les médecins en gestionnaires. Libérer les temps médicaux : supprimer les obligations de remplir 17 logiciels pour une consultation simple. Réautoriser les médecins à prescrire avec bon sens sans être systématiquement surveillés par des directives ou des protocoles conçus à Paris ou à Bruxelles. Permettre l'exercice élargi des compétences paramédicales, avec confiance, sans bureaucratie. Revenir à une gouvernance hospitalière pilotée par les médecins, et non par des directeurs comptables.

2. Éducation : réarmer les professeurs et les établissements

Supprimer les injonctions pédagogiques floues, imposées par l'administration centrale ou des groupes de pression idéologiques. Redonner la liberté pédagogique au terrain, avec un socle de connaissances national clair. Simplifier les règlements intérieurs des établissements pour permettre aux chefs d'établissement d'exercer une vraie autorité. Mettre fin à la surproduction de protocoles, d'évaluations bureaucratiques, de formations inutiles. Autoriser les professeurs à enseigner sans craindre une sanction idéologique ou disciplinaire s'ils appliquent le bon sens.

3. Agriculture : produire sans s'excuser

Supprimer les normes européennes inutiles ou contre-productives, qui interdisent un pesticide autorisé ailleurs, imposent des haies là où elles n'ont jamais existé, ou pénalisent les cultures françaises par idéologie verte. Alléger drastiquement les contrôles administratifs, qui traitent les agriculteurs comme des suspects permanents. Permettre aux agriculteurs de produire français, selon des normes sanitaires nationales claires et strictes, mais applicables. Récompenser les bonnes pratiques environnementales par le contrat, pas par la punition. Redonner du sens à la PAC en la subordonnant à l'intérêt agricole français.

4. Entreprises : respirer enfin

Abroger toutes les normes qui nuisent à la compétitivité, dès lors qu'elles ne sont pas vitales pour la sécurité ou l'environnement. Mettre en place une règle simple : un texte adopté = deux textes supprimés. Éliminer les seuils absurdes qui freinent l'embauche (seuils de 10, 20, 50 salariés). Simplifier radicalement le Code du travail, en distinguant le droit protecteur du droit paralysant. Faire confiance aux entrepreneurs plutôt que de les harceler.

5. Police : protéger, pas remplir des rapports

Supprimer les procédures pénales absurdes, qui obligent un policier à passer 3 h sur un dépôt de plainte simple. Libérer les forces de l'ordre des circulaires idéologiques, qui empêchent les interpellations ou les rendent juridiquement risquées. Rendre à la police le pouvoir d'intervention immédiate, avec un soutien clair de l'État. Faire évoluer la hiérarchie administrative, trop souvent soumise à la logique de la carrière plutôt qu'à celle de la mission. Garantir aux policiers une présomption de légitime défense dès lors qu'ils protègent.

6. Justice : trancher, pas différer

Simplifier les procédures judiciaires, en permettant aux magistrats de juger vite et bien. Réécrire le Code pénal pour qu'il soit intelligible par tous, et qu'il laisse une vraie marge d'interprétation aux juges. Mettre fin à la judiciarisation excessive de la vie publique, entretenue par des lois floues ou contradictoires. Redonner à la justice pénale un rôle central dans le pacte républicain, et au juge de proximité les moyens de juger vraiment.

7. Administration : servir, pas gérer

Supprimer 50 % des formulaires administratifs en un an, en les remplaçant par des procédures déclaratives simplifiées. Responsabiliser les agents plutôt que de les noyer sous des grilles d'évaluation. Réorganiser l'État en supprimant les doublons entre agences, directions régionales, ARS, etc. Créer une administration légère, réactive, qui répond au téléphone, qui règle les dossiers au lieu de les trier.

Une méthode simple : réécrire, simplifier, supprimer

Un Commissariat général à la libération normative sera chargé de piloter ce grand nettoyage.

Il travaillera selon trois principes :

1. Chaque règle sera réexaminée. Si elle n'est pas indispensable, elle sera supprimée.
2. Chaque secteur proposera lui-même ses réformes. Les praticiens, pas les experts, guideront la simplification.
3. Une loi-cadre annuelle fixera les priorités, avec un vote solennel. Le Parlement décidera, pas les technocrates.

Conclusion : pour une République du bon sens

La France étouffe sous des textes. Il est temps de faire respirer le pays. Avec une Constitution réaffirmée, une loi souveraine, un budget maîtrisé et des institutions libérées, nous rendrons aux Français le droit d'agir, de créer, de décider et de vivre.

Le pays ne manque ni de ressources, ni d'idées, ni d'énergie. Il manque seulement de liberté d'action. Ce carcan tombera. Et la France recommencera à marcher.

La Transition Républicaine : la cohabitation simultanée d'une France technique et d'une France politique

I. Un projet institutionnel novateur : les deux France en parallèle

Ce projet n'est pas une simple alternance politique. C'est une parenthèse démocratique exceptionnelle, qui s'inscrit dans le cadre républicain tout en proposant une architecture institutionnelle originale basée sur la cohabitation simultanée de deux dimensions qui fonctionnent en parallèle:

L'Assemblée de Transition : une révolution démocratique

2027 marquera une rupture fondamentale. Les Français éliront un président et une assemblée investis d'une mission unique : conduire une réinitialisation complète de nos institutions en l'espace d'un an.

Mais cette fois, l'Assemblée nationale ne sera pas composée de politiciens de carrière enfermés dans des logiques partisanes. Elle sera issue du bon sens du terrain. Ceux qui auront parrainé la candidature du futur président seront les mêmes qui formeront le premier bataillon de cette assemblée refondatrice : des élus locaux – maires, conseillers départementaux et régionaux – qui, chaque jour, font fonctionner la République en résolvant des problèmes concrets, sans idéologie, au plus proche des Français. Ces femmes et ces hommes, confrontés à la réalité, porteront la voix du pays réel et non celle des appareils politiques.

Cette assemblée transitoire, affranchie des carcans idéologiques et des luttes partisanes, aura carte blanche pour mener les réformes essentielles : simplification des normes, refonte du fonctionnement de l'État, inscription de l'équilibre budgétaire dans la Constitution. Fini les promesses financées à crédit, fini les dépenses qui repoussent les problèmes sans jamais les résoudre.

Un Président de la République élu pour un mandat de 5 ans, sans possibilité de réélection

- Une Assemblée Nationale transitoire composée d'élus locaux qui s'engagent solennellement à démissionner au bout d'un an
- Une équipe républicaine apolitique chargée des réformes structurelles fondamentales
- Une concentration exclusive sur la réparation du système, rendant la France agile et gouvernable

2. La France politique qui prépare l'avenir (en même temps, 2027-2028)

- Pendant que les réformes techniques sont mises en œuvre, les forces politiques élaborent leurs projets
- Les partis politiques organisent le débat démocratique autour des grandes orientations pour l'après-2028
- Les visions pour l'avenir se structurent et sont expliquées aux Français
- Une campagne de fond se déroule pour les futures élections législatives de 2028

3. La France politique qui gouverne (2028-2032)

- De nouvelles élections législatives en 2028 donnant une véritable majorité politique
- Un Premier ministre aux pleins pouvoirs constitutionnels issu de cette majorité
- Un véritable projet politique pour la nation, choisi démocratiquement, qui peut s'appliquer dans un cadre assaini
- Un Président recentré sur des missions spécifiques

Cette structure permet de mener en parallèle la réparation technique indispensable et la préparation du projet politique futur. Les Français peuvent ainsi suivre simultanément la remise en ordre du système et le débat sur les orientations politiques qui seront appliquées à partir de 2028.

II. L'année zéro : la préparation avant la prise de fonction

Objectif : être prêt à agir dès le premier jour, sans état de grâce, sans flottement.

1. Constitution d'une équipe républicaine

- Une équipe réduite, apolitique, opérationnelle
- Recrutement d'experts de terrain, de hauts fonctionnaires loyaux, de praticiens (médecins, policiers, magistrats, chefs d'entreprise, agriculteurs, enseignants…)
- Chaque membre est chargé d'un secteur : diagnostic, plan d'action, textes prêts

2. Préparation des textes de réforme

- Tous les projets de loi, décrets et ordonnances sont rédigés avant l'élection
- Les référendums sont prêts, imprimés, validés juridiquement
- Les projets constitutionnels sont finalisés

3. Planification détaillée

- Chaque semaine de l'année à venir est planifiée : vote, application, communication
- Chaque bloc de réforme (juridique, budgétaire, normative…) est calé sur un calendrier précis, irréversible
- L'équipe de transition se forme à gouverner sans improvisation

III. La première année : le temps des réformes fondamentales (2027-2028)

L'élection du président ne donne pas un pouvoir personnel : elle donne un mandat clair pour appliquer ce qui a été préparé, en collaboration étroite avec l'Assemblée.

1. Mise en place du nouvel État de droit

- Réforme constitutionnelle votée ou adoptée par référendum dans le premier mois
- Déclenchement des réformes structurelles immédiatement après

2. Réforme du budget

- Suppression immédiate des niches fiscales
- Gel réglementaire de la transition verte
- Réaffectation des ressources pour rééquilibrer le budget
- Allègements de charges ciblés

3. Nettoyage normatif par secteur

- Activation des 7 chantiers : administration, entreprises, agriculture, école, santé, police, justice
- Chaque semaine, une loi ou ordonnance est adoptée
- Application immédiate avec cellules de déploiement par territoire

4. Référendums et lois fondamentales

- Le peuple vote sur les lois clés : souveraineté, justice, règles électorales, équilibre budgétaire
- Instauration d'un système de contrôle citoyen pour surveiller l'application des lois adoptées

IV. La préparation politique parallèle (2027-2028)

Pendant que l'équipe technique met en œuvre les réformes fondamentales, la vie politique continue de se développer en parallèle:

- Les partis politiques travaillent à l'élaboration de leurs projets pour l'après-2028
- Le débat démocratique se poursuit et s'approfondit sur les grandes orientations futures
- Des conventions programmatiques sont organisées pour définir les visions politiques
- Une pédagogie est menée auprès des Français pour expliquer les projets en préparation
- La campagne pour les futures élections législatives de 2028 se déroule sur le fond

Cette préparation politique parallèle permet d'éviter un vide démocratique et assure que les choix de 2028 seront éclairés et mûrement réfléchis.

V. La transition vers la France gouvernée (2028)

Au terme de cette année fondatrice :

- L'Assemblée Nationale se dissout comme convenu
- De nouvelles élections législatives sont organisées en 2028
- Un Premier ministre aux pouvoirs renforcés est nommé, issu de la nouvelle majorité
- La politique du gouvernement peut désormais être mise en œuvre avec la nouvelle assemblée
- La France retrouve une vie politique normale, mais dans un cadre institutionnel rénové qui permet l'application efficace des choix démocratiques

VI. Un Président recentré sur des missions essentielles (2028-2032)

Pour les quatre années suivantes de son mandat, le Président :

- Se consacre à une grande cause nationale : la lutte contre les trafics de drogue
- Déclare une véritable « guerre nationale contre les narcotrafics » avec des moyens exceptionnels
- Coordonne personnellement l'action des ministères régaliens sur ce sujet vital pour la sécurité et la santé publiques
- Mobilise les relations internationales de la France pour démanteler les filières mondiales
- Prend en charge la protection de l'enfance, notamment contre l'exposition précoce aux drogues
- N'intervient plus dans la politique quotidienne hors de ce domaine, respectant la séparation des pouvoirs
- Garantit la stabilité institutionnelle pendant que le Premier ministre met en œuvre le reste du projet de transformation

Et après 2032 ?

En 2032, comment j'envisage ma vie ? Moi, je rêve d'une maison d'hôtes à la campagne, entouré de poules... sans coq, parce que j'ai mes petites peurs, comme tout le monde.

VII. Un processus unique qui réconcilie technique et politique

Ce processus est inédit. Il est le contraire d'un coup d'État : il est un retour à la République par un acte volontaire, transparent. Ce n'est ni un projet technocratique ni une révolution : c'est une remise à plat organisée, acceptée, inscrite dans les institutions.

Ce n'est pas une VIe République que nous proposons, mais une Ve République refondée sur ses principes originels : un exécutif fort, mais équilibré, un Parlement respecté, une attention particulière aux plus vulnérables.

La France a besoin non pas d'une révolution, mais d'une régénération profonde. Ce projet offre le cadre institutionnel pour y parvenir, dans le respect de notre tradition républicaine et avec l'efficacité qu'exige la situation du pays.

Résultat final :

Des salaires qui augmentent immédiatement
- Jusqu'à +150 à +250 euros nets par mois pour les revenus modestes, grâce à une baisse des charges sociales sur les salaires jusqu'à 2 000 euros :
  - +150 euros nets pour un salarié au SMIC
  - +200 euros nets pour un salaire de 1 700 euros (sans que l'employeur ne paie davantage)

La baisse des factures d'électricité pour tous
- Sortie immédiate du marché européen de l'électricité et fin des taxes injustifiées sur l'énergie :
  - Baisse de 30 à 40 % des factures d'électricité et de gaz
  - Économie mensuelle de 50 à 100 euros pour un foyer moyen

Des économies concrètes sur la vie courante
- Suppression rapide des normes inutiles et coûteuses
- Réduction des coûts cachés dans l'immobilier, les soins, l'alimentation, la mobilité

Une France institutionnellement rénovée
- Des institutions réparées, agiles et efficaces dès 2028
- Une vie politique qui peut reprendre normalement, sans être entravée par les blocages systémiques
- Un pays prêt à mettre en œuvre le projet politique que les Français auront démocratiquement choisi

Un pays qui retrouve confiance

- Retour immédiat de la confiance en l'avenir
- Renouveau de la croissance économique dans un cadre assaini
- Des Français qui redonnent un sens à l'avenir de leur pays

Ce qui ne changera pas — et sera même renforcé :

- **Sécurité sociale préservée** : Aucun remboursement de soin, d'hospitalisation ou de médicament ne sera supprimé
- **Retraites garanties** : Aucun recul d'âge, aucune baisse ou gel des pensions
- **Aides sociales maintenues** : Aucun droit ne sera supprimé pour les foyers qui y ont légitimement droit
- **Services publics essentiels protégés** : Pas de privatisations sauvages, ni de fermetures d'écoles, de casernes ou de maternités
- **Contrôles renforcés** : Des contrôles plus stricts seront mis en place pour lutter contre les fraudes et garantir l'efficacité des politiques publiques

Épilogue : Choisir son destin plutôt que le subir

L'équation est simple : agir maintenant ou subir demain

Cette Transition Républicaine n'est pas une lubie politique, c'est un impératif démocratique. Face à nous s'ouvre une alternative claire : soit nous reprenons nous-mêmes le contrôle de nos finances publiques, soit nous attendons passivement qu'on nous l'impose.

Car ne nous y trompons pas : si la France ne redresse pas ses comptes, d'autres le feront pour elle. L'Histoire récente l'a montré partout en Europe : quand un pays perd sa crédibilité budgétaire, ce ne sont plus ses élus qui décident, mais ses créanciers internationaux. Un plan de sauvetage, c'est la démocratie mise sous tutelle, avec des mesures d'austérité imposées de l'extérieur, sans débat, sans possibilité d'adaptation aux réalités nationales.

La différence est considérable. Quand un pays choisit ses réformes, il garde la confiance des investisseurs et peut négocier ses conditions. Quand il les subit, il perd cette confiance pour des années et paie ses emprunts beaucoup plus cher, beaucoup plus longtemps.

Des exemples inspirants de réussites

Regardons plutôt les succès que les échecs. Le Canada dans les années 1990, la Suède après sa crise bancaire, l'Irlande après 2010 : autant de pays qui ont choisi de faire leurs réformes eux-mêmes et ont retrouvé rapidement leur prospérité. En revanche, la Grèce, qui a tout subi, paie encore aujourd'hui le prix de ses années d'aveuglement.

Un calendrier de redressement maîtrisé

Les mesures difficiles entreront en vigueur dès l'automne 2027, mais avec un horizon de correction rapide :

- **Octobre 2027** : Vote du premier budget d'effort, suppression des niches fiscales, économies ciblées
- **Hiver 2027-2028** : Début d'application, premiers signes d'amélioration budgétaire
- **Été 2028** : Première évaluation et possible correction via une loi rectificative
- **Automne 2028** : La nouvelle Assemblée vote son premier budget dans un cadre assaini

Contrairement aux plans d'austérité classiques qui durent dix ans, notre effort se concentre sur neuf mois. Dès l'été 2028, les mesures jugées excessives pourront être ajustées. Mais attention : uniquement dans le cadre de l'équilibre budgétaire devenu sacré. Fini le temps des promesses électorales non financées !

Retour vers l'excellence française

La France a tout pour réussir. Notre énergie nucléaire nous donne un avantage compétitif unique. Nos entreprises innovent. Nos territoires regorgent de talents. Mais nous gâchons ces atouts dans un système paralysé par ses propres contradictions.

Cette Transition nous permettra de retrouver notre rang de pays exemplaire. Nos partenaires européens nous regarderont avec envie plutôt qu'avec inquiétude. Nos jeunes diplômés reviendront créer leurs entreprises ici. Les investisseurs étrangers se disputeront nos opportunités.

L'Allemagne, malgré ses difficultés actuelles, reste un modèle d'efficacité administrative. La Suisse combine prospérité et démocratie directe. Le Danemark réconcilie État-providence et compétitivité. Pourquoi pas nous ?

Un pari sur l'intelligence collective

Cette Transition Républicaine fait confiance aux Français. Elle mise sur leur capacité à distinguer l'effort nécessaire du sacrifice inutile. À préférer la vérité qui dérange aux mensonges qui rassurent. À choisir un an de rigueur assumée plutôt que dix ans de déclin non dit.

Nous pouvons redevenir ce pays qui inspire, qui innove, qui ose. Ce pays où l'on vient chercher les meilleures pratiques plutôt que les mauvais exemples. Ce pays que nos enfants peuvent regarder avec fierté et non avec dépit.

L'alternative est dans nos mains

En 2027, nous aurons le choix. Soit nous saisissons cette opportunité de renaissance contrôlée, soit nous attendons qu'elle nous soit imposée dans la contrainte. Soit nous écrivons notre propre histoire de redressement, soit d'autres l'écriront pour nous.

La Transition Républicaine n'est ni de droite ni de gauche : elle est de bon sens. Elle ne promettra ni paradis ni révolution : elle promet de réparer ce qui est cassé pour que nous puissions enfin choisir librement notre avenir.

L'Histoire nous appartient encore. Saisissons-la.

L'interview fictive

Mon livre s'est vendu à 350 000 exemplaires, et son prix accessible de 9,90 euros y a certainement contribué. Pour maximiser les profits, certains m'auraient conseillé de le proposer à 21,90 euros. Mais c'est comme pour la fiscalité : quand le taux devient excessif, l'assiette s'érode – les contribuables s'adaptent – et paradoxalement, les recettes diminuent. J'aurais pu me dire que je compenserais avec un second ouvrage, mais les écrivains sont unanimes : ce deuxième livre, bien que jugé indispensable pour celui qui s'aventure dans l'écriture, est souvent le moins réussi. Peut-être devrions-nous directement passer au troisième !

Le succès a été fulgurant, les journalistes me sollicitent, mais je me suis presque effacé, laissant le livre parler pour moi.

Un soir dans le TGV en première classe, traversant la France alors que la lumière éteignait peu à peu les paysages, Pierre Douglas m'annonça qu'il acceptait d'écrire la préface du livre. Il n'a sans doute pas été étranger à sa diffusion dans les cercles médiatiques. Il faut se remémorer la période de son apogée pour saisir l'ampleur de l'aréopage qu'il a fréquenté – des personnalités qui ont pu apprécier sa valeur profonde et en garder une estime intellectuelle et amicale durable.

Des débats ont lieu en mon absence pour discuter de la Transition Républicaine, ce qui déstabilise les partis et suscite des confrontations d'opinions. Cependant, je ne peux pas esquiver indéfiniment. Des personnes ont acheté et lu ce livre, et comme elles, j'aimerais entendre et voir l'auteur, celui qui pourrait devenir un nouvel espoir.

Aujourd'hui marque un tournant : ma première interview télévisée, en direct peu après 21 h 10.

Le Uber, une Tesla noire, arrive à Romainville pour me chercher, envoyé par la production. Le chauffeur me jette quelques regards dans le rétroviseur, sans doute curieux de savoir qui je suis. Il doit percevoir mon stress, mais il reste silencieux, probablement parce qu'il ne me connaît pas. Sophie est restée à l'appartement, et je suis seul. Je me demande si la télévision sera allumée ce soir chez nous, ou si elle préfère éviter de me voir sous cette pression. Je me souviens des débuts d'Uber, avec costume et cravate, j'aurais été battu, des bouteilles d'eau et des bonbons, et le chauffeur qui descendait pour ouvrir les portes de la voiture toujours propre. Tout est toujours amené à s'effriter si les règles ne sont pas édictées en même temps que le contrôle et les sanctions réelles. Il vaut mieux avoir moins de règles, mais des règles acceptées, connues et respectées, avec une autorité qui inspire le respect. Ce n'est pas le moment d'en parler avec le conducteur, je sais ce qu'il reproche à la plateforme, comme la baisse des revenus.

Jusqu'à présent, je me contentais d'une simple photo en quatrième de couverture, quelques interviews avec la presse écrite. C'était plus sûr ainsi. Mon image, que je n'apprécierai jamais, me donne toujours l'impression de voir mon frère jumeau. Et puis, il y a ce bégaiement, ce vieux démon qui peut surgir à tout moment, surtout dans ces conditions. Mais aujourd'hui, tout change. Les médias annoncent cet entretien comme un événement. Sophie sait combien je redoute ce moment, et malgré tout, je suis là, prêt à affronter ce tournant.

Je suis fier de l'enfant qui a toujours su mener des combats seul, dans la nuit, sur son lit, dans le noir, sur le dos avec une volonté de revanche contre l'incompréhension et la solitude qu'il ressentait. Comme si une forme de réussite, utile aux autres et portée par un message simple, l'empêchait d'envisager le repli sur lui-même.

Ce que je trouve le plus extravagant, c'est que toutes les personnalités politiques du pays, les journalistes, les commentateurs, enfin tous les acteurs de notre série télévisée que je n'ai jamais rencontrés, à l'exception d'un ou deux, seront peut-être devant leur écran ce soir. Je vais littéralement entrer dans leur vie, moi, celui qu'ils ne connaissent pas encore.

Je porte un costume bleu, une chemise blanche sans cravate, même si je sais qu'il aurait mieux valu que je me force à en mettre une. C'est un compromis pour me sentir plus à l'aise cette première fois. La circulation est dense ce vendredi soir. La voiture électrique, avec son intérieur en cuir noir et ses vitres légèrement fumées, s'arrête devant l'entrée d'un bâtiment gris au nord-ouest de Paris. Je sens l'adrénaline monter en me dirigeant vers l'entrée, sécurisée par des vigiles.

Mon esprit s'emballe. Pourquoi ai-je accepté cette interview télévisée ? Pourquoi maintenant ? Qui reçoivent-ils ? Qui vais-je être en sortant ? D'autres prennent-ils des substances avant des moments comme ça ?

J'aurai les réponses dans quelques heures.

À l'entrée, je suis accueilli poliment, mais rapidement conduit dans une petite salle où j'aperçois les intervieweurs dans leurs loges à travers une paroi vitrée. Ils semblent ravis de vivre ce moment ensemble, heureux de se retrouver pour un événement d'un type nouveau. Évoluant sur des chaînes différentes, ils ne se voient que rarement. Leur complicité me renforce dans un sentiment de solitude. Chacun a des fiches étalées devant lui, signe qu'ils ont travaillé leur sujet. Cela me stresse encore plus. Eux ont leurs notes et leurs questions aiguisées. Moi, je suis là seul, sans note, sans filet. Mais qu'ai-je à perdre, à mes yeux et à ceux de ceux qui comptent ? Au fond, c'est nous, moi et les Français, qui croyons que La Transition Républicaine peut changer nos vies et l'avenir de la France, nous qui avons tout à gagner.

Assis dans cette salle avant le maquillage, je me demande : est-ce que ma démarche résonne encore en moi de la même manière qu'au début, ou ai-je été aspiré par quelque chose de plus grand que moi ?

Mon regard s'accroche à l'écran où défilent les images des reportages en cours. Dans quelques minutes, ce sera mon tour. Je me trouve au centre d'un grand plateau circulaire, sobre, mais moderne. Un écran géant en fond de scène affiche en temps réel les réactions du public et les questions en ligne, symbole de la transparence de cette transition que je propose. Les téléspectateurs pourront me poser des questions en direct.

Le plateau est entouré de plusieurs journalistes et figures d'influence que j'ai soigneusement sélectionnés, chacun représentant une tendance forte de l'opinion publique. Devant moi, sous mes yeux, se trouve un écran de contrôle incliné affichant l'image diffusée aux téléspectateurs. Je sais qu'il ne faut surtout pas que je le regarde, au risque de me voir. Je me concentre et fais comme si j'étais dans mon salon à expliquer la Transition Républicaine à Jules. Je sais qu'il fait semblant de m'écouter, mais il est mon sparring-partner.

Les journalistes réunis sont Anne-Sophie Lapix, François Lenglet, Pascal Praud, Gérard Leclerc (d), Hugo Travers, jeune et curieux, représentant la nouvelle génération, et enfin, Élise Lucet.

Je sais que je n'aurai pas de questions concernant la véracité de ce qui est écrit dans le livre ; j'y ai répondu dans la presse. Tout est strictement exact, et le récit du journal n'a jamais été réécrit après coup. C'est moi tout seul qui ai tout pensé et écrit. Je ne savais pas où j'allais en commençant l'écriture. Cette transparence a désarmé les critiques. Je le sens : ce soir, quelque chose a changé.

Avec son sourire toujours difficile à interpréter, Anne-Sophie Lapix prend la parole la première, d'un ton posé, mais incisif :

— Maxime Siesse, nous avons tous lu votre livre. Vous êtes sans doute le personnage politique que les Français connaissent le mieux désormais, grâce à votre démarche de transparence, qui a dû être tout sauf facile. Vous avez choisi de ne pas nourrir la curiosité médiatique autour de votre vie personnelle, pour vous concentrer sur l'essentiel : remettre la France en route. Mais soyons francs : vous avez aussi désamorcé, par avance, toute critique sur votre parcours atypique. Nous sommes ici pour parler de l'avenir, pas du passé. Et ce soir, notre but est de montrer que tout est encore possible pour ce pays.

Je comprends alors : je ne suis pas seul.

L'objectif n'est pas de me tester, de me bousculer. Ce soir, les journalistes ont choisi de participer, à leur manière, au travail de diagnostic du pays. Ils ont pris la mesure de l'enjeu. La réinitialisation commence ici.

Gérard Leclerc, analytique, enchaîne :

— C'est plus compliqué que cela, Maxime. Votre calendrier est audacieux : vous envisagez une prise de pouvoir en 2027, suivie d'une gouvernance intermédiaire en 2028, avec un rôle de Premier ministre doté de pouvoirs exceptionnels, avant d'ouvrir la voie à une nouvelle Présidence en 2032. Mais cette temporalité interpelle : dans un monde politique pressé, où chacun veut des succès personnels immédiats, comment imposer une telle patience ? Comment convaincre que cette réinitialisation servira durablement les générations futures alors même que les partis traditionnels, frustrés et relégués à l'arrière-plan, risquent de tout entreprendre pour entraver votre démarche ?

Je m'apprête à répondre. Ma première prise de parole doit être claire, déterminée. C'est le moment où tout bascule, je le sais. Mais avant que je ne dise un mot, Hugo Travers intervient, avec cette sincérité curieuse qui le caractérise :

— Maxime, vous parlez beaucoup des maires et de l'action des Français. Mais comment surmonter les défis de la communication dans un environnement médiatique parfois hostile ? Les règles de l'ARCOM, les limites imposées par certains médias traditionnels, et surtout les accusations de sectarisme qui peuvent émerger ?

Je fronce légèrement les sourcils, prêt à formuler une réponse, lorsque quelque chose change. Une lumière s'allume, un rideau se lève sur le côté du plateau. Sous mes yeux, un panel de Français de tous horizons apparaît. Je ne m'y attendais pas. Ce ne sont pas les journalistes qui poseront les questions ce soir.

Je me redresse légèrement, comprenant soudain l'ampleur de la situation : je suis ici pour écouter, pas pour convaincre. Le tournant est pris. La réinitialisation a commencé.

Ce sont désormais les journalistes qui vont interroger des Français de tous horizons. Les commissions commencent à se former, et le projet pénètre peu à peu dans les foyers, y compris ceux qui n'ont pas lu le livre. Les médias entrent dans la boucle, annonçant un débat politique plus vivant que jamais en vue des législatives de 2028.

Le Président Macron ne remettra pas les clés du pays à un parti extrême ou dangereux, mais à un projet ambitieux et rapide, porteur d'une vision lumineuse. Une France qui redevient un modèle pour un monde en mutation, évoluant dans la paix et la confiance. Une

France qui rétablit l'appartenance collective, dépassant les replis communautaires ou identitaires. Une France joyeuse et moderne, offrant de nouveaux droits et bâtissant une société épanouie, prête à renouveler ses générations et à accueillir l'avenir avec sérénité.

Je fais pleinement confiance aux Français et à leurs représentants, qu'ils soient journalistes ou citoyens, pour se concentrer sur l'essentiel : un projet ambitieux pour notre pays. Le temps presse, et chaque action compte pour préparer l'avenir.

Les journalistes se tournent alors vers le panel, laissant la parole à ces Français venus de partout : des agriculteurs, des entrepreneurs, des soignants, des enseignants, des étudiants, des retraités. Ce sont eux qui posent les questions désormais. Ce sont eux qui alimentent le travail des commissions, celles qui prépareront le terrain pour La Transition Républicaine.

Pascal Praud, incisif comme toujours, prend la parole, s'adressant autant au panel de français qu'à moi :

— Maxime, vous parlez de réformes nécessaires, ce qui me rappelle souvent mon expression : « changer le logiciel ». Mais ne craignez-vous pas de vous retrouver dans la même situation qu'Éric Zemmour, qui, malgré un élan initial, a fini par exploser en vol ? Comment comptez-vous éviter ce piège ?

Il marque une pause, se penche légèrement en avant, son regard perçant et provocateur, ses lunettes à la main :

— En parlant de stratégies, votre démarche évoque par certains aspects la campagne d'Emmanuel Macron en 2017 : une nouvelle offre politique, un discours de transformation, un lien direct avec les Français. Quelles leçons tirez-vous de cette expérience pour mener votre propre projet ?

Le poids de ses questions flotte un instant dans l'air, mais je perçois quelque chose de nouveau dans le regard des Français présents sur le plateau.

Le passé, avec ses échecs et ses impasses, n'aura ni la force ni le talent de se rejouer. Ils ne sont pas là pour me mettre en difficulté ni pour sacrifier leur espoir à une polémique stérile. Ils sont là pour construire. Dans leurs yeux, je vois l'envie d'aller au-delà des échecs passés, de bâtir quelque chose de nouveau. Il ne s'agit pas d'un simple débat sur les erreurs des autres, mais bien d'un dialogue tourné vers l'avenir.

Ce soir, je réalise que ce n'est pas un simple échange, mais l'acte fondateur d'une nouvelle dynamique. Les journalistes, les citoyens présents, et moi-même travaillons déjà ensemble pour poser les bases de ce qui pourrait être un avenir commun. Ce n'est pas un combat contre les faiblesses du passé, mais un acte résolu de transformation. Un dialogue national sincère, sans illusions, mais avec une conviction partagée : celle de vouloir agir pour un futur plus solide et uni.

Élise Lucet interroge alors un enseignant et un soignant présents dans le panel, avec une question incisive :

— Maxime explique dans son livre que les enseignants et les soignants sont tous intelligents et de bonne volonté. Mais, en réalité, nous savons que les meilleures équipes médicales et pédagogiques sont présentes. Pourtant, il semble que leur intelligence soit bridée par des normes et des règles imposées depuis des bureaux. C'est comme si on les empêchait de s'exprimer pleinement. Il est temps de libérer cette intelligence collective, de la mettre au service de nos proches malades et de nos enfants qui ont besoin d'apprendre à construire la France de demain. Il est temps de lever les contraintes et de leur faire confiance pour une année. Nous évaluerons ensuite.

Elle marque une pause, puis poursuit avec fermeté :

— Il est évident qu'une mobilisation en un an pourrait remettre en route le système, si les tabous tombent et que les idéologies sont mises de côté, le temps de leur retour avec parcimonie et évaluation dans un futur proche. Redevenons un modèle de créativité, en un an seulement, grâce à la liberté d'action et à l'innovation.

Les discussions s'enchaînent. Une agricultrice prend la parole, puis une infirmière épuisée par des années de crise hospitalière. Les questions et les propositions fusent. Je reste attentif, concentré, prenant des notes mentales.

Ce soir, je comprends que je ne suis pas seul. Ce n'est plus mon projet. C'est celui des Français. Leur voix résonne pour la première fois à une telle échelle. Le travail des commissions vient de commencer sous les yeux de millions de téléspectateurs.

Les journalistes, en posant les bonnes questions, en mobilisant ces citoyens, montrent que l'essentiel est là : écouter, comprendre, agir. La Transition Républicaine prend vie.

Conclusion

On reproche souvent aux responsables politiques d'apparaître uniquement comme les acteurs d'une série télévisée française, où tout semble scénarisé : stratégies, affrontements et petites phrases.

Les journalistes eux-mêmes, qu'ils le veuillent ou non, participent à ce théâtre. En quête d'audience ou limités par les formats, ils renforcent cette mise en scène, reléguant au second plan la profondeur et la sincérité. Ce spectacle permanent détourne l'attention des citoyens des véritables enjeux, en laissant dans l'ombre ce qui concerne réellement l'avenir de la France et des Français.

Mais ce n'est pas entièrement leur faute. Le système actuel enferme les politiques et les médias dans des rôles figés. Le jeu des partis, centré sur des élections et des mandats à répétition, exclut toute solution radicale pourtant attendue. Rompre avec cette logique est indispensable, et c'est exactement ce que je propose.

Je m'adresse directement aux Français à travers ce livre, car seul ce format permet de dépasser la superficialité ambiante. Ici, je propose une vision claire et un projet ambitieux : la Transition Républicaine, portée avec le soutien des maires, pour refonder notre pays.

La première partie de cet ouvrage est conçue pour que les Français dont j'ai besoin – les maires, les électeurs, les médias – puissent me connaître pleinement, sans zones d'ombre ni surprises ultérieures. Cette transparence totale n'a pas toujours été facile, ni pour mes proches ni pour moi, mais elle est le fondement indispensable de la confiance que je vous demande.

Durant une année, avec une Assemblée nationale composée de maires ou de personnes qu'ils désigneront, mon Premier ministre et un gouvernement restreint de moins de dix ministres proposeront les réformes nécessaires pour transformer l'État, simplifier les normes, et établir les bases d'une souveraineté renforcée et d'un développement durable. Ces réformes seront adoptées par l'Assemblée nationale, représentant les citoyens. Cette transition sera également accompagnée de référendums majeurs portant sur l'État de droit et la structure de nos institutions, permettant aux Français de reprendre en main leur destin.

À la fin de cette première année décisive, je déclencherai de nouvelles élections législatives. Les députés élus durant la transition ne se représenteront pas, laissant les partis politiques reprendre le pouvoir dans un cadre refondé. Les partis disposeront ainsi de tous les moyens nécessaires pour construire l'avenir du pays sur des bases assainies, avec une légitimité et des capacités renouvelées.

Il est impératif que les partis politiques comprennent que mon projet ne retarde leur exercice du pouvoir que d'un an, tout en le renforçant considérablement. Au lieu de résister à cette transition, ils devraient s'y préparer activement, en développant dès maintenant leurs projets pour la France réinitialisée dont ils seront les premiers bénéficiaires. Cette transition leur offre une opportunité historique : prendre les rênes d'un pays transformé, avec les outils institutionnels pour réussir là où le système actuel les condamne à l'impuissance.

Quant à moi, après cette transition et une fois le nouveau Premier ministre issu des élections de 2028 nommé, je m'effacerai progressivement pour jouer un rôle de garant. Pendant le reste de mon mandat présidentiel, je veillerai à l'unité des Français et au bon fonctionnement des institutions. Et je me consacrerai à une grande cause nationale : **la lutte contre les trafics de drogue**, que je mènerai comme une guerre nationale, avec des moyens exceptionnels, une coordination directe des ministères régaliens, et une action diplomatique déterminée pour démanteler les filières mondiales. J'assumerai également la **protection de l'enfance**, notamment contre l'exposition précoce aux drogues.

Ce livre n'est pas seulement un projet politique ou une méthode ; il est aussi un témoignage personnel. En revenant sur mon parcours, sur mes épreuves et mes réussites, je montre comment, sans le savoir, je me suis préparé toute ma vie à servir ce que j'ai de plus cher : mon pays, son histoire, et cette France que je raconte à mes enfants, mais qu'ils peinent aujourd'hui à reconnaître.

Je sais que la politique reprendra un jour ses codes, ses débats et son théâtre, mais avec cette Transition Républicaine, je veux lui redonner des enjeux plus nobles et plus profonds.

Ce livre est une invitation à réfléchir et à agir ensemble, avant qu'il ne soit trop tard.

Au moins, j'aurai proposé cette solution. Après, il ne faudra plus se plaindre : le temps de l'action encore possible sera passé.

FAQ
Comprendre la Transition Républicaine

1. Qu'est-ce que la « Transition Républicaine » ?

Maxime :

C'est une refondation complète du cadre institutionnel français, concentrée sur une année, pour permettre à la démocratie de fonctionner à nouveau. Il ne s'agit pas d'un programme politique, mais d'une méthode pour restaurer la souveraineté, l'efficacité de l'État, et la capacité d'action.

Pendant un an, un président non rééligible et une Assemblée composée de maires mènent une série de réformes structurelles, avant de rendre le pouvoir aux partis dans un cadre institutionnel assaini.

2. Pourquoi dites-vous que la France est aujourd'hui paralysée ?

Maxime :

Parce que notre système ne permet plus de décider. Nous sommes bloqués par :

- Des institutions complexes, où les contre-pouvoirs (juges, hautes autorités, Conseil constitutionnel) bloquent toute réforme d'envergure.

- Une classe politique piégée par les jeux partisans et le calendrier électoral permanent.

- Une technocratie hypertrophiée et des normes qui étouffent l'initiative et empêchent la mise en œuvre rapide des politiques.

3. Pourquoi concentrer toutes les réformes en une seule année ?

Maxime :

Parce que ce qui prend trop de temps ne se fait jamais. Cette année est une parenthèse démocratique fondatrice, qui permet d'agir vite, clairement, sans interférence électorale. C'est une phase de neutralisation temporaire du conflit politique pour remettre le pays en ordre de marche. Ensuite, les partis reviennent, mais dans un système fonctionnel.

4. Qui bénéficiera concrètement de cette Transition dès la première année ?

Maxime :

Tout le monde. Ce ne sont pas des promesses vagues : les effets sont mesurables dès les premiers mois.

- **Salariés modestes et classes moyennes** :

  Hausse des salaires nets : jusqu'à +250 € par mois grâce à la suppression de 15 milliards d'euros de charges salariales jusqu'à 2 000 € brut.(ex. : +150 € net au SMIC, +200 € à 1 700 € brut, sans coût supplémentaire pour l'employeur)

- **Tous les ménages** :

  Baisse de 30 à 40 % des factures d'électricité et de gaz, grâce à la sortie du marché européen de l'énergie et à la suppression des taxes injustes.

- **Chefs d'entreprise, artisans, agriculteurs** :

  Moins de normes, moins de paperasse, baisse du coût de l'énergie, simplification des charges.

- **Retraités** :

  Aucun gel des pensions, aucun recul d'âge. Le système est stabilisé, les pensions garanties.

- **Chômeurs et jeunes en insertion** :

  Pas d'impact direct la première année, mais un retour à la croissance et une baisse des coûts pour les employeurs créent des emplois à court terme.

- **Étudiants** :

Réforme structurelle du système éducatif préparée pendant l'année, sans casse immédiate. Aides maintenues.

- Personnes vulnérables et familles modestes :

Aides sociales préservées, mais contrôles renforcés pour garantir la justice du système.

5. Les aides sociales vont-elles être réduites ?

Maxime :

Non. Aucune aide sociale ne sera supprimée pour les foyers qui y ont légitimement droit.

Mais les contrôles seront renforcés. L'objectif est de protéger ceux qui ont besoin d'aide tout en luttant efficacement contre les abus.

6. Comment comptez-vous atteindre l'équilibre budgétaire sans austérité ?

Maxime :

Par des mesures efficaces et structurelles, non idéologiques :
- Suppression des normes absurdes et des doublons administratifs
- Fin des subventions inutiles et des niches fiscales inefficaces
- Réduction massive des charges sur les bas salaires pour libérer du pouvoir d'achat
- Sortie du marché européen de l'énergie pour retrouver un prix juste
- Gel temporaire des remplacements dans certains secteurs administratifs

Et surtout : chaque dépense nouvelle devra être compensée par une économie ou une recette équivalente. Ce sera une règle constitutionnelle pendant un an.

7. Pourquoi vous concentrez-vous sur des réformes "techniques", pas politiques ?

Maxime :

Parce que sans institutions solides, aucune politique, de gauche ou de droite, ne peut être appliquée.

La Transition vise à réparer le cadre, pas à imposer une ligne politique. Les partis reviendront au pouvoir à l'issue de la transition, en 2028, pour débattre, gouverner et proposer des projets. Mais cette fois, ils auront les moyens de mettre en œuvre ce qu'ils promettent.

8. Et si ça échoue ?

Maxime :

Alors au moins nous aurons essayé. Aujourd'hui, nous avançons vers l'échec avec méthode. Si la Transition échoue, ce sera à découvert, sans faux-semblants.

Mais tout montre qu'elle peut réussir : elle repose sur des principes clairs, une méthode rigoureuse, et un mandat court, limité, sans agenda personnel.

9. Quel rôle pour les citoyens pendant cette année ?

Maxime :

Un rôle central.
Ils voteront lors des référendums structurants.
Ils soutiendront ou contesteront les mesures.
Ils surveilleront l'action des maires et du gouvernement.
C'est une année d'éducation démocratique massive, de clarté, de responsabilité.

10. Pourquoi confier le pouvoir aux maires ?

Maxime :

Parce qu'ils sont les derniers à être respectés. Ils incarnent le pays réel. Ils sont proches des habitants, connaissent les blocages, ne dépendent pas de logiques partisanes. Pendant un an, ils assureront une forme de souveraineté directe, avant le retour des partis.

11. Pourquoi ce livre, et pourquoi parler de vous ?

Maxime :
Parce que la confiance ne se décrète pas, elle se construit. J'ai choisi de ne rien cacher. Ce livre raconte aussi mon parcours, mes doutes, mes colères, mes raisons.

Parce que je ne suis pas un produit politique, mais un homme libre qui propose une solution. Et je veux qu'on sache exactement à qui on a affaire.

12. Souhaitez-vous devenir président ?

Maxime:
Je n'ai rien bâti pour cela. Je n'ai pas de réseau, pas d'appareil, pas de nom à faire fructifier. Je ne suis pas en campagne.

Mais j'ai une méthode. Une méthode claire, applicable, prête. Elle ne promet rien — elle permet.

Pendant que d'autres attendent leur moment, achètent des noms de domaine, répètent leurs rôles devant les caméras, je pose une question simple : peut-on encore sauver ce pays avec les outils actuels ? Si la réponse est non, alors il faut dire comment. Et le faire.

Les médias chercheront un visage. Ils parleront d'outsider, de surprise, de souffle nouveau. Mais la vérité, c'est que sans cadre nouveau, il n'y aura pas d'issue. Juste un nouveau visage pour rejouer l'impuissance.

Je ne me présenterai pas pour régner. Si je le fais, ce sera pour mettre fin à la comédie. Pour enclencher un mandat de rupture. Pour transmettre un outil, pas un héritage. Et pour disparaître dès que la tâche sera accomplie.

Pour en savoir plus et participer:

transition-republicaine.fr

Ce que je dois trouver

Tout est déjà dit. La Transition Républicaine, dans sa simplicité et son efficacité, n'a qu'un seul but : permettre à la France de se reconstruire. Ce projet repose sur une réinitialisation profonde de nos institutions, pour leur redonner les moyens d'agir véritablement au service du peuple.

Mais ce projet n'est pas l'affaire d'un seul homme. Ce que je dois trouver maintenant, c'est rassembler les forces nécessaires pour mener cette transformation à bien.

Je dois trouver des maires qui croient en cette vision, qui acceptent de porter ce projet dans leurs communes et de devenir, eux-mêmes ou par délégation, les acteurs de cette réinitialisation institutionnelle. Les maires sont au cœur de cette démarche : ils sont les plus proches des citoyens, les mieux placés pour comprendre les besoins réels de leurs administrés, et pour s'assurer que la voix de la France profonde soit enfin entendue.

Je dois également trouver des experts dans tous les domaines essentiels : agriculture, justice, économie, éducation, énergie, santé, défense… La réussite de ce projet repose sur des compétences solides, des idées nouvelles et des solutions adaptées à notre époque. Mais ces experts ne travailleront pas seuls : ils collaboreront avec les citoyens, dans des commissions thématiques ouvertes où chacun pourra participer à la réflexion et à la décision.

Pour mener le projet de La Transition Républicaine jusqu'à son terme et atteindre l'élection présidentielle, je dois aussi trouver les moyens financiers, humains et techniques pour structurer chaque étape. Il faut des ressources pour organiser un Tour de France à la rencontre des maires, pour recueillir les 579 signatures indispensables, pour mobiliser les élus et pour diffuser cette vision dans tout le pays.

Ce projet ne s'appuiera pas sur les structures classiques. Nous créons quelque chose de nouveau, d'indépendant, porté par l'idée d'une réinitialisation collective. Chacun peut y contribuer à sa manière : par des idées, des actions concrètes, ou un soutien financier.

Voici donc une liste précise de ce que nous devons réunir pour garantir la réussite de chaque étape de cette transformation ambitieuse et vitale pour le pays. Ensemble, nous pouvons bâtir un avenir à la hauteur des attentes des Français.

1. Équipe de Coordination Nationale

Une équipe de coordination expérimentée sera essentielle pour superviser et organiser l'ensemble du processus, assurant la liaison entre les différents acteurs et le bon déroulement des activités sur le terrain et au siège.

– Responsable de Campagne : chargé de coordonner l'ensemble des opérations, de la collecte des parrainages à la gestion des déplacements, jusqu'à l'élection présidentielle.

– Coordinateurs Régionaux : des relais dans chaque région, responsables de l'organisation locale et de la mobilisation des élus et citoyens.

– Chargés de Mission : gestionnaires de projets spécifiques (logistique, communication, finances) pour faciliter la gestion quotidienne des initiatives.

2. Tour de France Pré-électoral et Collecte des Parrainages

Pour rencontrer les Français et obtenir les 579 signatures de maires ou élus apolitiques, je m'engagerai dans un Tour de France structuré et intensif. Cette initiative exige :

– Équipe de Logistique Mobile : pour l'organisation des déplacements, la réservation des hébergements, et la coordination sur le terrain.

– Véhicules : un véhicule principal équipé pour les déplacements de longue durée, accompagné de moyens de transport secondaire pour les déplacements locaux.

– Assistance Médias et Communication : une équipe qui couvrira les rencontres, relatera les échanges, et produira du contenu en temps réel pour les réseaux sociaux, la presse, et les supports de campagne.

3. Création des Deux Commissions de Travail

Ces commissions regrouperont des experts et des citoyens pour préparer les réformes à venir, en amont de l'élection présidentielle.

– Membres des Commissions : hauts fonctionnaires, constitutionnalistes, représentants syndicaux et associatifs, acteurs privés et publics ainsi que citoyens de tous âges et conditions.

– Facilitateurs et Médiateurs : animateurs des débats, s'assurant de l'inclusivité et de la cohésion dans les échanges.

– Équipe de Documentation et Synthèse : pour archiver les discussions et préparer des rapports, en traduisant les idées en propositions concrètes et exploitables.

4. Mobilisation des Ressources Financières

L'organisation de la Transition Républicaine requiert une collecte de fonds pour financer les déplacements, la communication, et les ressources matérielles nécessaires.

– Équipe de Fundraising : experts en financement participatif, en gestion de dons, et en mécénat, pour collecter des fonds de manière transparente et respectueuse des règles en vigueur.

– Comptable et Gestionnaire de Fonds : gestion rigoureuse des dépenses et des financements, avec une transparence totale des comptes pour renforcer la confiance publique.

– Locaux Régionaux et National : espaces de travail partagés dans les principales régions pour structurer et coordonner les opérations, les rencontres avec les citoyens et les médias.

5. Communication et Sensibilisation

Une communication claire, proactive et transparente est cruciale pour sensibiliser les citoyens à ce projet, assurer une compréhension des réformes et mobiliser le soutien populaire.

– Équipe de Communication : création et gestion de contenus pour les réseaux sociaux, la presse, et les campagnes de sensibilisation. Des communicants maîtrisant les enjeux du numérique pour une large diffusion.

– Site Web et Plateforme Digitale : un espace dédié pour informer les citoyens, recueillir leurs avis, et les tenir au courant des avancées.

– Équipe Médias et Relations Publiques : pour gérer les relations avec les journalistes et organiser les conférences de presse tout au long de la campagne.

6. Structure de la Transition Républicaine

Une organisation stable et pérenne pour structurer le mouvement jusqu'à l'élection, capable de coordonner les actions, de centraliser les décisions, et de rendre compte publiquement des avancées.

– Conseil Stratégique : des conseillers en stratégie et en politique publique, pour accompagner et adapter les étapes du projet aux réalités du terrain.

– Support Juridique : des experts en droit électoral et constitutionnel pour garantir la légalité de toutes les démarches et de chaque étape du projet.

– Équipe Logistique et Informatique : mise en place d'outils de gestion collaboratifs pour les équipes, les partenaires et les élus, avec un support technique permanent.

7. Transparence et Éthique

Ce projet se démarque par un engagement ferme à la transparence et à l'indépendance, afin d'éviter les influences extérieures et les intérêts privés.

– Engagement Public du Président : Le projet personnel du président pour l'après-mandat, visant à ouvrir des chambres d'hôtes à la campagne, sera défini et financé avant l'élection présidentielle, en identifiant en amont les investisseurs particuliers pour garantir une totale transparence. Cette démarche exclut toute implication future avec des banques ou autres groupes susceptibles de devenir associés ou prêteurs pour ce projet. Ainsi, le président ne sera pas en situation de côtoyer, durant son mandat, des entités financières ayant un intérêt dans son avenir personnel. Chaque décision restera donc exclusivement guidée par l'intérêt général, sans risque de conflit d'intérêts, et le président, devenu simple citoyen, mènera son projet en toute indépendance.

– Audit Externe : une structure d'audit indépendante pour assurer un contrôle permanent et une publication régulière des comptes et de l'utilisation des fonds, démontrant ainsi un engagement irréprochable.

***

C'est dans des moments comme celui-ci que l'on entre dans l'histoire.

La porte de la grande histoire ne s'ouvre que rarement. Elle attend des circonstances exceptionnelles pour laisser passer ceux qui oseront la franchir.

Un grand destin naît toujours d'un grand désastre à surmonter ou d'un grand projet à accomplir.
Et cela est d'autant plus vrai pour un pays aussi singulier que la France – ce pays qui peut encore entraîner les autres vers le meilleur. Cette nation que tant d'autres attendent comme modèle de progrès, comme phare pour les démocraties.

Notre responsabilité n'en est que plus grande, notre mission, que plus noble.

Je cherche à former une alliance d'hommes et de femmes de conviction, prêts à s'engager dans une transformation historique.

Chaque personne, chaque ressource, chaque compétence que nous rassemblerons servira un objectif unique : réaliser une Transition Républicaine, exclusivement au service des Français.

En toute indépendance. En toute transparence.

À celles et ceux qui partagent cette sincérité : l'histoire nous tend la main.

Saisissons cette opportunité rare d'écrire ensemble une nouvelle page de notre destin collectif – avec courage, lucidité et audace.